MEMOIRES

POUR SERVIR

A L'HISTOIRE

DES

HOMMES

ILLUSTRES.

TOME XXXIX.

MEMOIRES
POUR SERVIR
A L'HISTOIRE
DES
HOMMES
ILLUSTRES
DANS LA REPUBLIQUE DES LETTRES.
AVEC
UN CATALOGUE RAISONNÉ
de leurs Ouvrages.
Par le R. P. NICERON, *Barnabite.*

TOME XXXIX.

A LASCIENCE

A PARIS,
Chez BRIASSON, Libraire, ruë S. Jacques,
à la Science.

M. DCC. XXXVIII.
Avec Approbation & Privilege du Roi.

S. B. N. - GB: 576.72910.8

Republished in **1969 by Gregg** International Publishers Limited
1 Westmead, Farnborough, Hants., England

Printed in offset by Anton Hain KG, Meisenheim/Glan
Western Germany

TABLE
ALPHABETIQUE

Des Auteurs contenus dans les trente-neuf Volumes de ces Mémoires.

Le chiffre marque le Volume.

Les noms qui sont en italique marquent les Auteurs dont il est dit peu de choses & dont il n'est parlé que dans la vie des autres & non en particulier.

Tome XXXIX.   a ij

TABLE ALPHABETIQUE

a iiij

TABLE ALPHABETIQUE

TABLE ALPHABETIQUE

DES AUTEURS.

TABLE ALPHABETIQUE

TABLE ALPHABETIQUE

P. du

DES AUTEURS.

TABLE ALPHABETIQUE

B iij

Fin de la Table Alphabetique des Auteurs.

Table particuliere de ce Volume.

TABLE

Des Auteurs contenus dans ce Volume,
selon l'ordre des matieres qu'ils ont
traitées dans leurs Ouvrages.

TABLE

DES MATIERES.

TABLE DES MATIERES.

Poësies Italiennes.

Fin de la Table des Matiéres.

APPROBATION.

J'AY lû par ordre de Monseigneur le Garde des Sceaux le 39e. Volume des Memoires pour servir à l'Histoire des Hommes Illustres dans la République des Lettres , & j'ai cru que l'on en pouvoit permettre l'impression. A Paris ce 9. May 1738.　　　HARDION.

TABLE

NECROLOGIQUE

des Auteurs contenus dans ce Volume.

TABLE NECROLOGIQUE

Sauffaye (Charles de la) m. le 21. Septembre 1621.

Davila (Henri Catherin) m. en 1631.

Frey (Jean Cecile) m. le 1. Août 1631.

Prevôt (Jean] m. le 3. Août 1631.

Pacius (Jules) m. en 1635.

Michel de la Rochemaillet (Jean) m. le 9. May 1642.

Vigne (Michel de la) m. le 14. Juin 1648.

Argoli (André] m. l'an 1657.

Argoli (Jean) m. vers l'an 1660.

Hovvel [Jacques] m. en 1666.

Priolo [Benjamin] m. en 1667.

Scotti [Jules Clement] m. le 9. Octobre 1669.

Ghilini [Jerôme] m. aptès l'an 1670.

Picinelli [Philippe] m. après l'an 1678.

Scheffer [Jean] m. le 26. Mars 1679.

Lyferus [Jean] m. 1684.

Pearfon [Jean] m. en Juillet 1686.

Lallouette [Ambroife)m. le 9. may 1724.

Schaaf (Charles) m. le 4. Novembre 1729.

Duchat [Jacob le] m. le 25. Juillet 1735.

MEMOIRES

POUR SERVIR

A L'HISTOIRE

DES

HOMMES

ILLUSTRES

DANS LA REPUBLIQUE
des Lettres ;

Avec un Catalogue raisonné
de leurs Ouvrages.

LUC FRUTER.

UC FRUTER naquit
à *Bruges* vers l'an 1541.
d'une famille noble.

    Il fit ses premieres étu-
des à *Gand*, d'où il pas-
sa à *Louvain* & ensuite à *Paris*, pour
s'y perfectionner dans les Belles Let-

L. Fru-
ter.

L. FRU- tres & dans la connoissance de l'An-
TER. tiquité.

Les progrès qu'il y faisoit, donnoient lieu d'attendre de lui de grandes choses, lorsqu'un accident l'enleva dans sa premiere jeunesse. Ayant
un jour joüé long-temps à la paume,
& ayant extrêmement chaud, il voulut se rafraîchir en buvant de l'eau
froide ; mais cette eau fut mortelle
pour lui ; car il tomba aussi-tôt malade & mourut en peu de temps, au
mois de Mars de l'an 1566. n'ayant
pas encore 25. ans.

Il fut enterré à *Paris* dans l'Eglise
de S. *Hilaire*, & *Victor Giselinus*, son
ami, lui dressa cette Epitaphe.

Viator asta, & si vacat, lege pau-
cula,

Multa ut resciscas. Tumulus iste Gra-
tiis,

Novem & sororibus sacratus, Fru-
terium

Tegit, illum amorem Gratiarum ama-
bilem,

Novem & Sororum. Brugis ipsum
nobili

Beavit ortu. Ganda facilem vim in-
genii

Dedit artibus madere liberalibus.
Lovanium & Lutetia usque in ultimæ
Antiquitatis intima penetralia
Subire, & inde, quæ Viri doctissimi
Quique approbarent, arte summa ex-
promere.

His tam auspicatis initiis fata impia;
Fata impia, inquam, inviderunt.
Illa juveni

Quintum ante lustrum fila secuere au-
rea.

Quid obstupescis? an novum aut mi-
rum id tibi?

Fuit Poëta. Sic suis lumina oculis
Reliquit olim Valerius; sic memoriæ
Nostra Secundus. Taceo cœteros; abi.

Il avoit déja composé quelques
Ouvrages de Critique & de Poësie;
mais étant près de mourir, il laissa
ses papiers à *Hubert Giphanius*, qui
n'en usa pas bien à son égard, à ce
qu'on prétend, & s'en appropria la
meilleure partie. Ce ne fut même
qu'après avoir essuyé un procès de la
part de *Janus Douza*, qu'il se déter-
mina à en donner quelque chose au
Public.

Lipse regardoit *Fruter* comme un
des premiers génies des Pays-Bas, &

de la France même , & prétendoit qu'il avoit le jugement aussi mûr , que les vieillards les plus experimentés. Cependant ses Ouvrages ne sont point achevés , & ce ne sont proprement que des essais qui montrent ce qu'il étoit capable de faire.

Catalogue de ses Ouvrages.

1. *Notæ in Aulum Gellium.* Dans une édition de cet Auteur faite à *Geneve* en 1609. & dans quelques autres. Ce n'est qu'une petite partie de celles qu'il avoit laissées.

2. *Lucæ Fruterii Brugensis Librorum qui recuperari potuerunt Reliquiæ. Inter quos Verisimilium Libri duo & Versus Miscelli. Antuerpiæ* , 1584. *in-8o.* p. 172. *Gruter* a fait entrer les deux Livres des *Verisimilia* dans le second volume de son *Thesaurus Criticus.* Les Poësies , qui sont en petit nombre , ont été inserées dans le 2.e volume des *Delitiæ Poëtarum Belgarum* du même *Gruter* , p. 421.

3. *Juliani Severiani Syntomata Rhetorices , nunc primum diligentia & studio Lucæ Fruterii in lucem edita. Antuerpiæ* , 1584. *in-8o.* p. 25. A la suite du Recueil précédent , qui a été pu-

blié par les soins de *Janus Douza.*

4. *Collectaneorum Verisimilium Liber tertius antea non excusus, & Epistolæ Philologicæ.* Dans le 5ᵉ. volume du *Thesaurus Criticus* de *Gruter.* Une des Lettres qu'on voit ici, & qui est adressée à *Marc-Antoine Muret,* se trouve aussi parmi les siennes.

V. *Franc. Sweertii Athenæ Belgicæ. Valerii Andreæ Bibliotheca Belgica. Auberti Miræi Elogia Illustrium Belgii Scriptorum. Les Eloges de M. de Thou, & les Additions de Teissier. Oberti Giphanii Epistola ad Guill. Canterum,* à la p. 641. du *Recueil de Lettres donné par Simon Abbes Gabbema* en 1669. *in-8o.* On trouve dans cette Lettre le temps précis de sa mort, qui n'est point marqué ailleurs.

AMBROISE LALLOUETTE.

Ambroise Lallouette naquit à *Pa-ris* avant l'an 1654
Il fut pendant quelque temps de la Congregation de l'Oratoire, dont il sortit dans la suite. Il prit aussi des degrés en Sorbonne, & fut Bachelier

en Theologie. Il eut sur la fin de sa
vie un Canonicat de *Sainte Oportune* à
Paris, dont il prit possession le 7.
Juillet 1721. mais il n'en fut jamais
paisible possesseur. Il étoit outre cela
Chapelain de Notre-Dame.

Quoiqu'appliqué aux fonctions du
Sacerdoce, comme à la Prédication
& à la direction, il a trouvé le temps
de composer plusieurs Ouvrages utiles & édifians.

Il mourut le 9. Mai 1724. âgé de
plus de 70. ans.

Catalogue de ses Ouvrages.

1. *Discours sur la présence réelle de
Jesus-Christ dans l'Eucharistie, & sur
la Communion sous une seule espece. Paris*, 1687. *in*-12. It. Avec l'Ouvrage
suivant, sous ce nouveau titre : *Traitez de Controverse pour les Nouveaux
Réunis. Paris*, 1692. *in*-12. Il avoit
prononcé les deux discours, qu'on
voit ici, en plusieurs Provinces de
France, dans les Missions que le Roi
Louis XIV. y avoit fait faire pour la
réunion des Protestans, & l'affermis-
sement des Nouveaux Convertis.

2. *Histoire des Traductions Françoises de l'Ecriture-Sainte, tant manuscri-*

tes, qu'imprimées, ſoit par les Catholi- **A. LAL-**
ques, ſoit par les Proteſtans : avec les **LOUETTE.**
changemens que les Proteſtans y ont faits
en differens temps ; dont on donne la
preuve, en marquant les Bibliotheques
de Paris où elles ſe trouvent. *Paris,*
1692. *in-*12. Ce petit Ouvrage contient des recherches curieuſes & utiles. L'Auteur a mis à la fin une inſtruction aux Nouveaux Catholiques,
pour leur apprendre avec quelles diſ-
poſitions ils doivent lire l'Evangile.

3. *Hiſtoire de la Comédie & de l'O-
pera, où l'on prouve qu'on ne peut y aller ſans pécher. Orleans,* 1697. *in-*12.
p. 114. L'Auteur donne ici les extraits
d'une vingtaine d'Ouvrages écrits,
pour ou contre la Comédie, & après
avoir expoſé ce qu'ils diſent ſur ce ſujet, conclut qu'on ne peut exempter
de péché ceux qui y vont.

4. *Avis pour lire utilement l'Evangile. Paris,* 1698. *in-*12. L'Auteur y
a joint une petite inſtruction ſur la
maniere d'entendre la Meſſe en Chrétien.

5. *Penſées ſur les Spectacles,* (1698.)
*in-*12. p. 12. C'eſt un précis de tout
ce qu'on peut dire contre eux.

A. LAL-
LOUETTE.

6. *Extraits des Ouvrages de plusieurs Peres de l'Eglise & Auteurs modernes sur differens points de Morale. Paris. in-16.* En 4 parties. Les deux premieres en 1710. La 3ᵉ en 1713. & la 4ᵉ en 1718. La 1ᵉ. est sur les mauvais Livres, les représentations dangereuses, c'est-à-dire, les Tableaux & les Estampes, où la modestie n'est pas observée, les spectacles & le luxe La 2ᵉ. sur l'amour des richesses, les jeux, l'usure, la restitution & l'aumône. La 3ᵉ *pour expliquer le texte des Evangiles selon le nouveau Messel de Paris, pour tous les jours de l'année.* La 4e. contient l'abregé de la vie P. Morin, l'extrait de son Ouvrage sur la Penitence, & des extraits sur la danse, le mensonge, le jurement, le parjure, l'yvrognerie, le mariage.

7. *Abregé de la vie de Marie Catherine · Antoinette de Gondi, Superieure Generale du Calvaire. Paris, 1717. in-12.*

8. *Abregé de la vie du Cardinal le Camus, Evêque & Prince de Grenoble, avec l'extrait de ses Ordonnances Synodales, sa Lettre aux Curés pour l'instruction des Nouveaux Réunis, & son Man-*

dement pour le Jubilé. Paris , 1720. in- A. LAL-
12. *p. 67. Lallouette* avoit connu ce LOUETTE.
Prélat , & demeuré quelque temps
auprès de lui.

V. *Le Supplément de Morery de*
1735.

JACOB LE DUCHAT.

Jacob le Duchat naquit à *Metz* le J. LE DU-
23 Février 1658. de *Jacob le Du-* CHAT.
chat , Conseiller du Roy , & Com-
missaire ordinaire des Guerres , &
d'*Elizabeth Alion.*

Après avoir passé les premieres années de l'enfance dans sa patrie , &
y avoir reçu la premiere teinture des
Humanités , on l'envoya à *Strasbourg* , où il étudia en Droit avec
beaucoup d'application & de succès.

De retour à *Metz* , il y employa
quelques années à se perfectionner
dans cette science. Il y fut reçu Avocat le 2. Août 1677. & y suivit le
Barreau jusqu'à la révocation de l'E-
dit de *Nantes.*

Il y a cependant lieu de croire ,
qu'il conçut de bonne-heure un goût

prédominant pour le genre dans lequel il a excellé. La lecture des Auteurs Gaulois , & de ceux qui ont écrit jusques vers le regne de *Henri IV*. eut pour lui des charmes , auquels il se livra. Mais comme on ne sçauroit lire ces Ouvrages avec plaisir , si l'on n'entend les expressions surannées , & si l'on n'est au fait d'une infinité d'anecdotes, qui s'y trouvent repanduës , notre jeune Sçavant profita de toutes les occasions qu'il put rencontrer de s'instruire sur ces deux matieres principales.

Un séjour de deux années , ou environ , qu'il fit à *Paris* , où il sollicitoit un grand procès qu'il gagna , lui fournit plusieurs moyens de se satisfaire. La conversation des personnes, qui possedoient la tradition des Regnes précédens , jointe aux piéces qu'on lui communiqua , le mit en état de former des Recueils très-interessans. Il ne pensoit apparemment d'abord qu'à sa propre utilité , & l'idée de publier ses Observations ne lui vint , que lorsqu'elles se furent considerablement accruës. Il crut rendre service au Public , en lui faisant

part d'une foule de menuës particularités, dont perfonne n'étoit en état
de donner une fi abondante collec-
tion, & qui feroient demeurées en-
fevelies dans l'oubli.

Retourné à *Metz* avec les con-
noiſſances qu'il avoit acquiſes à *Paris*, & qu'il augmenta journellement
par la lecture, il commença bientôt à travailler aux Commentaires
que nous avons de ſa façon. Ce travail l'occupa juſqu'en 1700. qu'il
exécuta le deſſein qu'il avoit de paſ-
fer en Allemagne.

Il ſe rendit à *Berlin* au mois de
Septembre de cette année, & il n'y
demeura pas long-temps ſans emploi.
Il eut d'abord en 1701. celui d'Aſ-
feſſeur à la Juſtice ſuperieure Françoiſe de *Berlin*; mais dès l'année ſuivante il fut fait Conſeiller au même
Tribunal, & il en a rempli les fonctions juſqu'à ſa mort.

La tranquillité, où il ſe trouva
alors, lui fit reprendre ſes premieres occupations litteraires, & il con-
tinua à donner au Public de nouveaux Ouvrages.

Il a vêcu dans le celibat, exempt

J. LE DU-
CHAT.

de tout soin , joüissant d'un revenu
honnête & d'une bonne santé. Sa vie
a toujours été assez uniforme ; les
fonctions de sa charge , ses études
particulieres , & quelques liaisons
avec un petit nombre d'amis ont partagé son temps.

Sur la fin de sa vie il fut attaqué
de vertiges. Cela lui causa quelques
mois avant sa mort une chute , qui
ne parut pas d'abord fâcheuse , mais
qui le conduisit insensiblement au
tombeau. Après avoir gardé le lit plus
de trois mois, il mourut le 25. Juillet 1735. âgé de 77. ans.

Il a legué son Capital & le prove-
nu de sa Bibliotheque à la Maison
des Orphelins François de *Berlin*.
Mais comme il vouloit faire du bien
à quelques parens ou amis , il a fondé sur ce Capital des rentes viage-
res , qui doivent leur être payées
par cette Maison , jusqu'à ce qu'é-
teintes par leur mort , elles tournent
au profit de cette fondation.

Sans avoir une érudition consom-
mée , il s'est acquis une grande réputation ; & des recherches qu'il a
pû faire, pour ainsi dire, en se joüant,

lui ont procuré un rang très-honora- J. LE Du-
ble parmi les Sçavans. La Société CHAT.
Royale des Sciences de *Berlin* l'avoit
aggregé au nombre de ses Membres
en 1715.

Catalogue de ses Ouvrages.

1. *Recueil de diverses Piéces servant
à l'Histoire de Henri III. Roi de France & de Pologne*, *augmenté en cette
nouvelle édition. Cologne*, 1693. *in* 12.
p. 717. *Le Duchat* qui fit faire cette
édition , y ajouta des notes fort curieuses sur la *Confession de Sancy.* It.
Nouvelle édition augmentée. Cologne,
1699. *in*-12. deux tom L'Editeur a
fait beaucoup de changemens & d'additions à ses notes. It. Sous cet autre
titre : *Journal des choses mémorables
advenues durant le Regne de Henri III.
Edition nouvelle*, *augmentée de plusieurs piéces curieuses* , *& enrichie de
figures & de notes pour éclaircir les endroits les plus difficiles. Cologne*, 1720.
in-8°. Deux tom. *Le Duchat* a contribué à cette édition par de nouvelles
additions , qui se trouvent à la fin
du 2e. volume.

2. *Satyre Menippée de la vertu du
Catholicon d'Espagne* , *& de la tenue*

des Etats de Paris. Ratisbonne , 1696.
in 12. *Le Duchat* fit imprimer cet
Ouvrage ingenieux fur l'édition de
1677. qui paffoit pour la plus correcte. Il conferva les Préfaces qu'on
avoit mifes à la tête en differens
temps , & mit au bas des pages les
notes que M. *du Puy* avoit déja faites
fur plufieurs endroits difficiles à entendre. Mais comme ces notes ne fuf-
fifoient pas pour éclaircir toutes les
difficultés , il augmenta cette édition
de nouvelles remarques , qu'il ren-
voya à la fin , parce qu'elles étoient
trop longues pour être mifes au bas
du Texte. It. *Nouvelle édition imprimée fur celle de 1696. corrigée & augmentée d'une fuite de nouvelles remarques fur tout l'Ouvrage. Ratisbonne ,*
1699. *in-*12. *Le Duchat* a beaucoup
ajouté ici à fes premieres remarques.
Il s'eft fait depuis quelques autres
éditions , aufquelles M. *Godefroy* de
Lille a joint de nouvelles remarques
de fa façon.

3. *Oeuvres de Maître François Rabelais , publiées fous le titre de Faits &
Dits du Geant Gargantua , & de fon
fils Pantagruel. Avec la Prognoftication*

Pantagrueline, *l'Epitre du Limofin*, *la* J. LE Du-
Crême Philofophale, *& deux Epitres à* CHAT.
deux Vieilles de mœurs & d'humeurs
differentes. Nouvelle édition, *où l'on a*
ajouté des remarques Hiftoriques &
Critiques fur tout l'Ouvrage, *le vrai*
portrait de Rabelais, *la Carte du Chi-*
nonois, *le deffein de la Cave peinte*, *&*
les differentes vûës de la Deviniere,
Métairie de l'Auteur. Amfterdam,
1711. *in*-8o. 6. vol. Cette édition a
été contrefaite deux fois à *Roüen*, &
une fois à *Paris*. Les notes de *Le Du-*
chat, qui font fort amples, tendent
à donner l'explication des manieres
& des façons de parler Proverbiales,
ou empruntées du langage de diverfes Provinces de France ; à marquer
& vérifier les citations des anciens
Auteurs, & à developper les allu-
fions que *Rabelais* a faites à l'Hiftoire de fon temps.

4. *Les quinze joyes du Mariage. Ou-*
vrage très-ancien, *auquel on a joint le*
Blafon des fauffes Amours, *le Loyer*
des folles Amours, *& le triomphe des*
Mufes contre Amour. Le tout enrichi
de remarques & de diverfes leçons. La
Haye, 1726. *in*-12. *Le Duchat* a ti-

ré de la poussiere toutes ces piéces anciennes, & les a accompagnées de ses notes.

5. *Les Avantures du Baron de Fœ-
neste, par Theodore Agrippa d'Aubi-
gné. Nouvelle édition, augmentée de
plusieurs remarques historiques, de l'histoire secrette de l'Auteur, écrite par lui-
même & de la Bibliotheque de Maître
Guillaume, enrichie de notes par Mr...*
Cologne, 1729. *in-*8o. Deux tom. It;
Cologne, 1731. *in-*8o. Deux tom. It.
Amsterdam. (C'est-à-dire France.)
1731. *in-*8o. Deux tom. L'édition de
1729. s'est faite à *Bruxelles* par *François Foppens. Le Duchat* lui envoyoit
ses remarques sur l'Ouvrage, à me-
sure qu'il les faisoit, comptant que
le tout paroîtroit à sa place; mais *Foppens* étant incapable par son âge de
mettre tout cela en ordre, confia le
manuscrit de *le Duchat* à une personne qui gâta tout, altera la Préface,
rangea fort mal les additions, & cor-
rompit tout-à-fait la ponctuation des
notes. *Le Duchat* fut très-mécontent
de cette édition, sur laquelle cependant ont été faites les deux suivantes.

6.

6. *Apologie pour Herodote , ou Trai-* J. LE DU-
té de la conformité des Merveilles An- CHAT.
*ciennes avec les Modernes , par H*enri
Etienne. Nouvelle édition avec des re-
marques de M. le Duchat. La Haye ,
1735. *in-*12. Deux vol. Cette édition
eſt complete , & l'Editeur y a raſſem-
blé les differens endroits qui ne ſe
trouvoient que dans quelques éditions. Il y a joint des notes , mais qui
ſont en très-petit nombre.

7. Il a fourni un grand nombre de
remarques à *Bayle,* qui en a orné ſon
Dictionnaire. Il en a auſſi envoyé
quelques unes pour l'édition de l'Hiſtoire de M. *de Thou,* qui s'eſt faite en
Angleterre.

8. *Lettre de M. le Duchat à M.*
Bayle. Cette Lettre datée de *Berlin* le
3. Juin 1702. ſe trouve parmi les Lettres de *Bayle* publiées par M. *Des*
Maizeaux à *Amſterdam ,* 1729. *in-*
12. p. 891. du 3e. tom. Elle renferme des particularités fort curieuſes.

9. *Eclairciſſemens ſur deux paſſages*
des Mémoires de Brantome. Inſerés
dans le 36e. volume de la *Bibliothe-*
que Germanique, p. 114.

V. *Son Eloge dans le* 34e. *vol. de la*
Tome XXXIX.   B

JACQUES MEYER.

JACQUES
MEYER.

J*Acques Meyer* naquit le 17. Janvier 1491. à *Fleteren* dans la Chatelenie de *Bailleul* en Flandres , & non point à *Bailleul* même , comme le disent quelques Auteurs , & comme on l'a marqué dans les six vers , qui renferment l'abregé de sa vie, & dans son Epitaphe que je rapporterai plus bas.

Il fit ses études d'Humanités dans son pays, & vint ensuite à *Paris* étudier en Philosophie & en Theologie. De retour en Flandres , il y fut ordonné Prêtre , & alla se fixer à *Ipres*. Après quelque séjour dans cette Ville , il passa à *Bruges* , où il ouvrit une Ecole , dans laquelle il enseigna la Jeunesse pendant plusieurs années avec beaucoup de réputation. Il y eut aussi un Bénéfice dans l'Eglise de *S. Donatien*.

Se voyant avancé en âge, & las d'enseigner , il accepta la Cure de *Blankenberg*, Bourg situé sur la Mer , près

d'*Oftende*, qu'il conserva jusqu'à la
fin de sa vie.

Il mourut à *Bruges* le 5. Février
1552. âgé de 61. ans, & fut enterré
dans l'Eglise de *S. Donatien*, avec cette Epitaphe.

Corpus nobilis hîc Viri recumbit.
Qui transis obiter, require nomen,
Et vitæ genus & professionem.
Non inutile cogitare mortem est.
Nomen Meyerus. Ecquid obstupes-
   cis ?
Auditum fuit hoc tibi ante nomen ?
Natus Ballioli, sepultus hîc est.
Cœlebs vivit & integer sacerdos,
Nugarum fugitans & Ociorum.
Hic sensisse videtur, omne tempus
Quod non historiis daret, perire.
His rebus juvenis studere cœpit,
His immortuus ultima senecta est,
Dum Flandros proceres & acta Re-
   gum
Nigris abdita vindicat latebris.
Si se versibus admodum dedisset,
Et versus potuit sonare doctos.
Cunctis auxilium tulit propinquis,
Si vel consilio, vel ære, vel si
Disciplina opus artibusque haberem.
                    B ij

M. C. quinque , duobus I. L. uno ,
Sic anni numerantur à salute ,
Mensis Februi erat diesque quintus ,
Cum mors egregium caput peremit.
Lector Manibus imprecare pacem ,
Hoc saltem pretium ferat laborum.

Un Auteur inconnu a renfermé
dans ces six vers les principales circonstances de sa vie.

Balliolum genuit , docuit Lutetia ,
    humavit
Donatianus Meyerum
Historicum. Vixit Cœlebs , Christi-
    que Sacerdos ;
Professus idem litteras ,
Brugensem instituit plebem. Dein Cu-
    rio cessit
In fata Blancobergius.

Il s'étoit beaucoup appliqué à l'Histoire de son pays ; & les Ouvrages
qu'il a publiés en ce genre, sont esti-
més. Il avoit amassé une riche Bibliotheque, qu'il laissa en mourant, de
même que tous ses biens à *Antoine*
Meyer, son neveu, dont je parlerai
plus bas.

Catalogue de ſes Ouvrages.

1. *Flandricarum rerum Tomi X. de origine, antiquitate, nobilitate ac genealogia Comitum Flandriæ. Brugis, 1531. in-4°.* It. *Antuerpiæ, 1531. in-8°.*

2. *Bellum quod Philippus Francorum Rex cum Othone Augusto, Anglis, Flandriſque geſſit, annos ab hinc 300. conſcriptum, nunc autem fideliter recognitum & à mendis repurgatum. Antuerpiæ, 1534. in 8°.* Meyer ayant trouvé a *Bruges* ce Poëme manuſcrit, crut devoir le donner au Public, & y ajouta à la fin pluſieurs de ſes Poëſies, qui n'ont rien qui mérite de l'attention.

3. *Hymni aliquot & Carmina Jacobi Meyeri Baliolani, una cum annotationibus in duos Hymnos Trochaicos Aurelii Prudentii. Lovanii, 1537. in-8°.* Dans des Endecaſſyllabes, qui ſe trouvent ici, il marque poſitivement qu'il étoit né à *Fleteren, natus in orbe Fleterano, baptiſatus in Æde Fleterana;* ainſi s'il s'eſt renommé de *Bailleul,* c'eſt que ce lieu étoit plus connu que l'autre.

4. *Compendium Chronicorum Flan-*

JACQUES *driæ æb anno Christi* 445. *usque ad an-*
MEYER. *num* 1278. *Norimbergæ,* 1538. *in-*4°.
Meyer poussa depuis cette Chroni-
que jusqu'au temps de *Maximilien*
& de *Marie* de Bourgogne sa femme, qui porta à la Maison d'Autriche tous ses Etats des Pays-Bas; c'est-
à-dire, jusqu'en 1477. mais il ne put
pas y mettre la derniere main. Ce
fut *Antoine Meyer,* son neveu, qui
publia le tout sous le titre suivant.

5. *Commentarii, sive Annales rerum
Flandricarum; Libri* 17. *ab anno* 445.
ad anno 1477. *Antuerpiæ,* 1561. *in-
fol.* It. Dans le Recueil intitulé : *Annales, sive Historiæ rerum Belgicarum
à diversis Autoribus conscriptæ & editæ à Sigismundo Feyrabendio. Francof.*
1580. *in-fol.*

V. *Swertii Athenæ Belgicæ. Valerii
Andreæ Bibliotheca Belgica. Auberti
Miræi Elogia Belgica.*

JEAN SLEIDAN.

JEan Sleidan naquit l'an 1506. à J. SLEI-
Sleiden, petite Ville d'Allema- DAN.
gne, fur les confins du Duché de *Ju-
liers*, d'où il a pris fon nom. *Varillas*
dit dans fon *Hiftoire des Héréfies*, qu'il
étoit d'une fi baffe naiffance, que l'on
ignoroit le nom de fon pere, auffi-
bien que la raifon qu'il avoit eu de
prendre celui du lieu, où il étoit né;
mais il n'a parlé ainfi que par imagination; car on fçait que fon pere
s'appelloit *Philippe*, & fa mere *Elizabeth Wanhelter*, que fon ayeul *Si-
gebert* étoit venu s'établir à *Sleiden*,
& qu'il avoit des freres & des fœurs
établis avantageufement.

Ce que *Varillas* ajoute qu'il étudia à *Paris* avec les trois illuftres freres de la Maifon de *Bellay*, *Langey*,
le Cardinal, & le Capitaine *Martin*,
en portant leurs livres au College,
eft encore de fon invention; mais il
n'a pas pris garde que cela ne pouvoit être, puifque le plus jeune des
trois freres étoit né plus de quinze
ans avant *Sleidan*.

Sleidan fit ses premieres études
dans sa patrie avec *Jean Sturmius*,
son compatriote, sous *Jean Nebur-
gius*, jusqu'à l'âge de 13. ans, qu'on
l'envoya à *Liege*, pour les y continuer. Il demeura dans cette Ville
pendant quatre ans, au bout desquels
ses parens le rappellerent à *Sleiden*,
& l'envoyerent ensuite à *Cologne*,
où il prit des leçons de *Jacques So-
bius*, de *Jean Cæsarius*, de *Jean Phrys-
semius*, & de *Barthelemi Latomus*,
qui y expliquoient les Anciens Auteurs Grecs & Latins. Ce fut en ce
lieu, qu'il changea le nom de *Philip-
son*, c'est-à-dire, fils de *Philippe*,
qu'il avoit porté jusques-là, en celui de *Sleidan*, suivant l'usage assez
ordinaire de son temps, où l'on prenoit volontiers le nom de sa patrie.

Jean Sturmius passant par *Cologne*,
l'y trouva malade, & l'emmena à
Louvain, où il recouvra bien-tôt la
santé.

La capacité, qu'il avoit acquise dès-
lors, lui procura bien-tôt de l'emploi.
Dieteric, Comte de *Manderscheid*,
Seigneur de *Sleiden*, ayant entendu
parler avantageusement de lui, le fit
venir

venir à ſa Cour , & lui confia l'éducation de *François* ſon fils.

Il conſerva cette place pendant
quelques années , après leſquelles
dégouté de la Cour , il paſſa en France , & vint à *Paris* , pour s'y perfectionner dans ſes études. Après y avoir
vêcu quelque temps avec *Jean Sturmius* , *Barthelemi Latomus* , & *Jean
Guintier d'Andernach* , Medecin , il
paſſa à *Orleans* , où il étudia pendant
trois ans en Droit. Il y prit le degré
de Licentié en cette Faculté ; mais il
n'en fit pas grand uſage , ayant naturellement de l'averſion pour le Barreau , & étant plus porté pour les
Belles Lettres.

De retour à *Paris* , il y fut recom-
mandé à *Jean du Bellay* , par *Sturmius* qui quitta cette Ville en 1535.
pour aller profeſſer à *Strasbourg*. Ce
Prélat l'ayant pris en affection , lui
donna une penſion , & lui communiqua pluſieurs affaires importantes.

Il accompagna l'Ambaſſadeur de
France à la Diete d'*Haguenaw* , & ce
Miniſtre ayant été rappellé en France par *François I. Sleidan* revint à *Paris* , après avoir fait un tour à *Stras-*

J. SLEI-
DAN.

bourg , pour y voir *Sturmius* , & y
demeura jusqu'à la Diete de *Ratis-*
bonne de l'an 1541. Il auroit fait un
plus long séjour dans ce Royaume ,
s'il n'y eut couru risque de la vie ,
à cause des nouvelles opinions ausquelles il s'étoit laissé entraîner.
Voyant donc qu'il n'y faisoit pas bon
pour lui , il prit le parti de se retirer
à *Strasbourg.*

Il se rendit dans cette Ville en
1542. & s'y acquit l'estime & l'amitié de plusieurs personnes de consi-
deration , & principalement de *Jac-*
ques Sturmius de Sturmeck , par le conseil & le secours duquel il entreprit
d'écrire l'histoire de son temps.

Ses talens le firent employer en
quelques négociations tant en France qu'en Angleterre ; & ce fut dans
ces voyages qu'il se fit connoître à
Jean Braun de Niedbruck , dont il
épousa en 1546. la fille *Iole.*

Vers le même temps les Princes
de la Ligue de *Smalcald* l'honore-
rent de la qualité de leur Historien ,
& lui accorderent avec cela une pension. Mais la Ligue ayant été dissoute
en 1547. par la prison de *Jean Fre-*

deric, Electeur de Saxe, qui en étoit J. SLEI-
le Chef, *Sturmius* lui procura une DAN.
autre pension de la Republique de
Strasbourg.

Il alla en 1551. de la part de cette
Republique au Concile de *Trente* ;
mais les Troupes de *Maurice*, Electeur de Saxe, ayant obligé ce Concile de se séparer, il retourna bien tôt
à *Strasbourg*, sans y avoir rien fait.

L'année suivante 1552. le Roy
Henri II. passant avec son Armée
dans le voisinage de cette Ville, y
envoya demander des vivres, & *Sleidan* fut deputé avec deux autres vers
ce Prince, pour convenir sur cet article.

La mort de sa femme arrivée en
1555. le plongea dans un si grand
chagrin, qu'il en tomba malade, &
perdit presque entierement la mémoire, jusques là qu'il ne se souve-
noit point des noms de ses trois filles, qui étoient les seuls enfans qu'il
en eût eus.

Quelques-uns ont voulu que ce
fut l'effet d'un poison qui lui avoit
été donné ; mais il est plus naturel
de l'attribuer à une playe qu'il avoit

au pied , & dont il se faisoit un écoulement continuel d'humeurs , mais qui s'étant fermée dans ce temps là , causa cet accident.

Il mourut à *Strasbourg* d'une maladie épidemique le 31. Octobre 1556. âgé de 50. ans.

Catalogue de ses Ouvrages.

1. *De Statu Religionis & Reipublicæ, Carolo Quinto Cæsare , Commentarii. Argentorati.Wendelinus Rihelius* 1555. *in-fol.* C'est la premiere édition de cet Ouvrage , & la seule à laquelle *Sleidan* ait eu part. On ne voit ici que 25. Livres , qui s'étendent depuis l'an 1517. jusqu'en 1555. Elle fut suivie aussi-tôt après d'une autre *in-*8°. imprimée , à ce qu'on croit , à *Anvers ex Officina Simonis à Bosco. Sleidan ,* à l'insçu de qui elle se fit , fâché du tort , qu'elle pouvoit faire à *Rihelius,* à qui seul il avoit permis d'imprimer son Histoire , déclara qu'il ne reconnoissoit pour son Ouvrage , que les exemplaires qui sortiroient de l'Imprimerie de *Rihelius* , & les héritiers de cet Imprimeur eurent soin de mettre cette déclaration à la tête d'une nouvelle édition qu'ils donnerent en

1559. *in-fol.* & dans laquelle ils ajou- J. SLEI-
terent un 26ᵉ. Livre Posthume & l'A- DAN.
pologie de *Sleidan* , composée par
lui-même. Il s'étoit fait auparavant ,
& il se fit depuis plusieurs éditions
de l'Histoire de *Sleidan* , qu'il seroit
difficile de rapporter ici ; je citerai
celles que je connois. *Typis Jacobi
Polani.* 1557. *in-*8°. It. *Typis Conradi Badii.* 1559. *in* 16. It. *Typis Michaëlis Sylvii.* 1561. *in - 16.* Deux
tom. It. *Basileæ,* 1566. *in-fol.* It. *Francofurti* , 1568. *in-fol.* It. *Ibid.* 1610.
*in-*8°. *Varillas* a parlé par imagination, suivant sa coûtume , dans tout
ce qu'il a dit des éditions de cet Ouvrage. Il est à propos de rapporter ici
ses paroles, qui se trouvent dans l'A-
vertissement du 1. tome de son *Histoire des Révolutions.* » Afin que le
» Lecteur ne se trompe point dans les
» éditions de l'Histoire de cet Au-
» teur , il est necessaire , dit - il , de
» l'avertir que la premiere , qui fut
» faite durant sa vie est très-differen-
» te de la seconde qui se fit immédia-
» tement après sa mort , & que ceux
» qui revirent celle-ci , en retranche-
» rent tous les faits qui favorisoient

C iij

» les Catholiques , que *Sleidan* n'a-
» voit ofé ni déguiſer ni paſſer ſous
» ſilence. Il eſt aiſé d'en faire le diſ-
» cernement à quiconque ſe donne-
» ra la peine d'obſerver que la pre-
» miere édition eſt de l'année 1553.
» que c'eſt un petit volume *in-fol.* en
» lettre italique , fort ſerrée , & que
» la ſeconde eſt *in-8°.* en des caracte-
» res moins preſſez. Elle eſt de l'an
» 1556. & toutes les autres qui ſont
» venuës entre mes mains ont été im-
» primées ſur celle-ci, ſans en excep-
» ter la traduction Françoiſe , qui à
» cela près, eſt aſſez conforme à ſon
» original. «

Il ſeroit difficile de ne pas croire
ſur ces paroles que *Varillas* parloit
avec connoiſſance de cauſe. Il n'y a
cependant rien de vrai dans tout ſon
récit. La prétenduë premiere édition
de 1553. dont il parle , comme s'il
l'avoit vûë , eſt imaginaire. La premiere eſt inconteſtablement de l'an
1555. C'eſt un gros *in-fol.* de plus de
900. pages en lettres romaines. D'ailleurs il eſt faux , qu'on ait retranché
quelque choſe dans les ſuivantes. On
y a fait à la verité quelques legers

changemens , qui ſe réduiſent à quatorze dans l'édition de *Simon à Boſco*,
& à 22. dans celle de *Rihelius* de l'an
1559. La plûpart ne tendent qu'à corriger quelques mots de peu de con-
ſéquence , ou quelques fautes d'im-
preſſion. Les plus conſiderables ſont
les ſuivans. Feüil. 11. de la 1e. édition, il y avoit que *Mayence* eſt éloignée de *Francfort quinque milliaribus*,
on a mis dans les autres *quatuor* : ce
qui eſt plus conforme à la verité.
Feüil. 27. de la 1e. l'Appel que *Luther* fit de la Bulle du Pape étoit
placé au 17. Novembre , on a mis le
18. Feüil. 154. de la 1e. On cite un
Decret contre les Anabaptiſtes de
Munſter fait à *Worms* , on a mis dans
les ſuivantes *Confluentiæ*. Feüil. 232.
de la 1e. *Maurice* eſt dit âgé de 21.
ans ; on a mis dans les autres 16. ans.
On a ajouté au feüil. 476. de la ſeconde édition quelque choſe ſur la
mort d'*Alphonſe d'Avalos* , qui n'eſt
pas dans la premiere. Feüil. 292. de
la 1e. il eſt parlé de riches Marchands,
qui fourniſſoient de l'argent à l'Empereur : c'étoient les *Fuggers* , qui ne
ſont nommés que dans les éditions

C iiij

posterieures. Tout cela ne meritoit
point la remarque de *Varillas* , qu'-
on ne pourroit justifier de mauvaise
foy, qu'en disant qu'il a attribué par
inadvertance au texte même ce qui
convient aux notes marginales. Ces
notes ne sont point de *Sleidan* , puisqu'elles ne se trouvent point dans
son édition de 1555. Celui qui eut
soin de l'édition de *Simon à Bosco* les
y joignit , comme il le marque dans
le titre , *cum novis copiosissimisque annotationibus.* Les héritiers de *Rihelius*
les firent aussi entrer dans leur édition
de 1559. mais comme elles avoient
été faites par un Catholique , & que
Luther y étoit maltraité , ils corrige-
rent celles qui n'étoient pas favora-
bles aux Protestans , & y en substi-
tuerent d'autres. Voila tout ce qui
peut avoir donné occasion au récit de
Varillas.

A peine *Sleidan* eut-il publié son
Histoire , qu'on la traduisit en Allemand. *Henri Pantaleon* en donna la
premiere traduction en cette langue
à *Basle* en 1557. *in fol.* & y ajouta
après une continuation en cette même langue & en Latin. *Michel Beu-*

ther en fit depuis une nouvelle, à laquelle il joignit un Supplément juſqu'à ſon temps. Celle - ci parut à
Strasbourg en 1570. & en 1589. *in-fol.*
Oſée Schadæus en a donné une troiſiéme avec ſa continuation à *Straſ-*
bourg en 1625. *in-fol.*

L'Ouvrage fut auſſi traduit en même - temps en François. *Hiſtoire de*
l'Etat de la Religion & Republique ſous
l'Empereur Charles V. Chez Jean Creſ-
pin. 1557. *in-*8o. It. Avec la traduction des *trois Livres des quatre Empi-*
res. Strasbourg, 1558. *in-*8°. à deux
colonnes. It. Dans un Recueil François des Oeuvres de *Sleidan*, ſous ce
titre : *Hiſtoire entiere déduite depuis le*
déluge juſqu'au temps préſent en 29.
Livres, *par Jean Sleidan. En laquel-*
le eſt premierement compris l'état des
quatre Empires Souverains ; *puis de la*
Religion & Republique juſqu'à la mort
de Charles V. Avec les Argumens &
Sommaires ſur chaque Livre. Plus deux
Oraiſons du même Sleidan, *l'une à tous*
les Princes d'Allemagne, *& les Etats*
de l'Empire, *l'autre à l'Empereur Char-*
les Quint. Au commencement y a une
Apologie de l'Auteur, *laquelle il fit un*

*peu devant sa mort pour rendre raison
de son Histoire. Le tout traduit par Robert le Prevost. Geneve , Jean Crespin.
1561. & 1563. in-fol. It. Ibid. Eustache Vignon. 1574. in-fol.*

*Jean Daus en a donné une traduc-
tion Angloise à Londres en 1560. in-
fol.*

J'en trouve aussi une traduction
Italienne sans nom d'Auteur ni de
lieu. *Commentari o vero Istoria di Giovanni Sleidano , ne' quali si tratta dello
stato della Republicha e della Religione
Christiana , e di tutte le guerre ed altre
cose notabili dal 1517. sino al 1555.
tradotti dal Latino. 1557. in-4°.*

On a donné un abregé de l'Histoire de *Sleidan ,* sous le titre d'*Epitome Commentariorum Sleidani. Genevæ. Joan. Crispinus. 1556. in-8°.* Ouvrage qui a été traduit en François :
*Sommaire de l'Histoire de l'Etat de la
Religion & Republique , disposé par
Tables. Strasbourg , 1558. in-8°.*

Il faut parler maintenant des continuations de l'Histoire de *Sleidan.*

Justin Gobler , de *Goslar ,* en a fait
une Latine depuis l'an 1556. jusqu'en
1567. qui a été imprimée pour la

premiere fois avec l'Hiſtoire de *Slei-*
dan à *Francfort* , 1568. *in-fol.*

Henri Pantaleon en a fait une autre
en trois Livres , en Latin & en Allemand ; mais j'ignore quand elle a été
imprimée. *Michel Beuther* & *Oſée*
Schadæus en ont ajouté d'autres en
Allemand aux traductions en cette
langue qu'ils ont faites de l'Ouvrage de *Sleidan* , comme je l'ai marqué
ci-deſſus.

Michaëlis Gaſparis Lundorpii Con-
tinuatio Joannis Sleidani de ſtatu Reli-
gionis & Reipublicæ. Francofurti. in-
8°. Trois tomes. Le premier en 1614.
le ſecond en 1615. & le troiſiéme en
1619. Cette continuation s'étend depuis l'an 1556. juſqu'en 1609.

On ne peut nier que l'Hiſtoire de
Sleidan ne ſoit fort bien écrite , &
qu'elle ne contienne bien des choſes
intereſſantes. Quelques Auteurs en
ont conteſté la fidelité , juſques-là
que *Barthelemi Latomus* a prétendu
prouver qu'il y avoit onze mille fauſ-
ſetés. On aſſure même , que *Charles*
Quint l'avoit traité de menteur par
rapport aux choſes qu'il avoit dites
de lui , mais ce fait n'eſt fondé que

J. SLEI-
DAN.

sur l'autorité de *Laurent Surius* qui l'a avancé dans la Préface de ses Commentaires, & ne mérite par conséquent aucune créance ; il vaut mieux s'en rapporter à l'Auteur de l'Apotheose de *Ruart Tapper*, qui assure que cet Empereur traitoit *Sleidan* d'Historien fidele & exact. En effet son Histoire n'est presque qu'un extrait des Actes publics, & des piéces originales qui étoient dans les Archives de la Ville de *Strasbourg*. Aussi suffit-il de lire son Apologie composée par lui-même, & celle que *Frederic Hortleder* lui a faite dans la Préface de son Histoire Allemande de la Guerre d'Allemagne, pour se convaincre qu'il y a de l'exageration & de la prévention dans ce qu'on dit de son peu de fidelité.

2. *De quatuor summis Imperiis Libri tres. Argentinæ. in-8o.* It. *Conrad Badius.* 1559. *in-16.* It. *Ab Henrico Meibomio illustrati. Helmstadii*, 1586. *in-8o. & Wittebergæ*, 1642. *in-8°.* It. *Cum Guilielmi Xylandri commentario, edente Elia Putschio. Hanoviæ*, 1608. *in-8°. Xylander* commença ce Commentaire, mais comme il ne l'ache-

va pas, <i>Theophile Maderus</i> le conti- J. SLEI-
nua, & <i>Putschius</i> le donna au Public. DAN.
avec quelques autres piéces de <i>Slei-</i>
dan, dont je parlerai plus bas. It.
Lugd. Bat. Elzevir. 1624. in-16. It.
Ibid. 1631. in-24. It. Hagæ-Comit.
1631. <i>in-</i>24. It. <i>Amstel. Elzevir.</i>
1654. <i>in-</i>24. It. <i>Cum notis H. Mei-</i>
bomii & Georgii Hornii. Lugd. Bat.
1669. <i>in-</i>12. It. <i>Cum continuatione</i>
Ægidii Strauchii usque ad annum 1669.
Wittebergæ, 1669. in-8o. It. Accessit
continuatio Conradi Samuelis Schurtz-
fleischii usque ad annum 1678. Wittebergæ, 1678. in-8o. It. Avec une
nouvelle continuation sous ce titre :
Joh. Sleidani de quatuor summis Imperiis Libri tres, olim ab Henrico Meibomio Materiarum sedibus illustrati,
nunc vero cum continuatione Ægidii
Strauchii, Conradi Samuelis Schurtz-
fleischii, & Christiani Junckeri usque
ad finem XVII. sæculi denuo editi. Francofurti, 1711. in-8o. L'Auteur ne s'est
étendu que sur la derniere Monarchie, qui est celle de <i>Rome</i>, & c'est
elle que regardent les continuations
dont je viens de parler.

L'Ouvrage a été traduit de bonne-

J. SLEI-
DAN.

heure sous ce titre : *Trois Livres des
quatre Empires Souverains* ; *à sçavoir,
de Babylone , Perse , Grece , Rome.*
Geneve , Jean Crespin. 1557. *in-8o.*
Cette traduction est de *Robert le Prevost.* It. *Strasbourg ,* 1558. *in-8°.* Avec
l'*Histoire de l'Etat de la Religion &
Republique.* Cette traduction a été
réimprimée plusieurs autres fois avec
cette Histoire , comme on le peut
voir ci-dessus. *Antoine Teissier* en a
donné une nouvelle sous ce titre :
*Abregé de l'Histoire des quatre Mo-
narchies du Monde de Sleidan. Berlin ,*
1700. *in-12.*

3. *Frossardus in brevem Historiarum
Memorabilium , Epitomen contractus.*
Paris. Colinæus. 1537. *in-8o.* C'est la
premiere édition de cet Abregé, qui a
été réimprimé plusieurs fois depuis ,
souvent avec l'Abregé de *Philippe de
Comines,* & quelquefois avec la Traduction de *Claude de Seyssel ,* dont je
parlerai plus bas. L'Epitre dédicatoire de *Sleidan* est adressée au Cardinal
Jean du Bellay , Evêque de *Paris ,* &
datée de cette Ville le 12. Juillet
1537.

4. *Philippi Cominæi de gestis Ludo*

vici XI. Latinè , interprete Joh. Sleida- J. SLEI-
no. Argentorati , 1545. *in-*4°. C'est la DAN.
premiere édition, qui a été suivie de
quelques autres, dans plusieurs des-
quelles cette traduction accompagne
la précédente. L'Epitre dédicatoire
de *Sleidan* est datée de *Strasbourg* le
1. Janvier 1545. Il a mis à la suite
Brevis quædam rerum illustratio &
Galliæ descriptio. Possevin fait dans sa
Bibliotheque Choisie un crime à *Slei-*
dan d'avoir retranché dans cette Traduction plusieurs choses qui avoient
rapport à la Religion Catholique ;
c'est qu'il a supposé que c'étoit une
Traduction litterale de l'Ouvrage ,
& qu'il n'a pas sçu que *Sleidan* y a
ôté bien des choses de l'original , &
jusqu'à des Chapitres entiers , que
quelquefois il a abregé la narration ,
& d'autre fois l'a amplifiée suivant
son goût, qu'ainsi sa Traduction est
entierement libre. On voit ici dix Livres, qui font les six premiers de l'é-
dition Françoise , & finissent à la
mort de *Louis XI.* La Traduction des
deux autres , qui contiennent l'Histoire de *Charles VIII.* a paru sous
ce titre.

J. SLEI-
DAN.

5. *Philippi Cominæi Commentariorum de Bello Neapolitano Libri quinque. Accessit brevis quædam explicatio
rerum & Authoris vita. Argentorati,*
1548. *in-*4°. Réimprimé plusieurs autres fois depuis avec les Traductions
précédentes. L'Epitre est datée du
mois de Mai de cette année 1548.

6. *Claudii Sesselii de Republica Galliæ, & Regum Officiis Libri duo, è
Gallico in Latinum Sermonem conversi,
brevique explicatione illustrati. Argentorati,* 1548. *in-*8°. It. Avec les Opuscules de *Sleidan. Hanoviæ,* 1608.
*in-*80.

7. *Summa Doctrinæ Platonis de Republica & Legibus. Argentorati,* 1548.
*in-*80. Avec l'Ouvrage précédent.

8. *Orationes duæ; una ad Carolum
V. Cæsarem, altera ad Germaniæ Prin-
cipes & Ordines Imperii. Argentorati,*
1544. *in-*4°. It. En Allemand. La 1e.
cette même année 1544. *in* 40. La 2e.
en 1542. *in-*4°. L'une & l'autre sous
le nom de *Baptiste Lasden.*

9. *Joannis Sleidani Opuscula. Edente Elia Putschio. Hanoviæ,* 1608. *in-*
8°. Les Ouvrages renfermés dans ce
Recueil avoient déja paru; ce sont les
sui-

suivans. 1. *De quatuor summis Impe-* J. Slei-
riis. 2. *Cl. Sesselii de Republica Gallo-* dan.
rum Libri duo Latinè redditi. 3. *Sum-*
ma doctrinæ Platonis de Republica &
Legibus. 4. *Orationes duæ.* Ce qui est
suivi des *Commentarii & notæ Guil.*
Xylandri in Libros de quatuor Monar-
chiis.

10. Il a aussi traduit en Latin le petit Catechisme de *Martin Bucer* ,
comme le marque *Verheiden* ; mais je
ne sçai quand cette Traduction a paru.

V. *Henrici Pantaleonis de Viris Il-*
lustribus Germaniæ pars 3a. p. 392.
Boissardi Icones. Pars 2. p. 131. *Mel-*
chieris Adami Vita Germanorum Phi-
losophorum. Jacbi Verheiden Effigies
præstantium aliquot Theologorum. p. 131.
Les Eloges de M. de Thou , & *les ad-*
ditions de Teissier. Casparis Sagittarii
Introductio in Historiam Ecclesiasticam,
tom. 1. p. 105. & *tom.* 2. p. 114. C'est
l'Auteur qui parle le plus au long &
le plus exactement de *Sleidan.*

SPERON SPERONE.

S. SPE-
RONE.

Peron Sperone naquit à *Padoüe* le 12. Avril 1500. d'une famille noble

Après avoir fait ses études dans sa patrie avec beaucoup de rapidité & de succès, il y fut fait en 1520. n'ayant que vingt ans, premier Professeur en Logique, & passa en 1528. de ce poste à celui de Professeur extraordinaire en Philosophie, comme il nous l'apprend lui-même dans l'Apologie de ces Dialogues. Ces dates renversent absolument celles de *Riccoboni* & de *Tomasini*, qui le font seulement Professeur extraordinaire en Philosophie depuis l'an 1524. jusqu'en 1526.

M. *de Thou* veut qu'il ait enseigné la Philosophie pendant 64. ans, supposant qu'ayant commencé à le faire à l'âge de 24. ou 25. ans, il a continué jusqu'à la fin de sa vie; mais c'est une chose insoutenable. Il est à présumer, par le peu qu'on sçait de sa vie, qu'il ne professa que pendant ses premières années.

Il demeura long-temps à *Rome* ,   S. Spe-
il y étoit ſous le Pontificat de *Pie IV.* rone.
qui le fit Chevalier. Ce qu'on lit dans
Tomaſini , qu'il alla dans cette Ville
du temps de *Leon X.* & qu'il ſe rendit
agréable à ce Pontife & aux Cardi-
naux , par ſon eſprit & ſa capacité ,
n'eſt pas probable , puiſque *Leon X.*
mourut en 1521. lorſqu'il n'avoit encore que 21. ans.

Il fut employé en diverſes affaires ,
& pluſieurs Princes , à qui il fut envoyé , voulurent l'élever à differentes dignités ; mais l'amour qu'il avoit
pour l'indépendance les lui fit toujours refuſer.

Ayant été une fois envoyé à *Veniſe*
par ſes Concitoyens pour négocier
quelque choſe , il parla dans le Sé-
nat avec tant d'éloquence , que les
Juges & les Avocats abandonnoient
le Barreau , pour aller l'entendre.

Envoyé auſſi par le Pape aux Rois
de France & d'Eſpagne pour les por-
ter à la paix , il les harangua d'une
maniere ſi perſuaſive , qu'il les déter-
mina à la faire , du moins à ce que
rapporte *Tomaſini.*

On prétend qu'il étoit habile dans

S. SPE-
RONE.

la Jurifprudence , dans la Theologie , dans l'Hiftoire , & dans toute forte de Litterature ; mais ce qui nous refte de lui fait voir qu'il y a de l'exageration dans ce qu'on dit fur ce fujet à fon avantage. Ce qu'il y a de fûr , c'eft qu'il poffedoit fort bien la langue Italienne , qu'il eft mis au nombre des meilleurs Ecrivains en cette langue , & qu'il eft cité comme tel dans le Dictionnaire de *la Crufca*.

Vittorio Roffi rapporte dans l'Eloge d'*Ottavio Pancirola* une chofe qui ne donne pas une grande idée de lui. *Speron Sperone* , dit il , avoit toujours ouvert devant lui les Romans de *Dame Rovenfe* , de *Renaud* , & d'autres Livres femblables. Lorfqu'on lui demandoit , pourquoi il s'amufoit à cette lecture , il répondoit qu'il avoit coûtume de dérober dans les Ouvrages des autres bien des chofes qu'il inferoit dans les fiens , & que comme il vouloit que fes larcins fuffent cachés , il ne pilloit que ces méchans Livres , d'où il pouvoit prendre tout ce qu'il vouloit , fans qu'on le fçût , parce que perfonne ne les lifoit ; au lieu que s'il déroboit les penfées des

Auteurs celebres, comme ils étoient
entre les mains de tout le monde, on
s'en apperçevroit bien-tôt, & on le
décrieroit comme un Plagiaire.

Il mourut à *Padoüe* le 3. Juin 1588.
âgé de 88. ans, & fut enterré dans
la Chapelle de la Vierge de l'Eglise
Cathedrale, avec cette Epitaphe qu'-
il s'étoit faite lui-même, & à laquelle on ajouta seulement quelque chose.

Sperone Speroni nacque nel 1500.
alli 12. Aprile, mori nel 1588. D. 3.
Giugno.

Messere Sperone Speroni delli Alva-
roti, Filosofo, & Cavalier Padouano,
il quale amando con ogni cura, che do-
po se del suo nome fusse memoria, che al-
men nell' animi de' Vicini, se non piu
oltre cortesemente per alcun tempo si
conservasse, in volgar nostro idioma
con vario stile sino all' estremo parlò, e
serisse non vulgarmente sue proprie cose,
& era letto & udito.

Vivette anni 88. Mese 1. Giorni 22.
Mori padre di una figlivola, che li ri-
mase di tre, che n'hebbe, & per lei
avo di assai nipoti, mà avo e proavo &
atavo à discendenti dell' altre due tutte

S. SPE-
RONE.

nobili, *e bene stanti femine e maschi nel*
le lor patrie honorate.

On lit aussi ces mots sur sa tombe.

Al gran Sperone Speroni, mio padre,
Giulia Sperona de' Conti. 1594.

Il étoit de l'Academie des *Infiam-*
mati de *Padoüe*, dont il fut élû Prince.

Catalogue de ses Ouvrages.

1. *I Dialogi di Messer Speron Spe-*
rone. In *Vinegia. Aldus.* 1542. *in-8°.*
Feüil. 176. It. *Nuovamente ristampa-*
ti, *& con molta diligenza riveduti &*
corretti. In *Vinegia*, 1558. *in - 80.*
Feüil. 154. It. *Di nuovo ricorretti*, *a'*
quali sono aggiunti molti altri non piu
stampati, *e di piu l' Apologia de i pri-*
mi. In *Venetia*, 1596. *in-4°.* Il composa ces Dialogues dans sa premiere
jeunesse. On en a une traduction
Françoise. *Les Dialogues de M. Spe-*
ron Sperone, *Italien, traduits en Fran-*
çois par Claude Gruget, *Parisien.* Paris, *Etienne Groulleau.* 1551. *in-8°.*
Feüill. 229. Les dix Dialogues qu'on
voit ici, roulent sur des sujets de Morale. On a publié à leur occasion l'ouvrage suivant, dont j'ignore l'Auteur. *Discorsi sopra i Dialoghi di M.*

Speron Sperone , ne' quali si ragiona S. Spe-
della Bellezza e della eccellenza de lor rone.
concetti , d'incerto Autore. In Venetia,
1561. *in*-80. Feüil. 22.

2. *Canace e Macareo , Tragedia. In
Venetia ,* 1546. *in*-80. It. *In Firenze ,*
1546. *in - 80.* It. Avec un jugement
peu favorable , sur cette piéce , qui
est sans nom d'Auteur , mais que l'on
sçait être de *Barthelemi Cavalcanti ,*
sous ce titre : *Giuditio sopra la Tragedia di Canace e Macareo , con molte
utili considerationi circa l'Arte Tragi-
ca & di molti Poëmi , con la Tragedia
appresso. In Lucca,* 1550. *in*-80. Feüil.
96. It. Avec le même. *In Venetia ,*
1566. *in*-80. It. Avec une Apologie
de *Sperone ,* & quelques-unes de ses
Poësies. *Canace , Tragedia del signor
Sperone Speroni , alla quale sono ag-
giunte alcune altre sue compositioni, &
una Apologia , & alcune Lettioni in difesa della Tragedia. In Venetia ,* 1597.
in-40.

3. *Orazioni del sign. Sperone Speroni nuovamente poste in luce. In Venetia ,* 1596. *in*-40. p. 216. On voit ici
neuf discours sur differens sujets. Le
5e. est un Eloge funebre de *Pierre*

S. SPE-
RONE.

Bembo , & le dernier un compliment à l'Academie des *Infiammati* de *Padoüe* , lorsqu'il en fut élû Prince. Ce Livre & les suivans ont été mis au jour par les soins d'*Ingolfo Conti* , son petit fils.

4. *Discorso della precedenza de' Principi e della Militia. In Venetia*, 1598. *in-*4°. p. 70. pour le premier discours.

5. *Discorso della Militia. In Venetia*, 1599. *in* 4°. p. 38.

6. *Discorso in lode della Terra. In Pavia* , 1601. *in-*40. p. 37.

7. *Discorsi sopra le Sentenze* , *Ne quid nimis* ; *Nosce te ipsum* , *& dell' amor di se stesso. In Padoua* , 1602. *in-*4°. p. 33. Ce sont trois petits discours.

8. *Discorso circa l'acquisto dell' Eloquenza volgare. In Milano* , 1602. *in-*4°. p. 40. En deux parties.

9. *Della Cura famigliare dialogo di M. Sperone Speroni* , *con un altro suo discorso del lattare i figlivoli dalle Madri* , *& una esposizione dell' Oratione Dominicale. In Milano* , 1604. *in-*12. p 78. Le Dialogue *della cura famigliare* est tiré du Recueil de ses Dialogues ; les deux autres piéces n'a-
voient

voient point été encore imprimées.　S. Spe-

10. *Lettere di Messer Sperone Spe-* RONE.
roni. In Venetia, 1606. *in-*12. p. 188.
Ces Lettres, qui sont sans date, ne
roulent que sur des bagatelles.

V. *Jacobi Phil. Tomasini Elogia,* tom.
1. p. 86. *Nicolai Comneni Papadoli,
Historia Gymnasii Patavini;* tom. 1.
p. 328. *Les Eloges de M. de Thou &
les additions de Teissier. Ghilini, Teatro d'Huomini Letterati,* part. 1. p.
210. *Crescimbeni, Istoria della Volgar
Poësia. Jacob. Gaddi de Scriptoribus
non Ecclesiasticis,* tom. 2. p. 379.

JEAN CECILE FREY.

JEan Cecile Frey, (en Latin *Janus*　J. C.
Cœcilius,) étoit de *Keiserstul,* Vil-Frey.
le sur le Rhin, dans le Comté de
Bade, appellée en Latin *Forum Tibe-
rii,* comme il nous l'apprend lui-
même dans le 6ᵉ Chapitre de ses *Admiranda Galliarum.*

Il s'appliqua particulierement à la
Philosophie, & étant venu à *Paris,*
il l'y professa dans le College de *Mon-
taigu,* où l'Abbé de *Marolles* fit son

Tome XXXIX.　　　　E

cours sous lui en 1617. comme il le témoigne dans ses *Mémoires*.

Il se vante dans le 10. Chapitre de ses *Admiranda Galliarum* d'avoir été le premier dans toute l'Europe qui eût fait soutenir des Theses de Philosophie en Grec, & d'avoir rendu l'usage de ces sortes de Theses fort commun à *Paris*.

Il se donna depuis à la Medecine, & s'y fit recevoir Docteur en cette Ville. Il en a pris la qualité à la tête de quelques-uns de ses Ouvrages, aussi bien que celle de Medecin de la Reine Mere, mais il est à présumer que cette derniere n'étoit qu'honoraire à son égard.

Il a eu dans son temps de la réputation par rapport à la Philosophie; cependant ce qui nous reste de lui en ce genre est fort peu de chose. Il cultiva aussi la Poësie, & nous avons plusieurs piéces de vers de sa façon, qui n'ont rien que de méprisable, parce qu'il ne s'est attaché qu'à la bagatelle de cet Art, comme aux Anagrammes, aux Echos, & autres choses semblables, qu'on a appellé avec raison *difficiles Nugæ*.

Il mourut de peste à *Paris*, dans l'Hôpital de *S. Louis* le 1. Août 1631. comme le Pere de *S. Romuald*, Feüillant, le marque dans ses *Ephemerides*. Il étoit apparemment alors dans un âge peu avancé.

Catalogue de ses Ouvrages.

Jani Cæcilii Frey, Doctoris Medici Parisiensis Facultatis, necnon Philosophorum ejusdem Academiæ Decani, opera quæ reperiri potuerunt, in unum corpus collecta. Paris. 1645. *in-8°.* p. 866. en tout. On voit par le Privilege, qui est du 10. Janvier 1639. que ce Recueil a été donné par *Jean Balesdens*. On y trouve les piéces suivantes.

1. *Philosophiæ compendium.* Il est assez étendu, puisqu'il tient lui seul 296. pages.

2. *Mens Jani Cæcilii Frey centuriis duabus Axiomatum expressa. Editio quarta auctior & emendatior.* J'en trouve une édition faite à part à *Paris* en 1630. *in-*12.

3. *Definitiones, divisiones ac regulæ ex Logica & Physica Aristotelis, in gratiam studiosorum Philosophicæ juventutis.*

4. *Admiranda Galliarum compendio indicata.* Cet Ouvrage avoit été imprimé séparément à *Paris* l'an 1628. *in-*12.

5. *Via ad divas scientias artesque, linguarum notitiam, sermones extemporaneos nova & expeditissima.* Il n'y a ici rien que de fort général & fort peu instructif. Cet Ouvrage a cependant été réimprimé à *Jene* en 1674. *in-*12.

6. *Scientiæ & Artes, quotquot hactenus fuerunt aut supersunt, omnes ordine & cum cura distributæ & descriptæ.* Ce n'est ici qu'un canevas & un sommaire fort abregé.

Telles sont les piéces contenuës dans ce premier Recueil, qui a été suivi d'un second, qui a pour titre. *Jani Cœcilii Frey, Medici Parisiensis, Helveti nobilissimi, & Philosophi præstantissimi, Opuscula varia nusquam edita. Paris.* 1646. *in-*8°. p. 523. On trouve ici les Ecrits suivans, qu'il avoit dictés en differens temps, & qui ont été communiqués par ses Ecoliers.

7. *Philosophia Druidarum.* Cet Ouvrage, qui est de l'an 1625. a pour

titre particulier : *Philosophorum Sectæ,* J. C.
& antiquissima barbarica , sub qua Gal- FREY.
lica.

8. *Cribrum Philosophorum , qui
Aristotelem superiore & hac ætate op-
pugnarunt.* De l'an 1628.

9. *De Universo propositiones curiosio-
res breviter expositæ.* De la même année.

10. *Cosmographiæ Selectiora.* De l'an
1629.

11. *Dialectica veterum præceptis ad
expeditam rerum notitiam utilissimis
instructa.*

12. *Compendium Medicinæ.* On lit
à la fin : *Finis Compendii Med. dicta-
ti à J. C. Frey , Doctore Medico Pari-
siensi , in Gymnasio Becodiano anno*
1622.

L'Auteur fait paroître ici beaucoup
de crédulité & peu de jugement ; &
il y admet sans aucun examen les
contes les plus ridicules. Il faut parler maintenant de ses Poësies , & autres piéces , que *Balesdens* avoit dessein de recueillir en un volume, comme il avoit fait les Ouvrages précédens ; ce qu'il n'a point exécuté.

13. *D. Nicolao , Myrensi Pontifici ,*

E iij

J. C.
FREY.

geminos hymnos J. C. Frey dixit annо
1608. *in*-4°. p. 11.

14. *Verbum. Pariſ. in*-4°. p. 7. ſans
date. C'eſt un Poëme badin ſur le
mot *Verbum*, où l'Auteur fait entrer
tout ce qui regarde les differentes ſi-
gnifications qu'il peut avoir.

15. *Tandem bona cauſa triumphat.*
Strena anni 1612. *Viro Ill. Principis*
Academiæ Patrono Petro de la Mar-
tiliere. in-8°. p. 8. Ce ſont des piéces
de vers ſur le procès gagné par l'U-
niverſité contre les Jeſuites.

16. En 1618. il fit imprimer
deux Panegyriques, qu'il récita pour
les Paranymphes d'une Licence en
Theologie, dans l'un deſquels tous
les mots commencent par un C. comme le nom de celui dont il célebroit
les loüanges, appellé *Callæus* ; & dans
l'autre, qui étoit en l'honneur d'un
Dominicain, nommé *Claude Mahuet*,
il n'y avoit ni *R.* ni *S.* C'eſt ce que
j'apprends par les Mémoires de l'Abbé *de Marolles.*

17. *Vis Lauri, ſeu Irvallia. Auſto-*
re J. C. Frey, Sophiatro. Pariſ. 1621.
in 4°. p. 5. Ce ſont quelques vers
adreſſés à *Henri de Meſmes*, Seigneur
d'*Irval.*

18. *Incendium geminum Pontium &*   J. C.
Charenton. Paris. 1621. *in* 4°. pp. 4. FREY.
Distiques & autres petites piéces de
vers.

19. *Echo Rupellana. Paris.* 1628.
in-8o. p. 16. Pauvre Ouvrage, dans
lequel il y a des réponses d'*Echo*, au
bout de quatre ou cinq lignes de discours en prose, sur la prise de *la Rochelle.*

20. *Mariæ Medices Augustæ Reginæ
Elogia ex dictionibus quæ omnes ab ini-
tiali Regii nominis & cognomini littera
M. incipiunt, ad historiæ fidem, pictas-
que in Mariali tabellas concinnata. Paris.* 1628. *in*-8o.

21. *Panegyris triumphalis à Jano
Cœcilio Frey, Obeliscum Hieroglyphi-
cis Regii & Cardinalitii nominis litteris
depictum dedicante dicta Ludovico Re-
gi. Tumulus Rupellæ. Epigraphæ paral-
lelæ. Paris.* 1629. *in*-4o. p. 23.

22. *Venetia. Paris.* 1630. *in*-4°. p.
8. Ce sont 31. Epigrammes sur la Ville & la Republique de *Venise.*

23. *Oscula Amoris Crucifixi & Jani Cœcilii Frey. Paris.* 1630. *in* 12. p.
16. En vers.

24. *Lacrymæ ignis. Paris.* 1631. *in*-

12, p. 19. Ce sont des petites piéces de vers sur chaque circonstance de la Passion de *Jesus-Christ*.

25. *Recitus veritabilis super terribili esmeuta Paisanorum de Ruellio.* in-8o. Cette piéce macaronique est une des meilleures qui se soit faite en ce genre, au jugement de *Naudé* dans son *Mascurat*.

Cet article est tiré de quelques endroits de ses Ouvrages, & des Auteurs indiqués, qui en ont parlé en passant.

JULES-CLEMENT SCOTTI.

JUles Scotti, qui dans la suite se nomma *Jules-Clement*, naquit à *Plaisance* l'an 1602. de l'illustre famille de ce nom. Il fut élevé à *Rome*, où après ses études d'Humanités il se présenta pour être reçu parmi les Jesuites. Comme on ne le connoissoit que par de bons endroits, les Superieurs le reçurent. Son entrée au Noviciat est marquée au 25. Novembre 1616.

Quoiqu'il n'eut pas été incorporé à la Province Romaine, cependant

par confideration pour fa famille , J. C.
qui le fouhaita , il fut deftiné à faire Scotti.
fon cours de baffe Régence dans le
College Romain. Il le commença en
1621. & le finit en 1626. Mais le
théatre étoit trop grand pour lui.

Au fortir de la Claffe , que l'on
nomme d'Humanité , *Scotti* fit fes
études de Theologie , toujours au
College Romain , avec un fuccès
fort inferieur à fes prétentions. Ce
n'eft pas qu'abfolument il manquât
d'efprit , ou d'application ; mais ce
qu'il avoit d'efprit étoit lourd , peu
net , & encore moins jufte. L'application auroit pû corriger ou diminuer ces défauts , fi elle avoit été re-
glée & méthodique ; mais un efprit
naturellement faux & borné ne con-
noit point fon mal , & tourne les remedes en poifon.

Scotti fe croyoit capable de tout ,
& entra en Theologie avec le deffein
d'en fortir par la porte la plus hono-
rable , c'eft-à dire , par une Thefe
générale fur les matieres Theologi-
ques. Les progrès rapides du jeune
Marquis *Pallavicin* , depuis Jefuite
& Cardinal , qui étudioit dans la mê-

me Claſſe , & les applaudiſſemens
que lui attirerent les Theſes de Theologie , qu'il ſoutint pendant trois
jours en 1628. le picquerent. L'émulation lui inſpira une vive ardeur
pour l'étude ; mais au lieu de ſe bor-
ner à ce qu'il devoit bien ſçavoir, il
voulut ſe ſingulariſer en étudiant
bien d'autres choſes , & ſe remplit
par là la tête d'une multitude d'idées
mal conçuës & plus mal digerées, qui
ne firent que lui appéſantir & obſcur-
cir encore davantage l'eſprit.

Vers la fin du Cours il s'expoſa à
ſoutenir une Theſe ſur un traité particulier ; mais le ſuccès en fut ſi mé-
diocre , que les Examinateurs cru-
rent devoir l'empêcher d'aller plus
loin & de s'expoſer une ſeconde fois.

Au reſte quoiqu'on ne le trouvât
pas auſſi habile qu'il croyoit l'être ,
on lui trouva le degré de capacité ré-
quis pour être admis à la Profeſſion
ſolemnelle des quatre vœux.

En 1631. *Scotti* fut envoyé au College de *Parme* , pour y enſeigner la
Philoſophie, dont le cours étoit alors
de trois années. Il commença un ſecond cours à *Ferrare* en 1634. En

1637. il s'engagea à continuer , dans
l'esperance qu'après avoir enseigné la
Philosophie pendant douze ans , il
auroit une Chaire de Theologie
Scholastique , qu'il ambitionnoit sur
toutes choses. La maniere dont il s'é-
toit tiré de ses cours, & les mortifica-
tions qu'il avoit essuyées dans les dis-
putes publiques , avoient confirmé
ses Superieurs dans la pensée où ils
étoient déja , que ce poste ne lui convenoit pas. Mais il en jugeoit autrement , & se dégouta pour cela de
la Regence. On l'en déchargea, & on
le laissa dans le College de *Ferrare*
pendant les années 1639. 1640. &
1641. La premiere de ces trois années il conserva le titre de Consul-
teur , qu'il avoit eu les quatre années
précédentes. Ce titre ne paroît gueres dans les Eloges des Jesuites ; si je
le marque ici , c'est uniquement parce que *Scotti* dans un de ses Livres
s'est fait honneur de l'avoir eu.

Après s'être degoûté du travail , il
s'ennuya de ne rien faire. L'occupation ne lui auroit pas manqué , s'il
eût voulu faire autre chose que la
Theologie Scholastique ; mais il étoit

J. C.
Scotti.

butté là, & vouloit, à quelque prix que ce fût, parvenir à cet objet de ses desirs. S'imaginant que dans un autre Ordre il obtiendroit ce qu'il souhaitoit avec tant de passion, il forma le dessein de passer dans celui des Jeronymites de *Fiesoli*. Il en demanda la permission à son Général, qui étoit alors *Mutio Vitelleschi*, par deux lettres, la premiere du 2ᵉ. Février 1641. la 2ᵉ. du 22. Mars de la même année, & elle lui fut accordée le 13. Avril.

Toutes les mesures étoient prises pour sa sortie, deux Jeronymites étoient venus pour le prendre & le conduire dans leur Maison; mais au moment de l'exécution il changea tout d'un coup, congédia honnêtement les deux Religieux, & resta au College. La lettre par laquelle il rendit compte au Général de sa résipiscence, est du 11. Mai.

Ce Général, qui ne vouloit rien moins que pousser à bout son Religieux, le fit quelques mois après Superieur de la Résidence de *Carpi*. Outre que c'étoit donner à un homme soubçonneux une marque de confian-

ce propre à le raſſurer, c'étoit fournir matiere d'occupation à un eſprit
inquiet, & le mettre dans la néceſſité
de s'obſerver davantage.

Scotti ſe rendit à ſon poſte, & fut
Superieur de la Réſidence de *Carpi*
pendant les années 1642. & 1643. En
cette derniere année ayant appris que
le Comte *Ferdinand Scotti,* ſon parent,
étoit tombé malade à *Veniſe,* il y fit
un voyage, & un aſſez long ſéjour,
ſans en donner avis à ſon Général,
comme il auroit dû le faire.

Le ſéjour de *Veniſe* lui fut perni-
cieux. Les Jeſuites n'avoient point
alors d'établiſſement dans cette Ville. La liberté qu'il y goûta lui rendit inſupportable la gêne de la vie ré-
guliere. Néanmoins il garda encore
quelques meſures, & retourna à *Carpi.* *Theophile Raynaud* inſinuë qu'il
y donna quelque ſujet de le dépoſer :
Tu videris, lui dit-il, *quare Carpo
ſis abſtractus, & an cum mulierculis
hæreres juſto diutius.*

Rappellé à *Rome,* il obéït. On le
plaça dans le College Romain, où il
vêcut ſans emploi pendant l'année
1644. & une partie de la ſuivante. Il

n'eut point de peine à sentir qu'on
étoit mécontent de lui. Ses degoûts
augmenterent, & il ne s'occupa plus
qu'à chercher de quoi justifier la de-
marche qu'il vouloit faire. Dans cette vûë il écrivit deux Livres contre la
Societé.

En 1645. le Général *Mutio Vitelleſ-
chi* étant mort le 9. Février, ceux qui
gouvernoient connoiſſant le caractere de *Scotti*, & craignant que s'il ſe
trouvoit à *Rome* dans le temps de l'é-
lection d'un nouveau Général, il ne
cauſât quelques broüilleries, le ren-
voyerent dans ſa Province, pour y
aſſiſter à la Congregation Provin-
ciale.

Il quitta *Rome* avec peine. Durant
le voyage il fit les réflexions que peut
faire un atrabilaire mécontent. Il
avoit plus d'une fois menacé de ſe
venger par quelque Satyre, ſi on ne
lui donnoit satisfaction ſur la Chaire
de Theologie Scholaſtique. Il s'ima-
gina que des Particuliers avoient in-
tercepté quelques feüilles de ce qu'il
avoit écrit contre le corps : Deux Lettres anonymes, qui lui furent ren-
duës à *Lorette*, le confirmerent dans

cette idée. Il apprehenda que s'il se
trouvoit à la Congregation Provin-
ciale, il n'y reçût quelque mortifi-
cation. Ainsi au lieu d'aller à *Parme,*
où il étoit envoyé, il alla droit à *Venise,* quitta l'habit de Jesuite, & prit
celui des Ecclesiastiques Seculiers. Ce
fut alors qu'il se fit nommer le Comte *Jules-Clement Scotti.*

Vincent Carrafa, successeur de *Mutio Vitelleschi,* fit tout ce qui depen-
doit de lui pour engager *Scotti* à se
reconnoître. Enfin il lui envoya un
ample pouvoir d'entrer dans tel Ordre Religieux qu'il voudroit. C'est
tout ce que le Général peut faire à
l'égard des Profès. Mais *Scotti* aima
mieux rester dans le siécle, & passa
le reste de ses jours d'abord à *Venise,*
ensuite à *Padoüe.*

S'étant fait connoître dans cette
derniere Ville à *Jacques Caimo,* Professeur en Droit Civil, il lui fit tant
valoir son habileté dans la Philosophie, que ce Sçavant lui procura une
seconde Chaire extraordinaire en cette Faculté. *Scotti* en prit possession en
1650. & on lui accorda 300. florins
de gages. Deux ans après, c'est à-di-

J. C.
SCOTTI.

re, le 27. Février 1652. il fut aggregé au Collège de Philosophie & de Medecine de *Padoüe*.

Sebastien Colombina, second Professeur du soir en Droit Canonique, dans la même Université, étant mort en 1653. *Scotti* sollicita sa place ; & les obligations que la Republique de *Venise* avoit à sa famille ne permirent pas de la lui refuser. Il prit possession de cette nouvelle Chaire le 23. Octobre de cette année, & la remplit un peu moins de cinq ans, c'est-à-dire, jusqu'en 1658. Plusieurs personnes de pieté, instruites de son état, s'étant plaintes alors de ce qu'on laissoit dans un poste semblable un homme, qui avoit abandonné contre les régles l'Ordre auquel il étoit lié par des vœux solemnels, on eut égard au scandale public, & on ôta à *Scotti* sa Chaire, en lui reservant cependant une pension, pour le mettre en état de subsister.

Il demeura depuis ce temps-là à *Padoüe*, & ce fut dans cette Ville qu'il mourut le 9. Octobre 1669. âgé de 67. ans ; il fut enterré dans l'Eglise de *S. Augustin*, où on lui dressa

dreſſa un Mauſolée avec cette Epitaphe.

D. O. M.

*Julio Clementi Scotto è Placentinis
Comitibus Sermenti, innocentia, doc-
trina, æquanimitate Clariſſimo, Philoſophiæ, mox Sacrorum Canonum in
Patavino Lycæo Profeſſori eruditiſſimo;
qui Majorum virtutem inclitam, & pro
Veneta Republica Sereniſſ. res fortiter
geſtas, æquali gloria & fide, de poſte-
ritate optime meritus ſcientiarum omnium Monumentis eximie cumulavit;
Jacobus Caimus Utinenſis Comes, Juris Civilis veſpertinis horis interpres
primarius, amico candidiſſimo P.*

Obiit *Patavii ſept. Idus Octobris*
1669.

Catalogue de ſes Ouvrages.

1. *Monita Philoſophiæ tyronibus op-
portuna; una cum explicatione pluri-
marum vocum, quæ in diſtinctionibus
apud Philoſophos ac Theologos maxime uſurpari conſueverunt. Ferrariæ,*
1636. *in-16. Alegambe* dans ſa Bibliotheque à fait mention de cet Ouvrage & de ſon Auteur; mais *Sotwel*
n'en a point parlé, quoiqu'il donne
place dans ſon Catalogue aux Ecri-

Tome XXXIX. F

**J. C.
SCOTTI.**

vains , qui ont quitté l'habit de Jesuite, lorsqu'ils ont publié quelques
Livres dans le temps qu'ils le por-
toient. Voici la solution : Elle est tirée de *Theophile Raynaud* , dans son
Clemens Scotus Virbius , (*tom. 18. p.
173. Col. 2.*) Il parle à *Scotti*. *Objicis
præterea Catalogum Scriptorum Societatis minusculis scriptionibus infar-
tum... sed es profecto hac in parte inex-
cusabilis ; in quo enim judicas alterum,
teipsum condemnas... Tenentur Romæ
litteræ tuæ quas cum opella tuà titivili-
tio non æstimanda , ad Philippum Alegambe transmisisti , rogans ut eo nomi-
ne Catalogo Scriptorum insereris. Ille
genio tuo bonâ fide velificatus auxit tan-
tula scriptione , & nomini tuo syllabum
suum. Sed recipio autorem me illi fore ,
ut tam nihili & scriptor & scriptio ex-
pungatur.*

2. *Index Librorum à Julio Clemente
Scoto compositorum.* 1644. Il en donna
une seconde édition l'année suivante
1645. & enfin une troisiéme en 1650.
à la tête de ses *Animadversiones*. Je
n'ai point vû les deux premieres éditions , qui ne doivent gueres conte-
nir que des Ouvrages manuscrits. Je

rapporterai à la fin de cet article les
titres de ceux qu'on voit dans la 3ᵉ.
de 1650.

3. *Lucii Cornelii Europæi Monarchia
Solipforum. Ad Virum Clariffimum
Leonem Allatium. Venetiis, 1645. fu-
periorum permiffu. in-12.* It. En Hol-
lande, avec une prétenduë clef des
noms propres. 1648. *in 12.* It. *Venetiis.* Avec le nom de *Melchior Inchofer. 1652. in-12.* It. *Helmftadii,* avec
quelques Ouvrages Satyriques de
Gafpar Scioppius. 1665. in 4⁰. It. Dans
*Tuba Magna Mirum clangens fonum,
&c.* It. En François : *La Monarchie
des Solipfes traduite de l'Original Latin de Melchior Inchofer, Jefuite, avec
des remarques. Amfterdam, 1721. in-
12.* Sans nom d'Imprimeur.

On a montré ci-devant, tom 35.
p. 337. que c'eft fans raifon & fans
aucun fondement, que cette Satyre
a été attribuée à *Inchofer.* Ce n'eft
point d'ailleurs la beauté de l'Ouvrage qui a engagé à le réimprimer,
& à le traduire. Peu de Lecteurs,
ceux même qui lifent avec intelligence les Auteurs de la belle Latinité,
font en état d'entendre le jargon du

F ij

J. C.
SCOTTI.

prétendu *Lucius Cornelius* ; & ceux
qui l'entendent , s'ils sont de bonne
foi , conviennent que s'ils entendent
les mots, souvent ils ne voyent point
le sens. C'est un aveu que le Traducteur François a fait plus d'une fois.
Dans le Chapitre 2. l'Auteur dit qu'il
est né dans un Pays , *ubi aves aquas
findunt.* Le Traducteur n'ignoroit pas
que les termes Latins signifient , *où
les oiseaux nagent.* Cependant il a paf-
sé cette phrase Latine , sans la rendre
en François ; ce qu'il n'auroit pas
manqué de faire , s'il avoit sçû , que
Scotti a désigné par là la Ville de *Plaisance* , lieu de sa naissance , où l'on
voit des Cygnes & d'autres Oiseaux
aquatiques, soit dans la riviere du *Pô,*
soit dans les marais.

Ce n'est pas que je croye , que l'on
doive chercher dans ce Roman saty-
rique , l'histoire & la vie de son Auteur. Il est indubitable qu'il a voulu
se cacher , & c'est dans cette vûë qu'il
raconte , qu'il vint à *Rome* avant la
fin du 16e. siécle ; que quand il fut
rencontré par les *Solipses* , il fréquen-
toit le Barreau & plaidoit ; qu'il a vêcu parmi eux 45. ans , &c. Mais il est

impoſſible qu'un faiſeur de Roman, J. C.
qui employe les termes *moy* & *je*, ſe Scotti.
ſouvienne toujours qu'il eſt maſqué,
& que ce n'eſt pas lui qui parle, ſur-
tout ſi la paſſion le fait parler. Il arrive auſſi aſſez fréquemment, que la
prudence ſuggerant qu'il faut ſe cacher, l'amour propre, qui ne veut
pas renoncer abſolument à l'honneur
qui peut revenir d'un Ouvrage qu'il
trouve fort beau, menage en certains
endroits des anagrammes, des allu-
ſions & d'autres choſes ſemblables,
par où l'Auteur puiſſe enfin être de-
voilé.

On a voulu faire paſſer la Monarchie des *Solipſes* pour un Livre dicté
par la charité la plus pure. *Bayle*, plus
naturel, ne reconnoît dans cet Ouvrage qu'une Satyre dictée par le dé-
pit. *Scotti* étoit mécontent & plein de
vanité. *Omni opere*, dit *Pallavicin*,
Scottus ad ſublimioris Theologiæ Cathe-
dram adnitebatur ; immotis ad hæc mo-
deratoribus noſtris. Tandem ſpe abjecta
meditari diſceſſum. Theophile Raynaud
dans ſon *Clemens Scotus.* §. 6. en parle ainſi. *Scopulus ad quem naufragavit,*
repulſa fuit, quam paſſus eſt, cum per-

*ductis ad umbilicum Theologicis studiis
de propugnandis ex universa Theologia
conclusionibus ageretur . secundum hanc
repulsam successit consequenter alia , ni-
mirum repulsa a Magisterio Scholasticæ
Theologiæ. Quam Cathedram per annos
multos prehensavit , adhibitis etiam po-
tentibus suffragatoribus... Quod preces
non extorserant , nec potentes suffraga-
tiones exoraverant , hoc minis & inten-
tatis famosis scriptionibus evincere frus-
tra connisus.*

La *Monarchie des Solipses* fut un de
ces libelles , dont *Scotti* avoit menacé
les Jesuites. On y voit par-tout un
homme fort content de lui même ,
& fort mécontent des Jesuites, occupé à se laver , & à les noircir. S'il
n'a pas été employé à enseigner la
Theologie ; c'est qu'ils ne sçavent
pas comment il faut l'enseigner. S'il
n'a pas été dans les charges qu'il souhaitoit , c'est qu'on n'y admet que
des sujets indignes. S il a quitté l'Ordre, ce n'est point apostasie; c'est qu'-
on l'a congedié, parce qu'il avoit trop
de mérite , & que ses grandes qualités
faisoient ombrage aux Superieurs.

Dans le titre , *Lucius* est l'anagram-

me de *Julius*, ſi l'on prononce ces J. C.
mots à la maniere des Italiens ; *Cor-* SCOTTI.
nelius fait alluſion au bonnet quarré ;
Europæus par le rapport qu'il a en
Grec avec Εὐρωπὸς contient une alluſion au nom *Scotti*, & à l'état de liberté où *Jules Clement* s'étoit mis.

L'Ouvrage eſt adreſſé à *Leo Alla-*
tus par une courte Préface, dont l'Auteur eſt nommé *Timotheus Curſantius.*
Aproſio dans ſa *Viſiera Alzata* fait
ſemblant d'être embaraſſé à deviner
le perſonnage caché ſous ce maſque.
Il ne pouvoit gueres ignorer, que c'é-
toit *Scotti* lui même, qui s'étoit dé-
guiſé, afin de pouvoir ſe loüer en
toute liberté. Un endroit le decele. Il
y eſt dit : *Illud conſtat, niſi inter So-*
lipſos rubiginaſſet, & copia & ſplendo-
re, inter ſummates litterarum viros,
fuiſſe radiaturum. L'Editeur des Ouvrages d'un ami ne s'aviſe pas de le trai-
ter d'eſprit enroüillé ; il n'y avoit que
Scotti lui-même, qui troublé par la
paſſion pût parler ainſi ; mais s'il l'a-
voit été moins, il auroit fait réflexion,
qu'on pouvoit lui répondre, que s'il
s'étoit enroüillé parmi les Jeſuites, il
falloit qu'il eût de grandes diſpoſi-

J. C.
SCOTTI.

tions à la roüille , & que l'habit de Jesuite n'avoit pas empêché *Sirmond* , *Petau* , *Theophile Raynaud* , &c. qui vivoient alors , de faire de bons Ouvrages , & d'en faire beaucoup.

Il est dit dans la même Préface que l'Ouvrage fut commencé à *Rome* , où étoit *Allatius* , & achevé à *Venise* , où le prétendu *Cursantius* écrivoit , & cela est vrai. Il y est fait mention d'un voyage de *Lucius Cornelius Europæus* , pour visiter les saints lieux de la Palestine. *Profecturus ad visenda sacra Palæstinæ loca.* Cela paroît désigner le voyage de *Scotti* à *Lorette*.

Il est rapporté dans le Supplément de *Morery* de 1735. que ce fut *Allatius* , qui sauva de l'*Index* le Livre de la *Monarchie des Solipses* , duquel il avoit été nommé examinateur. Il étoit fort naturel , que ce Sçavant s'interessât à la destinée d'un Livre qui lui étoit dédié , & à la tête duquel son nom paroît deux fois.

4. *Julii Clementis Placentini ex Illustrissima Scotorum familia, de Potestate Pontificia in Societatem Jesu, &c. qui in octo partes tribuitur , Liber , Francisci Solanguis , Nobilis Cremensis opera evul-*

evulgatus. Ad Innocentium X. Sum. J.C.
Pontif. Parisiis apud Bartholomæum Scotti.
Macæum. 1546. *Cum Privilegio. in*
40. p. 390. Ce n'est point à *Paris*,
mais à *Venise*, que ce Livre a été imprimé. *Constat,* dit *Theophile Raynaud*,
§. 4. *opus furtim Venetiis, ipso præsente*
Clemente Scoto, cusum esse ; *idque no-*
runt, qui nondum ære lavantur.

Baillet croyoit que ce *François So-*
languis, éditeur de l'Ouvrage & auteur de la Préface, étoit peut-être
Scioppius. Mais il ne paroît pas vrai-
semblable, que *Scioppius*, quand même il auroit voulu mal écrire, eût pû
réussir à le faire aussi mal que *Solan-*
guis. Le style de celui-ci ressemble si
bien à celui de *Scotti*, que l'on ne peut
gueres s'empêcher de penser que le
Livre & la Préface sont de même
main. *Scotti* tout plein de ses *Solipses*
prit le surnom de *Solanguis*, seul pru-
dent & sage. C'est l'idée qu'il avoit
de lui-même ; de-là le grand projet
qu'il avoit formé de changer l'Institut des Jesuites, ne voulant pas rentrer parmi eux, s'ils ne prenoient sa
réforme.

Le fond du Livre *de Potestate* est en
Tome XXXIX. G

J. C.
SCOTTI.

racourci dans celui de *la Monarchie*. Ces deux Ouvrages tendent au même but , qui est de décrier l'Institut des Jésuites. Les mêmes choses que l'Auteur de *la Monarchie* s'efforce de tourner en ridicule , le Livre *de Potestate* les propose au Pape , comme autant d'articles , qu'il peut & doit réformer dans le gouvernement de la Societé.

Scotti ne réussit pas. Son Livre fut condamné , & l'Institut des Jésuites confirmé par *Innocent X. Sapientissimus Princeps* , dit *Pallavicin* , *eo Libro nihil motus est* , *ut leges nostras immutaret* , *vel privilegia contraheret* , *imo nostra confirmavit*.

Un des articles de la réforme proposée par *Jules Scotti* , & peut-être le plus important dans son idée , étoit que les Jésuites ne répondissent point aux Ecrits publiés contre eux. Ils jugerent qu'il étoit à propos de lui répondre , & le Général *Vincent Carrafa* en donna la commission au P. *Sforza Pallavicin* , qui professoit la Theologie Scholastique dans le College Romain. Ce défenseur des Jésuites méprisa le Roman de *Lucius Cor-*

nelius , & il eut raiſon. *Non tanti ha-*
beo , dit-il , *libellum neſcio quem refu-*
tare paulo ante memoratum , cui titulus
eſt : de Monarchia Soliſporum.

La réponſe de *Pallavicin* eſt ferme ,
mais ſans aigreur. Elle parut trop dou-
ce à *Theophile Raynaud.* Perſuadé que
l'indulgence des Superieurs n'avoit
pas peu contribué à nourrir la confiance de *Scotti* , il crut devoir lui répondre d'une maniere , qui le fît rentrer en lui-même , & qui l'empêchât
de ſe croire ſeul ſage.

5. *Julii Clementis Scoti , ex Comiti-*
bus Placentinis , Illuſtriſſimi Philoſophi,
Theologi , &c. de obligatione Regularis,
extra Regularem domum commorantis
ob juſtum metum. De jure tuendi famam.
De Apoſtatis ac Fugitivis. Opuſcula tria,
in quibus juxta principia Theologiæ, tum
Scholaſticæ , tum Poſitivæ , Sacrorum-
que Canonum ac Philoſophiæ Moralis
plurimæ ſolvuntur quæſtiones ; Livii Vi-
cecomitis Parmenſis oper.a typis vulgata.
Coloniæ , 1647. in - 4°. p. 256. Ces
trois Opuſcules imprimés à *Veniſe* &
non à *Cologne* , furent faits pour juſti-
fier la conduite de *Scotti* , & le parti
qu'il avoit pris de ne point rentrer

dans la Societé. *Pallavicin* avertit qu'-
ils contiennent bien des faussetés. Le
prétendu *Livius Vicecomes*, qui a mis
à la tête une Epitre datée de *Venise* le
22. Février 1647. n'est apparemment
pas different de *Scotti* lui-même, dont
l'usage étoit de se servir de cette adresse, pour se loüer en pleine liberté.

6. *Libellus supplex ad S. D. N. Innocentium X.* 1648. Je ne connois cette supplique que par le Catalogue
qu'il a donné de ses Ouvrages, ainsi
je ne puis dire quel en est le sujet précis.

7. *De probabilitate opinionum generatim acceptarum.*

8. *De probabilitate opinionum minus
generatim acceptarum.* Il marque dans
le même Catalogue, que ces deux
Opuscules ont été imprimés en 1649.
à *Francfort.*

9. *Julii Clementis Scoti, Comitis
Placentini, Animadversionum Opusculum primum, quod in duodecim capita
tribuitur, in quorum singulis animadversiones quinquaginta reponuntur.
Scilicet pro*

　Cupiente in scientiis proficere;
　Laudem in scientiis assecuto;

Tuenda scientiis vacantis sanitate ;
Fovendis scientiarum studiis ;
Libros scribente ac vulgante ;
Libros legente ;
Libros amice recognoscente ;
Oratoriæ facultatis studioso ;
Christianæ Oratoriæ facultatis studio-
    so ;
Poësis studioso ;
Historiæ studioso ;
Grammatica ac Latinæ linguæ studio-
    so.

Patavii , 1650. *in-*4º. p. 269. Chacune des douze piéces , contenuës
dans ce volume, est dédiée à quelque
personne distinguée de *Venise* ou de
Padoüe , comme celle des deux autres parties. Les préceptes que *Scotti*
donne sur chaque matiere , sont assez bons , mais ils n'ont rien que de
commun , & que tout le monde ne
sçache. D'ailleurs il est pueril de les
avoir réduits tous à cinquante ; c'est
cependant la méthode qu'il a observée
dans les parties suivantes. Il y a par-
couru presque toutes les Sciences ,
mais à peu de frais ; & ce qu'il en dit
est moins une preuve de sa capacité ,
que de l'envie qu'il avoit de passer

J. C.
Scotti.

pour un homme univerſel , & capable d'inſtruire les autres en toutes
ſortes de Sciences. C'eſt ce qui pa-
roîtra encore davantage , parce que
je rapporterai plus bas des Ouvrages
qu'il ſe propoſoit de donner au Public , & qui n'ont jamais exiſté que
dans ſes idées. Au reſte il profite avec
ſoin de la moindre occaſion de parler de lui-même , & de ſe plaindre
de la conduite des Jeſuites à ſon
égard ; & l'on trouve ici en pluſieurs
endroits les mêmes choſes qu'il avoit
déja dites ſur ce ſujet dans ſes Ouvrages précédens.

10. *Animadverſionum Opuſculum
ſecundum , quod in* 12. *Capita tribuitur ; in quorum ſinguli animadverſiones quinquaginta reponuntur :* Pro ſtu-
dioſo ſcilicet

Sacrarum Litterarum ;
Sacræ Theologiæ ;
Theologiæ Thomiſticæ, Scotiſticæ, &c.
Theologiæ Moralis ;
Philoſophiæ Moralis ;
Juris Canonici ;
Juris Civilis ;
Philoſophiæ contemplatricis ;
Philoſophiæ Ariſtotelicæ ;

Textus Aristotelici ;
Medicæ facultatis ;
Mathematicarum disciplinarum.
Patavii , 1650. *in-4°.* p. 242.

11. *Animadversionum Opusculum*
tertium ; quod in duodecim capita tri-
buitur ; in quorum singulis animadver-
siones 25. *reponuntur ; scilicet pro*

  Bibliothecam instruente ;
  Lectiones in Scholis habente ;
  Lectiones in Scholis dictante ;
  Accedente ad publica Gymnasia ;
  Vacante privato Lectionum studio ;
  Disputante generatim ;
  Respondente ;
  Arguente ;
  Respondenti assistente ;
  Disputationi præsentibus ;
  Platonicæ Philosophiæ studioso ;
  Stoicæ Philosophiæ studioso ;

Patavii , 1650. *in-4°.* p. 118. C'est
apparemment cet Ouvrage , qui est
marqué dans l'*Index* sous ce titre :
De seligendis Opinionibus & Auctori-
bus generatim. De observandis in Auc-
torum præsertim scientissimorum lectione.
Patavii , 1650. *in-4°.*

12. *Pædiæ Peripateticæ Dissertationes*
octo. Patavii , 1653. *in-8o.*

J. C.
SCOTTI.

13. *Notæ sexaginta quatuor Morales,*
Censoriæ, Historicæ ad Inscriptionem,
Epistolam ad Lectorem, Approbatio-
nem & capita tredecim introductionis
ad Historiam Concilii Tridentini P.
Sfortiæ Pallavicini è Soc. Jesu; in qui-
bus multa reponuntur cum multiplici
eruditione ad utramque Theologiam,
Canonicam, Conciliaremque scientiam
potissime spectantia. Stanislaï Felic. Co-
loniensis opera typis evulgatæ, & selec-
tis in Romana Curia viris dicata. His
additus est libellus continens discussionem
quatuor judiciorum jam impressorum de
eadem P. Pallavicini historia; una cum
incommodis ab ea Romanæ Ecclesiæ illa-
tis ac inferendis, ac illius pariter com-
modis. Quam sequitur exceptio contra
accusationem Historiæ Petri Soave Po-
lani, ejusdemque accusationis confuta-
tio. Coloniæ, (c'est-à-dire, apparemment *Padoüe,*) 1664. in 4°. p. 136.
pour les *Notæ,* & 22. pour les deux
autres piéces. Quoique *Scotti* n'ait
point mis son nom à cet Ouvrage, il
n'est pas difficile de reconnoître qu'il
est de lui; c'est son style, son génie,
& sa maniere de penser. D'ailleurs il
y prend vivement sa défense contre

tout ce que *Pallavicin* avoit dit de lui , qu'il traite de mensonge & d'imposture.

Ce sont là tous les Ouvrages imprimés , de sa façon , que j'ai pû decouvrir ; il les marque , à l'exception de *la Monarchie des Solipses* , dans le Catalogue qu'il a donné à la tête de ses *Adnimadversiones.* Il faut maintenant transcrire la liste qu'il y joint de ses Ouvrages manuscrits.

Typis evulgandi.

1. *De divisione opinionis probabilis & peculiariter de majori & minori probabilitate. Ubi agitatur contra Recentiorem nonnullum : An in moralibus sequi liceat opinionem probabilem , dimissa probabiliori.*

2. *De locis è quibus petuntur evidentia & certa argumenta , ac de locis è quibus probabiles opiniones deduci queunt.*

3. *De Opinionum Censuris.*

4. *Quinam sint veri Sacrorum Bibliorum interpretes ; Theologi tum Scholastici, tum Morales ; Canonistæ ; Legistæ ; Philosophi ; Peripatetici ; Medici ; Mathematici ; Historici ; Oratores ; Poëta ; Grammatici , &c.*

J. C.
SCOTTI.

5. *Quænam opiniones magis amplectendæ in Sacrarum Litterarum interpretatione ; in Theologia tum Scholaſtica, tum Morali ; in Philoſophia ; in Ariſtotelis Philoſophia ; in Cæſarearum Canonicarumque legum explicatione ; in Medicina, in Mathematica, &c.*

6. *De Principibus Scholarum ; tum Theologorum, tum Philoſophorum, tum Medicorum, &c.*

7. *Queſtiones Logicæ, Phyſicæ ac Metaphyſicæ celebres nonnullæ.*

8. *Principia totius Moralis Theologiæ Univerſaliſſima ; & cujuſque Moralis materiæ univerſalia.*

9. *De diſputationibus inter Catholicos primo, tùm de diſputationibus inter Catholicos, Hæreticos ac Gentiles ; in quo variæ eruditiones.*

10. *Vindicatur Ariſtoteles à multis, quæ plurimi ſentiunt illum fidei Catholicæ repugnantia ſcripſiſſe.*

11. *Quandonam Jus Naturale prævaleat Juri Poſitivo, tum divino, tum humano.*

12. *Quandonam ex rei natura ceſſet Votorum obligatio.*

13. *De Examinatoribus ac examinandis ad Epiſcopatum coram ſanctiſſimo,*

ad Rotæ Auditoratum , ad Ordines , ad **J. C.**
Confeßiones , ad Conciones , ad Docto- Scotti-
ratum in Philosophia , in Medicina , in
Canonico ac Civili Jure , in Theologia ,
&c.

14. *De Axiomatum nonnullorum Po-*
liticorum cum Theologorum , etiam modò
celebrium , principiis consensu.

15. *Quales esse debeant Leges Eccle-*
siasticæ , nominatimque à Regularibus
Prælatis latæ.

16. *Consilia varia.*

17. *S. Petri , Apostolorum Principis ,*
gesta , variis eruditionibus è S. Scriptu-
ræ Interpretibus maxime collectis illustra-
ta.

18. *Pietatis Opera , in quibus suam*
erga Deum cœlitesque pietatem exhibuit ,
exhibetque Ser. Republica ac Civitas Ve-
neta.

Typis evulgandi ex occasione tantum.

1. *Quales possint censeri Opiniones Hæ-*
reticæ , erroneæ , suspecta de hæresi , teme-
rariæ , scandalosæ , impiæ , &c. à non-
nullis impressæ , si cui consequenter ad il-
lorum pronunciata standum foret. In his
excipiuntur semper , quæ à legiiimo Ju-
dice aliqua ex his notis affectæ sunt vel
afficientur.

2. *Quænam censeri possint Bullæ obreptitiæ vel subreptitiæ à nonnullis obtentæ.*

3. *De Regularium institutorum perfectione , & quodnam simpliciter munus perfectum censeri posset juxta Sacros Canones.*

4. *Annotationes trecentæ, Criticæ, Historicæ ac doctrinales in librum de A. A. R. O. P. T. R. & V. P. S. P.* Cet Ouvrage que *Scotti* projettoit , étoit apparemment contre *Theophile Raynaud,* & *Palavicin.*

Les clameurs & les invectives de *Jules-Clement Scotti* firent si peu d'impression sur ses proches , qu'en 1699. *Jean Scotti ,* son petit neveu entra parmi les Jesuites , & s'engagea par la Profession solemnelle des quatre vœux le 15. Août 1714. On a de lui un Livre de Pieté : *Dies Ecclesiastica per loca Sacræ Scripturæ progrediens ,* imprimé à *Rome* en 1724. & réimprimé à *Venise* la même année. L'Auteur n'y a pas mis son nom. Il enseignoit alors la Théologie à *Boulogne.* Il assista en qualité de Deputé de sa Province à la Congregation générale qui se tint à *Rome* en 1730.

V. *Vindicationes Societatis Jesu. Auc-*

tore Sfortia Pallavicino. Romæ, 1649. J. G.
*in-*4°*. p.* 154*. Theophili Raynaudi Cle-* SCOTTI.
mens Scotus Virbius. Ejusdem Hoplothe-
ca contra ictum Calumniæ, sect. 2. *c.*
16. *Nicolai Comneni Papadoli Histo-*
ria Gymnasii Patavini, tom. 1. *p.* 156.

Cet Article vient de la même main que
celui de *Melchior Inchofer,* & de quelques autres sçavans Jésuites.

CLAUDE CHAPPUYS.

Glaude Chappuys naquit vers le C. CHAP-
commencement du 16. siécle en PUYS.
Tourraine, & apparemment à *Am-*
boise, de même que *Gabriel Chappuys,*
son neveu. Le long séjour qu'il a fait à
Roüen, où il a possedé differens béné-
fices dans la Cathedrale, a fait croire
à *la Croix du Maine* qu'il étoit natif
de cette Ville, & le lui a fait distin-
guer d'un autre de même nom, qui a
été Valet de Chambre & Libraire du
Roi *François I.* quoique ce soit le même homme. Les Registres de la Cathedrale de *Roüen* lui donnent la qualité
de Prêtre de Tourraine, & *du Verdier,*
qui connoissoit parfaitement son ne-

veu, qui lui avoit même dedié un de
ses Ouvrages, le fait natif de ce pays;
ainsi il n'y a aucune difficulté sur cet
article. Pour ce qui est de l'identité
du Libraire du Roy & du Bénéficier
de *Roüen*, elle est certaine par plusieurs
endroits, entre autres par une piéce
de vers de l'an 1563. dont je parlerai
ci dessous, qu'il a signée *Chappuys,
Libraire du Roy & Chanoine de Roüen.*

Il fut d'abord Valet de Chambre ordinaire du Roi *François I.* & son Libraire ou Garde de sa Librairie, c'est-
à-dire, suivant la maniere de parler
de ce temps-là, de sa Bibliotheque.
La Croix du Maine par une ignorance
grossiere, fidelement copiée par *Jean
de la Caille*, p. 117. de son *Histoire de
l'Imprimerie*, a interpreté le nom de
Libraire par celui d'Imprimeur, quoiqu'il ne lui eût fallu qu'un peu d'attention pour éviter cette faute.

Chappuys ayant embrassé l'état Ecclesiastique, le Roi *François I.* le nomma en 1536. en vertu de son Indult
au Doyenné de la Cathedrale de *Roüen.*
Il trouva des difficultés qui s'oppose-
rent à sa prise de possession, parce
que le Chapitre élut de son côté un
Doyen.

Il y eut plusieurs débats entre lui,
& *Bertrand de Marsillac*, qui avoit été
élu; mais enfin ils s'accommoderent,
& *Marsillac* ayant résigné à *Chappuys*
la dignité de Chantre qu'il possedoit,
celui-ci se désista de ses poursuites,
& renonça au droit qu'il pouvoit avoir
au Doyenné par la nomination du Roi.

Chappuys prit possession personnel-
lement de la dignité & Prebende de
Chantre de l'Eglise de *Roüen* le 10. Septembre 1537. & la conserva jusqu'en
1551. qu'il la permuta contre une Prebende de la même Cathedale.

Il eut depuis le Prieuré de S. *Jacques du Val des Malades*, qu'il permuta avec *Jean de Villy* pour la dignité de Chancelier de l'Eglise de *Roüen*.

Il prit possession de cette nouvelle
dignité le 7. Octobre 1566. & la garda jusqu'en 1572. qu'il la résigna à *Ma-
rian de Martinbos*, qui en prit possession le 27. Mars de cette année.

On n'entend plus parler depuis de
Chappuys, qui mourut apparemment
quelque temps après étant déja assez
avancé en âge.

Marot dans son Epitre écrite sous le
nom de *Fripelipes* à *Sagon* le met au

nombre des bons Poëtes de son temps.
Mais ses Poësies sont maintenant tombées entierement dans l'oubli.

Catalogue de ses Ouvrages.

1. *Le Blason de la main. Le Blason
du ventre. Le Blason de la partie honteu-
se & secrete de la Femme. Le Blason de
celle de la Pucelle.* Imprimés avec les
Blasons Anatomiques du corps Feminin
faicts par divers Auteurs. *Lyon*, *François Juste.* 1537. *in-16.* Tout cela est
en vers.

2. *Discours de la Court*, *présenté au
Roy par M. Claude Chappuys son Libraire*, *& Varlet de Chambre Ordinaire. Paris. André Roffet* 1543. *in-16.* p.
68. non chiffrées. C'est un Poëme, où
l'on parcourt tout ce qui se voit & se
peut trouver à la Cour, & où l'on parle même de plusieurs personnes qui
vivoient alors. *La Croix du Maine &
du Verdier* mettent une édition faite à
Roüen par *Claude le Roy & Nicolas le
Roux* la même année 1543. *in-8o.*

3. *L'Aigle qui a fait la Poule devant
le Coq à Landrecy. Paris. André Roffet*
1543. C'est un Poëme sur la fuite de
l'Empereur *Charles V.* devant le Roi
François I.

4.

4. *Le Grand Hercules Gallique qui* C. Chap-
combat contre deux. in-4°. fans nom de puys.
lieu & fans date, fuivant *du Verdier.*
Cependant *la Croix du Maine* met
l'année 1545. Les deux C. C. qui marquent le nom de l'Auteur, défignent
Claude Chappuys. C'eft encore une piéce de vers à la loüange de *François I.*

5. *Le Sacre & Couronnement du Très-
Augufte & Très-Chrétien Roy Henri
Deuxiéme de ce nom à Reims l'an* 1547.
au mois de Juillet. Paris, André Roffet.
1549. *in-*4°.

6. *La Croix du Maine* dit qu'il a
compofé une Oraifon ou Harangue,
qu'il prononça devant le Roi *Henri
II.* lorfqu'il fit fon entrée à *Roüen* en
1550. Je ne fçai fi cela eft imprimé.

7. *La réduction du Havre de Grace,
par le Roy Charles IX. de ce nom. Roüen,
Martin le Megiffier.* 1563. *in-*4°. p. 8.
C'eft une piéce de vers, qui eft fignée :
*Chappuys, Libraire du Roy, & Cha-
noine de Roüen.*

V. *Les Bibliotheques Françoifes de la
Croix du Maine & de du Verdier. Hiftoire de l'Eglife Cathedrale de Roüen, p.*
319. 339. 412.

Tome XXXIX.   H

GABRIEL CHAPPUYS.

Gabriel Chappuys naquit à *Amboise* vers le milieu du 16e. siécle. Quoique cette Ville soit sûrement le lieu de sa naissance, comme le marque *la Croix du Maine*, il ne s'est cependant renommé de cette Ville que dans le titre d'un de ses Ouvrages, dont je parlerai plus bas : par tout ailleurs il prend en général la qualité de Tourangeau ; ce qui a fait croire à quelques personnes qu'il étoit natif de *Tours*.

Il fut élevé sous la direction de *Claude Chappuys*, Valet de Chambre du Roy *François I.* & Garde de sa Bibliotheque, qui eut soin de le faire étudier ; mais *du Verdier*, qui nous apprend cette particularité, ne nous marque point le lieu où il fit ses études, ni aucune autre circonstance de sa vie.

On voit par les dates de ses Ouvrages, qu'il demeuroit à *Lyon* en 1574. & que ce fut là qu'il commença à communiquer au Public les fruits de ses

travaux Litteraires. Son féjour en cet- G. CHAP-
te Ville fut affez long , puifqu'il y PUYS.
étoit encore en 1583. & que ce ne fut
que cette année , qu'il vint s'établir à
Paris , où il demeura toujours depuis.

Comme il fçavoit les langues Latine , Italienne & Efpagnole , il s'appliqua à traduire en François plufieurs
Livres écrits originairement en ces
langues , & fur-tout en ces deux dernieres. Ces traductions ont eu leur
cours dans la nouveauté ; mais la plûpart font tombées entierement dans
l'oubli. Elles fe reffentent en effet de
la précipitation avec laquelle il les
travailloit ; & foit qu'il n'aimât pas
à languir long-temps fur un même
Ouvrage , foit que le befoin le pref-
fât , on y voit fans peine qu'il s'eft hâ-
té de les finir.

Du Verdier dit qu'en 1585. lorfqu'il
publioit fa *Bibliotheque Françoife* ,
Chappuys tenoit la place de *Belleforeft* ,
c'eft-à-dire, celle d'Hiftoriographe de
France , mais il n'en prend la qualité
que dans peu de fes Ouvrages. Depuis 1596. il prend prefque toujours
le titre de *Secretaire Interprete du Roy*
en langue Efpagnole. Son habileté en

H i j

G CHAP-
PUYS.

cette langue lui en avoit apparemment procuré la place vers ce temps-là.

Aucun Auteur que je connoisse ne marque le temps de sa mort. Cependant comme ses derniers Ouvrages sont de l'an 1611. & qu'on n'entend plus après parler de lui, il est à présumer qu'il est mort cette année-là, ou la suivante. Il devoit alors avoir plus de 60. ans.

Catalogue de ses Ouvrages.

1. *Heureux présage sur la bienvenue du Très-Chretien Roy de France & de Poloigne Henri III. en sa très-antique & fameuse Ville de Lyon. Lyon. Benoist Rigaud*, 1574. in-8o. C'est un Poëme.

2. *Harangue de Charles Paschal sur la mort de Marguerite de Valois, fille de François I. épouse du Prince Emmanuel Philebert Duc de Savoye ; traduite de Latin en François, par Gab. Chappuys. Paris, Jean Poupy*, 1574. in-8o. p. 31.

3. *Les Commentaires Hieroglyphiques ou images des choses de Jean Pierius Valerian, ès quels comme en un vif tableau est ingenieusement depeint & représenté l'estat de plusieurs choses antiques, comme de monnoyes, medailles, armes, ins-*

criptions & devises, obelisques, pyra-
mides & autres monumens : outre une in-
finité de diverses & profitables histoires,
proverbes & lieux communs, avec la
parfaite interpretation des Mysteres d'E-
gypte, & de plusieurs passaiges de l'E-
criture Sainte conformes à iceux. Plus
deux livres de Cœlius Curio touchant ce
qui est signifié par les diverses images &
pourtraicts des Dieux & Hommes. Lyon.
Barthelemy Honorat. 1576 *in fol.*

4. *Roland furieux, par Messire Louis*
Arioste, Gentilhomme de Ferrare, tra-
duit naïfvement de l'Italien en François.
Lyon, Barthelemi Honorat. 1576. *in-*
8°. Je n'en connois que deux éditions
posterieures, l'une qui est de *Lyon*,
1582. *in-*80. l'autre faite à *Roüen*, chez
Claude le Villain, 1617. *in-*80. p. 603.
Le nom de *Chappuys* ne paroît point
à cette derniere, qui est la seule que
j'aie vûë, mais une piéce de vers qui
est signée *Rodol. Bou. Cast.* (C'est-à-
dire, *Raoul Bouthrays de Chateaudun*,)
& intitulée : *In laudem Gabrielis Cha-*
puisii, Turonensis, translatoris hujus ope-
ris ; & quatre vers de *Chappuys* qui
sont au dessous du portrait de l'*Arios-*
te font voir que cette traduction est
de lui.

5. *La suite de Roland furieux, contenant la mort du très-magnanime &
vaillant Roger, fleur des Paladins de
France, & tous les grands succès, hau-
tes & genereuses entreprises proposées &
non fournies par le divin Arioste. Avec
les Sommaires allegoriques sur chacun
discours. Mise d'Italien en François par
Gabriel Chappuys.* Cette suite a dû paroître vers le même temps, que la
traduction précédente. *Du Verdier*, p.
1198. de sa *Bibliotheque* en marque
une édition faite à *Lyon* par *Barthelemy Honorat* en 1582 *in-16.* J'en ai vû
une *revûë & corrigée outre les précédentes éditions. Roüen, Claude le Villain,
1618. in-8o.* p 349. *Du Verdier* nous
apprend que *Jean-Baptiste Pescatore,
de Ravenne,* est l'Auteur de l'Ouvrage
Italien, que *Chappuys* a mis ici en
François. Il est dans cette langue en
vers, & divisé en 40. chants ; mais
Chappuys l'a traduit en prose, en 40.
discours.

6. *Cinq discours de cinq chants nouveaux de M. Loys Arioste, suivant la
matiere du Furieux, avec suite de quelques nouvelles stances du même Auteur,
traduicts nouvellement en François par*

G. Chappuys. Lyon , Barthelemy Hono-
rat , 1576. in-8°. Avec le *Roland Fu-*
rieux, comme dans l'édition ſuivante.
It. *Roüen , Claude le Villain , 1618.*
in-8°. p. 84.

7. *Les Colloques de Mathurin Cor-*
dier pour le profit & avancement de la
Jeuneſſe , traduicts en François. Lyon .
Loys Cloquemin, 1576. 1579 in 8°. Le
Latin eſt ici a côté du François.

8. *Le ſecond Livre de Primaleon de*
Grece , mis en François par Gab. Chap-
puys. Lyon, 1577. in 80. It. Ibid. Pier-
re Rigaud , 1612. in-16. p. 442. On
voit à la tête une Epitre de *Chappuys,*
datée de *Lyon* le dernier Octobre
1577. & à la fin un avertiſſement du
même , dans lequel il promet la traduction du troiſiéme Livre. Cette traduction eſt entierement differente de
celle que *Guillaume Landré , d'Or-*
leans, a donnée du même Livre; la fin
n'en eſt pas la même , & elle ne contient que 38. chapitres, au lieu que la
traduction de *Landré* en a 55. M. de
la Monnoye a ignoré cette double traduction , lorſque dans ſes notes ma-
nuſcrites ſur la *Bibliotheque de la Croix*
du Maine , il a repris cet Auteur d'a-

G. CHAP- voir donné à *Chappuys* une traduction
PUYS.   du 2e. Livre de *Primaleon* , par la raison que *Landré* l'avoit traduit. Le premier Livre avoit été traduit précé-
demment par *François de Vernassal.*

9. *Le troisiéme Livre de Primaleon
de Grece , traduit d'Espagnol en François , par G. Chappuys.* Lyon , Jean Beraud , 1579. *in-8°.* feüil. 347. L'Epitre dédicatoire de *Chappuys* est datée
de *Lyon* le 1. Mars de cette année. It.
Lyon , Jean Rigaud , 1609. *in-16.* p.
426. *La Croix du Maine* a attribué encore à *Chappuys* la traduction du 4e.
Livre imprimée à *Lyon* en 1583. *in-
8°.* & en 1597. *in-16.* Mais il n'y a
aucune apparence qu'elle soit de lui ;
l'Epitre, qui est à la tête dans les deux
éditions que j'ai rapportées , est au
nom de *Benoist Rigaud* , & ne fait aucune mention de *Chappuys* ; il y est
seulement dit que ce Livre avoit été
traduit en François par une des plus
doctes plumes de ce temps. *Chappuys*,
qui avoit mis son nom aux deux Livres précédens , ne se seroit pas avisé
de se cacher ici sans aucune raison.
Tout le fondement qu'on a eu de lui
attribuer ce quatriéme , est qu'il avoit
pro-

promis dans le précédent de pouſſer G. CHAP-
cette traduction juſqu'à la fin. Mais PUYS,
differentes raiſons peuvent l'avoir empêché d'exécuter cette promeſſe. *La
Croix du Maine* s'eſt trompé plus groſ-
ſierement, quand il a prétendu que
Chappuys avoit auſſi traduit le 5e. Livre ; puiſque ce 5e. Livre eſt imaginaire, & que l'Ouvrage n'en a que
quatre ; C'eſt encore ce que *M. de la
Monnoye* a ignoré.

10. *Le quinziéme Livre d'Amadis de
Gaule, mis en François par G. Chappuys. Lyon, Benoiſt Rigaud,* 1578. *in*-
16. p. 526. chapitres 65. L'Epitre de
Chappuys eſt datée de *Lyon* le 1. Février 1577.

11. *Le ſeiziéme Livre d'Amadis de
Gaule, mis en François. Lyon, François Didier,* 1578. *in*-16. p. 845. chapitres 71. L'Epitre de *Chappuys* eſt datée de *Lyon* le 25. Janvier 1578. *Antoine Tyron* avoit donné l'année précédente une traduction differente des
trente-trois premiers chapitres de ce
Livre, ſous le titre de *Quinziéme Livre. Nicolas de Montreux* en a donné
auſſi une traduction à ſa façon, à *Paris,* 1577. *in*-16.

Tome XXXIX. I

12. *Le dix septiéme Livre d'Amadis
de Gaule, mis en François. Lyon, Etienne Michel*, 1578. *in*-16. Feüil. 440.
chapitres 91.

13. *Le dix-huitiéme Livre d'Amadis
de Gaule traduit d'Espagnol en langue
Françoise. Lyon, Louis Cloquemin,*1579.
in-16. p. 999. chapitres 132. L'Epitre
de *Chappuys* est datée de *Lyon* le 1.
Janvier de cette année.

14. *Le dix-neuviéme Livre d'Amadis
de Gaule traduit d'Espagnol en langue
Françoise. Lyon, Jean Beraud*, 1582.
in-16 Feüil. 445. chapitres 124. Il doit
y avoir eu une édition précédente. Ce
même Livre a été aussi traduit differemment par *Jacques Charlot*, Champenois. *Lyon, Louis Cloquemin*, 1581.
in·16.

15. *Le vingtiéme & pénultiéme Livre
d'Amadis de Gaule mis d'Espagnol en
François. Lyon, Louis Cloquemin,*1581.
in-16. Feüil. 384. chapitres 96. L'E-
pitre de *Chappuys* est datée de *Lyon* le
20. Novembre 1580. *Jean Boyron* a
donné une autre traduction de ce Livre, imprimée de même à *Lyon* chez
Antoine Tardif, 1582. *in*-16.

16. *Le vingt-uniéme Livre d'Amadis*

de Gaule , mis d'Espagnol en François. G. Chap-
Lyon , Loys Cloquemin , 1581. *in*-16. puys.
Feüil. 448. chapitres 122. L'Epitre de
Chappuys est datée de *Lyon* le 20. Fé-
vrier 1581.

17. *Briefve Histoire des Guerres Civiles advenues en Flandre & des causes
d'icelles, contenant tout ce qui s'y est fait
durant le gouvernement de la Duchesse
de Parme, du Duc d'Albe, de Don Loys
de Requesenes , du Comte de Manssfelt,
& de Don Jean d'Austrie, jusques à pré-
sent, avec le pourtrait de la statuë du sus-
dit Duc d'Albe ; recueillie du Sommaire de M. P. C. & mise en François par
G. Chappuys. Lyon , Jean Beraud ,
1578. in-*8o. p. 274. Cette Histoire est
traduite de l'Espagnol de *Pierre Cor-
nejo*, Prêtre Espagnol, qui étoit alors
en Flandre.

18. *Les Mondes Celestes , Terrestres
& Infernaux. Le Monde petit , grand ,
imaginé, mêlé, risible, des sages & foux ,
& le très-grand. L'enfer des Ecoliers ,
des mal mariez , des Putains & Ruf-
fians, des Soldats & Capitaines poltrons,
des pietres Docteurs , des Usuriers , des
Poëtes & Compositeurs ignorans ; tirez
des Oeuvres de Doni Florentin , par Ga-*

I ij

G. CHAP-
PUYS.

briel *Chappuys. Lyon , Barthelemi Ho-*
norat , 1578. *in-*80. L'Epitre du Traducteur est adressée à *Antoine du Ver-*
dier , sieur de Vauprivas , & datée de
Lyon le 1. Juillet de cette année. It.
Revûs , corrigés & augmentés du Mon-
de des Cornus, par F. C. T. Lyon, Etienne *Michel ,* 1580. *in-*80. p. 476. Sans
le Monde des Cornus, qui en a 264.
It. *Avec l'Enfer des Ingrats. Lyon , Bar-*
thel. Honorat , 1583. *in-*80.

19. *Dix plaisans Dialogues du S. Ni-*
colo Franco , traduits d'Italien en Fran-
çois. Lyon , Jean Beraud , 1579. *in-*16.

20. *La civile conversation , divisée en*
quatre Livres ; traduite de l'Italien du
S. Etienne Guazzo , Gentilhomme de
Casal. Lyon , Jean Beraud , 1579. *in-*
8°. *Belleforest* donna la même année à
Paris une autre traduction de cet Ouvrage.

21. *Le parfait Courtisan du Comte*
Baltasar Castillonois , ès deux langues ,
repondans par deux colonnes l'une à l'au-
tre pour ceux qui veulent avoir l'intelli-
gence de l'une d'icelles ; de la traduction
de Gabriel Chappuys. Lyon , Loys Clo-
quemin , 1580. *in-*80. It. *Paris , Nico-*
las Boisons , 1585. *in-*8°. p. 678. L'E-

pitre du Traducteur est datée de *Lyon*
le 1. Décembre 1579.

22. *L'Histoire des Amours extrêmes
d'un Chevalier de Seville, dit Luzman,
à l'endroit d'une belle damoiselle, appellée Arbolea, les cas merveilleux qui lui
advinrent en dix ans qu'il fut errant
par le Monde, & la fin que prinrent
les amours d'icelui; conjointes avec plaisir & érudition si grande, qu'il est im-
possible de le lire sans une merveilleuse
instruction, pour ce que le tout tend à dé-
couvrir les erreurs & folies des hommes.
Composé par Hierosme de Contreras,
excellent Historiographe du Roi d'Espagne, & mise d'Espagnol en François
par Gabr. Chappuys.* Lyon, Benoist Rigaud, 1580. in-16. It. *Paris,* Nicolas
Bonfons, 1587. in-16. Feüil. 190. It.
Roüen, 1598. in-12.

23. *Anacrise ou parfait jugement &
examen des esprits propres & naiz aux
sciences. Composé en Espagnol par M.
Jean Huart, Docteur, natif de S. Jean
du pied de Port, & mis en François par
Gabriel Chappuys.* Lyon, François Didier, 1580. in-16. Feüil. 374. L'Epitre
du Traducteur est datée de *Lyon* le
25. Février 1580. It. *Paris,* Micard,

I iij

G.CHAP-
PUYS.

1588. *in 16.* It. *Ibid. Nicolas Lescuyer,*
1619. *in 12.* Cette Traduction de
Chappuys est miserable , au jugement
de M. *de la Monnoye* dans ses notes sur
Baillet ; les deux bonnes sont celles de
Paris , 1645. par *Charles Vion d'Ali-
bray,* & celle d'*Amsterdam ,* 1672. par
François Savinien d'Alquié , nom qui
paroît supposé.

24. *Manuel du Catechisme Catholique , extrait & abregé de George Edere,
Conseiller de l'Empereur , sans diminuer
ni augmenter du Catechisme général mis
ci devant en lumiere par le Commandement du Pape Pie V. Traduit de Latin
en François , tant pour servir de Formu-
laire aux Curez voulant Catechiser la
Jeunesse , que pour le profit de tous ceux
qui sont ignorans des principaux poincts
de la Foy Chrétienne & Catholique.
Lyon ,* Jean Patrasson , 1580. *in-*80.

25. Il a fait des additions au Livre
intitulé : *Promptuaire des Médailles
des plus renommées personnes , qui ont
été depuis le commencement du Monde.
Avec briefve description de leurs vies
& faits. Lyon,* G. *Rouille,* 1581. *in-*8°.

26. *La* 2e. *&* 3e. *partie de la Diane
de George de Montemayor , traduites*

d'Espagnol. Lyon , *Loys Cloquemin* , G. CHAP-
1582. *in-16.* La traduction de la pre- PUYS.
miere partie eſt de *Nicole Colin.*

27. HEXAMERON , ou *ſix Journées* ,
contenant pluſieurs doctes diſcours ſur
aucuns poincts difficiles en diverſes ſcien-
ces , avec maintes hiſtoires notables &
non encore oüies. Fait en Eſpagnol par
Antoine de Torquemade , & mis en
François par G. Chappuys. Lyon , An-
toine de Harſy , 1582. *in-8°.* p. 489.
L'Epitre de *Chappuys* eſt datée de cette Ville le 8. Novembre 1581. It. *Pa-*
ris , Philippe Brachonier , 1583. *in-16.*
Feüil. 319.

28. *Figures de la Bible déclarées par*
Stances par G. C. T. Lyon , 1582. *in-*
8°.

29. *Les cent excellentes Nouvelles de*
M *Jean-Baptiste Giraldy Cinthien ,*
Gentilhomme Ferrarois ; miſes d'Italien
en François. Paris , Abel Langelier. in-
8°. Deux volumes ; le 1. en 1583. &
le 2e. en 1584.

30. *Dialogues Philoſophiques Italiens-*
François , touchant la vie civile , traduits
des Dialogues Italiens de M. Jean Ba-
piste Giraldy Cinthien , par G. Chap-
puys. Paris , 1583. *in-8°.*

31. *Leçons Catholiques sur les Doctrines de l'Eglise; divisées en trois parties. La premiere apprête les armes pour combattre les Hérétiques ; la seconde est pour les endommager; la troisiéme pour se défendre contre iceux ; prononcées à Turin l'an* 1582. *par commandement & en présence de Charles Emmanuel Duc de Savoye & Prince de Piemont. Par François Panigarole, Milanois , de l'Ordre de l'Observance , traduit de l'Italien en François par G. C. T. Lyon . Jean Stratius ,* 1583. *in-8°.*

32. *Les Sermons très-doctes & éloquens de M. Corneille Musso , Evêque de Bitonte , mis d'Italien en François par G. C. Paris,* 1584. *in-8o.* Les deux premiers Sermons de ce volume sont de la traduction de *François de Belleforest* , comme on le voit par l'Epître dédicatoire ; le reste est de *Chappuys.*

33. *Lettres facetieuses & subtiles , de Cesar Rao , d'Alexan , Ville du Païs d'Otrante , non moins plaisantes & récreatives que morales pour tous esprits genereux , traduites nouvellement d'Italien en François par G. Chappuys. Lyon, Antoine Tardif ,* 1584. *in-16.* p. 410. L'Epitre de *Chappuys* est datée de *Pa-*

ris le 6. Avril de cette année.

34. *Miroir Universel des Arts & Sciences* en général de l'excellent Doc-teur M. *Leonard Fioravanti*, Bolognois, divisé en trois Livres. Au premier *est* traité de tous les *Arts Liberaux & Mé-chaniques*, & se montrent tous les secrets qui sont en iceux de plus grande impor-tance. Au second, des diverses *Sciences*, *Histoires* & belles contemplations des *Philosophes* anciens. Au troisiéme sont contenus plusieurs secrets & notables in-ventions très utiles & necessaires à sça-voir. Traduit d'Italien en François. *Paris*, *Pierre Cavellat* 1584. *in-8°*. pp. 680. L'Epître de *Chappuys* est datée de Pa-ris le 1. Fevrier de cette année.

35. *Les Facetieuses Journées*, conte-nant cent certaines & agréables nou-velles, la plûpart advenues de notre temps; les autres recueillies & choisies de tous les plus excellens *Auteurs* étran-gers qui en ont écrit. Par G. C. D. T. *Paris*, *Jean Houze* 1584. *in 8°*. Feuil. 357. L'Epître de *Chappuys* est datée de *Paris* au mois d'Avril de cette année.

36. *Les six livres de Mario Equi-cola d'Alvete* de la nature d'Amour,

G. CHAP tant humain , que divin, & de toutes
PUYS.   les differences d'icelui. Mis en Fran-
         çois par G. Chappuys Paris , Jean
         Houe , 1584. in-8o. Feuil. 347. It.
         Ibid. 1589 in-12. Feuil. 447.
         Lyon, Jean Veyrat 1598. in-12. Feuill.
         446.

37. Suite des Memoires & Histoire
de l'origine , invention & Auteurs des
choses & sciences , à l'imitation de Po-
lydore Virgile , divisé en deux livres ;
composé premierement en latin par Alexandre Sarde , & traduit nouvellement par G. Chappuys. Lyon. Jean
Stratius. 1584. in 8°. pp. 86. Le Privilege est du 6. Octobre 1582.

38. Le sommaire de toutes les sciences , par Dominique Daulphin , Gentilhomme Italien; mis d'Italien en François. Lyon , Antoine Tardif , 1584.
in-8°.

39. Lettres & missives amoureuses de
Pasqualigo, traduites d'Italien en François. Paris. Abel l'Angelier. 1584.
in-8°.

40. Les secrets de nature. Lyon, Honorat. 1584. in-8o. Je ne connois cet
ouvrage que par la Bibliothéque de
la Croix du Maine ; c'est apparem-

ment encore une traduction.

41. *Considerations civiles sur plusieurs histoires , principalement sur celles de Guichardin , par le sieur Remy Florentin ; mises en François par Gabriel Chappuys. Paris.* 1585. *in* 8°.

42. *L'état , description , & Gouvernement des Royaumes & Republiques du monde , tant anciennes que modernes , comprises en* 24 *livres : contenant divers reglemens , ordonnances , loix coûtumes , offices , Magistrats , & autres choses notables appartenantes à l'histoire , & utiles à toutes manieres & conditions d'hommes , tant en affaires d'Etat que de la Police , & propres en tems de paix & de Guerre. Par G. Chappuys. Paris. Pierre Cavellat* 1585. *in-fol.* Feuil. 316.

43. *Dialogues du vrai honneur militaire , traitans contre l'abus de la plûpart de la Noblesse , comme l'honneur se doit conformer à la conscience ; mis d'Espagnol en François par G. Chappuys. Paris , Thomas Perrier ,* 1585. *in-*8o. Feuill. 134. Il y a ici trois dialogues , dont l'Auteur Espagnol est Jerome d'Urrea.

44. *Continuation des Annales de*

France jusqu'à Henri III. Paris. 1585.
in-fol. & la suite des *Annales & Chro-
niques de France de Nicole Gilles*,
continuées par *Denys Sauvage*, &
François de Belle-forest, dans cette
édition & dans les suivantes, qui
ont été augmentées par differens Auteurs.

45. *Cent sermons sur la Passion de
Notre Seigneur*, prononcés à Milan par
R. P. F. *Panigarole*, *Mineur Obser-
vantin*, & traduits par *G. Chappuys*,
d'Amb. Tourangeau. Paris. 1586.
in-8°. Quatre tomes. It. 2ᵉ. *Edition.
Ibid. Ambroise Drouart* 1597. *in-80.*
Quatre tomes. L'Epître de *Chappuys*
est datée du 15. Septembre 1586.

46. *Le Théâtre des divers cerveaux
du monde*, auquel tiennent place, selon
leur degré, toutes les manieres d'esprits
& humeurs des hommes, tant louables
que vicieuses, déduites par discours
doctes & agréables; traduits de l'Italien
par G. C. D. T. Paris, *Felix le Man-
gnier*. 1586. *in-16.* Feuill. 268. L'Auteur Italien de cet Ouvrage est *Thomas Garzoni*.

47. *Conseils militaires traduits de
l'Italien de Cosme Bartoli. Paris.* 1586.
in-80.

48. *Dialogues de la Philosophie* C. CHAP *Phantaſtique des trois en un corps , &* PUYS. *meſmement des Lettres , des Armes , & de l'honneur , où ſont contenues diverſes & agréables matiéres , mis d'Eſpagnol en François. Paris , Sebaſtien Molin.* 1587. *in-*8°. Feuill. 232.

49. *L'œuvre entier & parfait de la vanité du monde, compoſé en Eſpagnol par le R. P. F. Diego de Eſtella , de l'Ordre de S. François , & diviſé en trois volumes. Mis en François par G. Chappuys , Annaliſte & Tranſlateur du Roy. Paris. Gervais Mallot. in-*12. *Trois tomes; le* 1. *en* 1587. *le* 2e. *en* 1588. *& le* 3e. *en* 1589.

50. *Haranguede l'ancienne inſtitution & coûtumes des ſaintes Stations , rétablie & remiſe ſus par Notre S. P. le Pape Sixte V. Prononcée en Latin au temple de Sainte Sabine , le jour des Cendres , par François Panigarole , & miſe en nôtre vulgaire de la traduction de G. Chappuys. Paris* 1587. *in-*8°. pp. 29.

51. *Epitres ſpirituelles du R. P. J. de Avila , fidelement traduites & miſes en meilleur ordre qu'elles ne ſont en l'exemplaire Eſpagnol. Par G. Chap-*

C. CHAP-
PUYS.

puys. Paris , *Pierre Cavellat.* 1588.
*in-*12. deux vol.

52. *Le Commentaire du Comte Jean
Picus Mirandulus sur une chanson d'a-
mour , composée par Hierome Benivie-
ni, citoyen Florentin , selon l'opinion des
Platoniciens , mis en François par G.
C. T.* Cet ouvrage de la traduction de
Chappuys, se trouve à la suite du
*Discours de l'honnête amour sur le Ban-
quet de Platon , par Marsile Ficin,
traduit de Toscan en François par Guy
le Fevre de la Boderie. Paris , Abel
l'Angelier* 1588. *in-*8°.

53. *Histoire du Royaume de Navarre , contenant de Roy en Roy tout ce
qui est advenu de remarquable dès son
origine , & depuis que les Roys d'Espagne l'ont usurpé , ce qui s'est fait &
passé jusques aujourd'hui par ses Rois
legitimes, servant aussi d'abregé de l'Histoire de ces derniers troubles de France.
Tirée des meilleurs Historiens Latins,
François , Espagnols & Italiens. Par
l'un des Secretaires Interpretes de Sa
Majesté , Paris , Nicolas Gilles* 1596.
in 8°. pp. 876.

54. *Les fleurs de méditations divines
pour tous les jours de la semaine. Dé-*

votes priéres & exercices ſpirituels de C. CHAP.
R. P. F. Louis de Grenade ; le tout PUYS.
recueilli par Hernando de Villareal,
& mis d'Eſpagnol en nôtre langue par
G. Chappuys, Secretaire Interprete
du Roy en langue Eſpagnole. Paris
1598. *in-12* p. 354. It. Rouen 1627.
in-12.

55. *Méthode de ſervir Dieu*, traduit
de l'Eſpagnol du P. Alphonſe de Ma-
drit. Douay 1598. *in-12.* Il y a apparemment une édition précedente.

56. *Raiſon & Gouvernement d'Etat*
en dix livres du Seigneur Giovanni Bo-
tero Beneſe, traduits ſur la 4e. impreſ-
ſion Italienne plus ample que les autres premieres, la verſion répondant à
ſon original colonne pour colonne, par
G. Chappuys. Paris, Guill. Chaudiere. 1599. *en-8o.* Feuill. 348.

57. *Harangue du Cavalier Philippe Cauriana* faite à la Reine Marie de
Medicis à ſon département de Toſcane
pour paſſer en France ; de la verſion de
G. Chappuys. Paris, Claude de Morel.
1600. *in-8o.* pp. 19.

58. *Hiſtoire de nôtre tems* ſous les
Regnes des Rois Henri III. & Henri
IV. R. de France & de Navarre, con-

C. CHAP-
PUYS.

tenant tout ce qui s'est passé tant en France qu'ès autres pays circonvoisins, jusques à la paix faite entre les Rois de France & d'Espagne. Par Gab. Chappuys. Paris, Laurent Sonnius. 1600. in-8o. Feuill. 335. Cette histoire s'étend depuis l'an 1574. jusqu'en 1598.

59. *La Toscane Françoise Italienne de G. Chappuys ; contenant les noms, limites, antiquités, & grandeur de Toscane, l'origine, liberté, discordes & ruines de Florence, depuis restaurée & aggrandie par Charlemagne, ses richesses, valeur, noblesse, ensemble de ses magnanimes, Chefs & Ducs de la très-illustre Maison de Medici, jusques aujourd'hui, avec leur Genealogie.* Paris. Par l'Auteur. 1601. in-8o. Feuill. 39. En Italien & en François.

60. *Citadelle de la Royauté.* Paris, 1603. in-8o.

61. *Livre II. du Catechisme de Grenade, faisant la cinquiéme partie de son introduction au symbole de la Foi. Plus un traité de la maniere & méthode d'enseigner les mysteres de nôtre foi aux Infideles*, trad. de l'Espagnol. Paris, Robert Fouet 1605. in-4o. It. Ibid. 1607. in-4o.

62.

62. *Sermons & faints Exercices très-* G. CHAP-
doctes & éloquens fur tous les Evangiles PUYS.
du S. Carême , divifés en deux tomes.
compofés en Efpagnol par le R. P.
de Valderama de l'Ordre de S. Auguf-
tin , traduits en François par G. Chap-
puys. Paris, Robert Fouet. 1610. *in-8°.*
Deux tomes de plus de 1200. pages
chacun. L'Epître dédicatoire de
Chappuys, au Cardinal *du Perron*
eft datée de cette année.

63. *Le miroir du Prince. Au Dauphin*
1610. Je ne connois cet Ouvrage que
par ce qu'on en dit dans l'Epître dédicatoire du fuivant.

64. *Hiftoire generale de la guerre de*
Flandre, divifée en 2. *to.* Contenant toutes
les chofes *mémorables advenues en icel-*
le depuis l'an 1559. *jufques à la Treve*
conclue en la ville d'Anvers le 9. *Avril*
1609. *Par G. Chappuys. Paris , Ro-*
bert Fouet 1611. *in-4°.* Deux tom.
pp. 672. & 491. L'Ouvrage eft partagé en quinze livres. It. *Edition nou-*
velle. Paris , 1633. *in fol.* Deux tomes. Cette édition eft divifée en 20.
livres & va jufqu'en 1632. Mais
l'augmentation n'eft point de *Chap-*
puys , qui étoit mort depuis long-

Tome XXXIX. K

C. CHAP-
HUYS.

tems , quoique le privilege semble
le dire.

65. *Diſcours de Jules Mazarini
traduits par G. Chappuys. Paris. 1611.
in-12. Deux tom.*

66. *Méthode de ſe bien confeſſer ,
traduit d'Italien en François. Lyon ,
Benoiſt Rigaud.* Je ne trouve cet ouvrage que dans la *Bibliotheque de la
Croix du Maine ,* non plus que le ſuivant.

67. *Six livres de la Nobleſſe , traduits d'Italien en François.* Je ne ſçai
ce que c'eſt.

68. *Manuel des Catholiques , contenant la vraye maniere de prier Dieu ,
par G. Chappuys. Anvers 1641 in-80.*
Avec fig. Il doit y avoir des éditions
antérieures.

V. *Les Bibliotheques Françoiſes de
la Croix du Maine & de Du Verdier.*

PHILIPPE PICINELLI.

P. PICI-
NELLI.

PHilippe *Picinelli* naquit à *Milan*
le 21. Novembre 1604. & reçut
au baptême le nom de *Charles-Fran-
çois ,* qu'on lui changea en celui de

Philippe, lorfqu'il reçut l'habit Religieux.

On eut bien de la peine à l'élever
à caufe de fa délicateffe, & il fut attaqué de diverfes maladies pendant
fon enfance; mais for. temperament
fe fortifia dans la fuite.

Après avoir fait fes études d'Humanités & fa Logique, il entra à l'â-
ge de 18 ans, c'eft-à-dire en 1622.
chez les Chanoines Réguliers de La-
tran. Après fa profeffion, il fit fa
Philofophie à *Cremone*, & enfuite fa
Théologie à *Plaifance*.

Ses études finies, on l'envoya à
Brefcia, où il fut occupé à expliquer
l'Ecriture fainte les jours de Fête
après Vefpres dans l'Eglife de *Sainte
Afre*: emploi qu'il remplit près de
dix ans en differentes villes d'Italie.

Il s'adonna depuis à la Prédication,
& prêcha pendant quarante ans le
Carême dans les principales villes du
Pays.

Il paffa auffi par les principales
charges de fon Ordre, & y fut enfin
fait Abbé perpetuel. Ses momens de
loifir ont été occupés à compofer
quelques ouvrages, qui font tous de

K ij

P. PICI-morale, à l'exception d'un seul.

NELLI.   On ignore le tems de sa mort. Il
vivoit encore en 1678. étant alors
âgé de 74. ans. Mais comme il n'est
plus fait mention de lui depuis, il
est à présumer qu'il ne passa gueres
cette année.

Catalogue de ses Ouvrages.

10. *I Pregi della Ghirlanda Ci-*
vica ; sacro discorso del. P. Filippo Pi-
cinelli , fatto da lui rel senato della Re-
publica di Luca il quarto sabatto di Qua-
resima dell'anno 1635. *in Pisa* 1635.
in-40.

2. *Le Bellezze fruttifere dell'Ulivo ;*
simbolico discorso per S. Francesca Ro-
mana , oblata Olivetana in Pistoia.
1647. *in*·4°.

3. *Il Giglio candido & odoroso ; sim-*
bolico discorso alle lodi de S. Antonio
di Padoua, detto nel giorno di sua trans-
lazione li 15. *Febbraro* 1648. *in S.*
Francesco di Pistoia. in Pistoia. 1648.
in-4°.

4. *Il Mongibello Nevoso & infoca-*
to , alle glorie del Patriarca. S. Ignazio
di Loyola discorso , detto in Pistoia l'an-
no 1647. *dato in luce dal Collegio de*
Nobili di quella citta. In Pistoia 1647.
in-4°.

5. *F Miſtici Coloſi; diſcorſi per S.
Petronio. In Bologna. in-4º.*

6. *Applauſi Feſtivi ne le ſolennita
d'alcuni ſanti. In Venetia.* 1549. *in-12.
It. in Milano.* 1650 *in-12.*

7. *L'Ombrone conſolato; Epitalamio.
In Piſtoia.* 1648. *in-4º.*

8. *Il mondo ſimbolico ò ſia Univer-
ſita d'impreſe. In Milano.* 1653. *in-
fol. It. di nuovo ampliato. Ibid.* 1669.
*in-fol. It. Trad. en Latin: Mundus ſim-
bolicus in emblematum univerſitate for-
matus, explicatus, & tam ſacris, quàm
profanis eruditionibus ac ſententiis il-
luſtratus, idiomate Italico conſcriptus
à Phil. Picinello, in Latinum traduc-
tus ab Auguſtino Erath. Editio noviſ-
ſima. Coloniæ* 1696. *in-fol.*

9. *Fœminarum ſacræ ſcripturæ elogia. Mediolani* 1657- *in-8º. It. Norimbergæ* 1694. *in-12.*

10. *Encomii ſacri. In Milano* 1658.
in-8º. Il y a joint deux diſcours Aca-
demiques intitulés, l'un *l'Alcide ope-
rante, ò ſia il Nobile virtuoſo,* & l'autre *le delitie delle Nevi.*

11. *Il Cherubino quadriforme per S.
Aldobrando. In Bologna. in-8º.*

P. PICI-
NELLI.

12. *L'idea del Principe Republichi-*
ta. Vita di Carlo Contarini, Duce di
Venetia. In Milano 1664. *in-*12.

13. **J.** *Lumi reflessi, o verò concetti*
della sacra Biblia osservati ne' i volu-
mi non sacri, studii eruditi. In Mi-
lano 1667. *in-fol.* It. Trad. en Latin
sous ce titre : *Lumina reflexa, sive con-*
sensus veterum Classicorum & Ethni-
corum Authorum, cum singulis pene
versiculis Bibliorum veteris & novi
Testamenti, instar Commentarii ad totam
S. Scripturam, ex Italico Latine red-
dita ab Augustino Erath, Canonico
Regulari Wettenhusano. Francofurti ad
Mœnum. 1702. *in fol.* Il y a de l'é-
rudition dans cet Ouvrage.

14. *Ateneo de'i Letterati Milanesi*
adunati d'all'Abbate Filippo Pici-
nelli. In Milano. 1670. *in-*4º. Cet
Ouvrage est le seul de cet Auteur qui soit connu & recherché.
C'est cependant une pure compila-
tion, où il a copié sans distinction les
bons & les mauvais Ecrivains, sans
y ajoûter presque aucune chose de
son fond. On ne voit dans la plûpart des articles que des louanges
générales, sans particularités & sans
dates.

15. *Prodigii delle preghiere ſpiegati* P. PICI-
in cento diſcorſi ſcritturali , eruditi , mo- NELLI.
rali. In Milano. 1672. *in-4°.* pp. 601.

16. *Le Maſſime de'i Sacri Chioſtri ,
ricavate dalla Regola del Padre S.
Agoſtino , e ſpiegate in cento diſcorſi.
ſtudii ſenili dell'Abbate Fil. Picinelli.
In Milano* 1678. *in-40.* pp. 577.
On voit par l'Epître dédicatoire datée de *Caſoretto ,* où il demeuroit
alors , le 30. Mars de cette année ,
qu'il étoit âgé de 74 ans.

L'Ouvrage a été traduit en Latin
ſous ce titre : *Sacrarum Religionum
Maximæ , ex Regula S. Auguſtini de-
ſumptæ , ac centum diſcurſibus explicatæ.
Auguſtæ Vind.* 1696. *in-4°.* Cette traduction eſt apparemment d'*Auguſtin
Erath.*

17. *Symbola Virginea ad honorem
Mariæ Matris Dei Italice explicata
50. diſcurſibus a Picinello , in Latinum
traducta ab Auguſtino Erath. Auguſtæ
Vindel.* 1694. *in-8°.* L'Ouvrage Italien eſt de l'an 1678.

V. *Ateneo de'i Litterati Milaneſi.*
p. 192. On ne le connoît que par
ce qu'il en dit lui-même en cet endroit.

JEROME GHILINI.

Jerôme *Ghilini* naquit à *Monza* dans le *Milanez* le 19. Mai 1589. de *Jacques Ghilini*, natif d'*Alexandrie de la Paille*, qui étoit un des Secretaires du Senat de *Milan*, & de *Victoire Homata*.

Il fut élevé à *Milan*, & y fit ses études d'Humanités & sa Philosophie, sous la conduite des Jesuites. Il alla ensuite à *Parme*, où il commença à se donner au Droit Civil & Canonique; mais une maladie fâcheuse qui lui survint l'obligea quelque tems après à abandonner l'étude, & à retourner dans la maison paternelle.

Sa santé rétablie, il songeoit à aller reprendre ses études de Droit, lorsque la mort de son pere, & les affaires qu'elle lui occasionna, tournerent ses pensées d'un autre côté.

Il se maria, & épousa une fille d'*Alexandrie*, nommée *Hiacinthe Baliana*. Il s'établit à cette occasion dans cette ville, où il se partagea entre les
soins

foins de fa maifon , & fes études particulieres.

Sa femme étant morte , il prit l'habit Eccléfiaftique , & reçut l'Ordre
de Prêtrife. Il reprit depuis l'étude
du Droit Canonique , & s'y fit recevoir Docteur.

Il eut quelque temps après l'Abbaye
de *S. Jacques de Cantalupo* dans le
Diocèfe de *Boiano* , au Royaume de
Naples , & fut fait Protonotaire
Apoftolique.

Il retourna alors demeurer à *Mi-*
lan , où le Cardinal *Cefar Monti* , Ar-
chevêque de cette ville , lui donna
un Canonicat uni à la Théologale de
l'Eglife de *S. Ambroife*.

Il ne demeura gueres dans cette
ville que cinq ans , après lefquels
fes affaires l'ayant rappellé à *Alexan-*
drie , il y fixa de nouveau fa réfi-
dence. Il y étoit encore , âgé de 78
ans , lorfque *Picinelli* compofa fon article. Comme la bibliothéque de cet
Auteur , où il l'a fait entrer , a paru
en 1670. & qu'il n'y eft point parlé
de fa mort , on peut préfumer que
Ghilini vivoit encore alors.

Tome XXXIX. L

J. GHI-
LINI.

Il étoit de l'Académie des *Incogniti* de *Venise.*

Catalogue de ses Ouvrages.

1. *La Perla Occidentale ; sonetti
in lode di Margherita. C. M. P. M.*
J'ignore la date de cet ouvrage, aussi
bien que des deux suivans.

2. *Il Tanaro glorioso ; Odi in lode
di Agostino Domenico squarciafichi
Presidente del Senato di Milano.*

3. *Praticabiles casuum conscientiæ
resolutiones, brevissimis Conclusionibus explicatæ.*

4. *Teatro d'Huomini Letterati aper-
to dall'Abbate Girolamo Ghilini. Volume* 1. *In Milano* 1633. *in-8º.* pp.
430. Il n'y a eu que le premier volume imprimé en cette forme. It. *In
Venetia* 1647. *in* 4º. Avec un second
volume. Il n'y a eu que ces deux
d'imprimés, quoiqu'on marque à la
tête du livre suivant qu'il y en a eu
six qui l'ont été. *Baillet* a fort mal
jugé de cet ouvrage, quand il a dit
dans le *Jugement des sçavans,* qu'il
est estimé pour l'exactitude & la di-
ligence que l'Auteur a apporté, en
recueillant les principales actions &

les écrits de ceux dont il parle. Il J. G<small>HI-</small> faut plutôt dire que c'eſt un Auteur <small>LINI.</small> peu judicieux, grand & fade louangeur. Ses éloges ne contiennent preſque que des generalités. Le peu de dates qu'il y a ſont ſouvent fauſſes, & il parle des ouvrages d'une maniere ſi vague, qu'il n'apprend preſque rien. Il faut cependant excepter un petit nombre d'articles, qui ſont plus curieux, plus recherchés, & plus exacts que les autres.

5. *Annali di Alexandria, & del Territorio circonvicino, dall'Origine ſua ſin' al* 1659. *In Milano.* 1666 *in-fol.*

V. *Teatro d'Huomini Letterati di Girol. Ghilini vol.* I. *p.* 121. *Atheneo de' i Letterati Milaneſi, di Filippo Picinelli. p.* 341. *Glorie degli Incogniti. p.* 269.

MICHEL DE LA VIGNE.

M<small>Ichel</small> *de la Vigne* naquit à M. <small>DE LA</small> *Vernon* en Normandie l'an <small>VIGNE.</small> 1588.

Jacques de la Vigne, Chanoine de l'Egliſe Collégiale de cette ville,

M. DE LA son oncle paternel, se chargea de
I.E. son éducation, & l'envoya étudier à
Paris.

Après avoir fait ses études d'Humanités, & sa Philosophie, il se
tourna du côté de la Médecine, dans
laquelle il eut pour Maîtres *Simon
Pietre*, & *Pierre Seguin*, Professeurs
Royaux.

Ayant achevé son cours de Médecine, avant que d'avoir l'âge necessaire pour prendre le degré de Docteur, il se retira dans sa patrie, pour
s'y appliquer avec tranquillité à l'étude, & ne revint à *Paris*, que lorsqu'il fut en état de recevoir le degré qu'il souhaitoit.

A peine l'eut-il reçu en 1614. que
la mort de sa mere arrivée dans ce
temps là, l'obligea de retourner à *Vernon*, où il eut d'abord dessein de se
fixer.

Il s'y maria dans cette pensée ;
mais ayant perdu quelque temps après
son pere, & se voyant accablé de
Tailles & de Subsides, il seréfugia à
Paris.

Il y enseigna d'abord la Rhétorique dans le College du Cardinal le

Moine. Cette circonftance rapportée M. DE LA
par *Vigneul-Marville*, a été omife VIGNE.
dans fon éloge Latin.

Mais il reprit peu après l'exercice
de la Médecine, dans laquelle il
fe rendit tres-habile, & acquit de la
réputation & du bien.

Ayant été fait Doyen de la Faculté
de Médecine, il fe déclara fortement
contre les Chimiftes & l'Antimoine,
& prononça un difcours contr'eux
dans le Parlement le 1. Mars 1644.

Il mourut le 14 Juin 1648. âgé
de 60 ans. Il laiffa deux enfans, un
fils d'un efprit fort borné, & une
fille fort fçavante, & fort fpirituelle.
Ce qui lui faifoit dire quelquefois
en plaifantant. *Quand j'ai fait ma*
fille je penfois faire mon fils; & quand
j'ai fait mon fils, je penfois faire ma
fille.

On n'a de lui que les deux difcours fuivans.

Orationes duæ. Quarum prior habita
eft apud D. Pro-Prætorem Urbanum
die 9. Decembris 1643. Pofterior in
frequenti fenatu calendis Martiis, an-
no 1644. adverfus Theophraftum Re-
naudot, Gazettarium, Medicum Mon-

M. DE LA
VIGNE.

peliensem , & omnes Medicos extra-
neos, Lutetiæ Parisiorum Medicinam il-
licite facientes. Paris. 1644. *in-*4°.

V. *Son Eloge en Latin , imprimé*
*in-*4°. pp. 3. *Melanges d'histoire & de*
Litterature de Vigneul-Marville. tom.
1. *p.* 79.

HENRI CATHERIN DAVILA.

H. C.
DAVILA.

HEnri *Catherin Davila* naquit à
Sacco , ancien Château du ter-
ritoire de *Padoue* le 30. Octobre. 1576.
comme il paroît par les Registres de
l'Eglise de ce lieu , d'*Antoine Davila,*
qui ayant été autrefois Connétable
du Royaume de Chypre, avoit perdu
tous ses biens , lorsque cette Isle fut
prise par les Turcs en 1570 & de *Flo-*
rence Sinclitico , d'une famille noble
de la même Isle.

Ainsi *Jean Imperiali ,* & tous ceux
qui l'ont copié , comme *Baudoin,*
Bullart , & plusieurs autres se sont
trompés , en le faisant naître dans
l'Isle de Chipre Il est vrai qu'il prend
en quelque endroit la qualité de Cy-
priot ; mais il ne l'a fait , que parce

qu'il étoit originaire de cette Isle, où son pere étoit né.

On lui donna le nom d'*Henri Catherin*, en l'honneur d'*Henri III.* Roy de France, & de *Catherine de Medicis*, sa mere, par reconnoissance pour les bienfaits que son pere avoit reçu de cette Princesse, pendant son sejour en ce Royaume, & pour l'engager, aussi bien que le Roi son fils qui étoit monté depuis son départ sur le thrône, à lui accorder sa protection.

Les esperances qu'*Antoine d'Avila* avoit conçues de ce côté là, l'engagerent à amener en France *Henri Catherin*, son fils, avant sa septiéme année.

Il y fut élevé dans le Château de *Villars* en Normandie, dont le Seigneur, *Jean d'Hemeri* Maréchal de France, avoit épousé sa sœur *Marguerite*, qui après avoir été Dame d'honneur de *Catherine de Medicis*, avoit été pourvûe si avantageusement par le crédit de cette Princesse.

Il nous instruit lui-même de sa venue en France au commencement de son Histoire, lorsqu'il dit, suivant la traduction de *Baudoin*: ,, la fortune, qui a toujours travaillé ma

L iiij

H. C.
DAVILA.

» vie , a voulu que dès les premieres
» années de mon enfance je me sois
» vû transportée par elle même bien
» avant dans les Provinces & dans
» le cœur de la France ; où après
» avoir demeuré long-tems , j'ai eu
» tout loisir de voir de mes propres
» yeux les plus remarquables , & les
» plus secretes circonstances de tant
» d'évenemens signalés. «

Ainsi je ne vois point sur quel fondement *Ange Comnene Papadoli* l'a
mis au nombre des éleves de l'Université de *Padoue* , qui n'est ouverte
qu'aux jeunes gens d'un âge mûr. Il
est vrai , que cet Auteur cite une Lettre de *Davila* , où il prétend avoir
appris qu'il y avoit étudié; mais *Apof-
tolo Zeno* assure dans sa vie avoir lû
avec beaucoup d'attention toutes ses
Lettres , sans y avoir rien trouvé de
semblable.

On pourroit cependant dire qu'à
son retour à *Padoue* en 1599. s'y
trouvant sans occupation , il s'y donna plus particulierement à ses études,
qui ne l'avoient occupé jusques là ,
que de temps en temps,& avec beaucoup d'interruption , & qu'il profita

des inftructions dès fçavans Profef
feurs qui y enfeignoient, pour fe mettre en état de travailler à l'Hiftoire
qu'il avoit entreprife. La chofe n'a
rien que de fort probable.

Imperiali , & ceux qui l'ont fuivi ,
ont tout brouillé , lorfqu'ils ont dit ,
que le trifte état où le jeune *Davila*
fe trouvoit réduit dans le Royaume
de Chypre avec toute fa famille par
la tyrannie des Turcs , lui fit naître
la penfée d'aller chercher ailleurs dequoi fe tirer de cette mifere ; qu'il alla d'abord à *Avila* en Efpagne , d'où
fa famille tiroit fon origine & fon
nom , & où il avoit encore des parens ; mais que n'en ayant pû rien
tirer autre chofe que des fentimens
de compaffion , il paffa en France ,
où il fut bien reçu du Roy *Henri*
III. & de *Catherine de Medicis* fa mere ; & qu'il y fit venir un de fes freres , & deux de fes fœurs , que
cette Princeffe prit à fon fervice. Tous
ces faits conviennent à *Antoine Da-*
vila fon pere , qui en effet après la
ruine de fon pays , paffa en Efpagne ,
& de là en France fous le regne , non
point d'*Henri III.* mais de *Charles*

IX. en 1571. & qui y fit placer son
fils *Louis*, en qualité de Gentilhomme de la Chambre, & successive-
ment ses deux filles *Marguerite* &
Cornelie en celle de Dames d'Honneur, auprès de *Catherine de Medicis.*

On ne sçait point en quel lieu précisément il fit ses études ; mais il est
sûr que ce fut en France, puisqu'il
n'en sortit pour retourner en Italie
qu'en 1599. âgé alors de 23 ans.

On peut seulement conjecturer
par un endroit du neuviéme Livre
de son Histoire, qu'après avoir demeuré quelque temps en Normandie,
il vint étudier à *Paris*, & fut élevé
à la Cour, peut-être en qualité de
Page de la Reine Mere, ou du Roy.
Car il y marque qu'il fut present au
discours que le Roi *Henri III.* prononça le 16. Octobre 1588. à l'ou-
verture des Etats de *Blois* ; & parlant
dans le même livre du Frere *Jacques
Clement*, Jacobin, il témoigne l'a-
voir vû & entretenu plusieurs fois à
Paris, où la Cour étoit alors, en allant rendre visite à *Estienne Lusignani*,
Jacobin, Evêque de *Limisso*, qui

demeuroit dans le même Couvent. DAVILA.

Quoiqu'il en ſoit, il eſt certain qu'il n'oublia rien pour acquerir les ſciences neceſſaires à un homme qui veut ſe mettre en état d'écrire l'Hiſtoire avec ſuccès, comme il eſt facile de le reconnoître par celle qu'il nous a laiſſée.

Il fondoit ſes eſperances ſur la protection de *Catherine de Medicis* & du Roy *Henri III.* mais il eut le chagrin de les perdre tous les deux en 1589. cette Princeſſe étant morte à *Blois* le 5. Janvier de cette année, & ce Prince le 2. Août ſuivant. Si l'on s'en rapporte à pluſieurs Auteurs, tant François qu'Etrangers, on s'imaginera que *Davila* étoit alors entierement dans les bonnes graces de *Catherine*, qui l'avoit élevé a pluſieurs poſtes conſiderables; car ils en parlent ſur ce ton. Tel eſt *Marin le Roy de Gomberville*, qui au rapport du P. *le Long* dans ſa *Bibliothéque Hiſtorique de la France* no. 8490. aſſure que pour le ſecret des affaires, il n'en a ſçu que ce que *Catherine de Medicis* lui en avoit communiqué.

En s'exprimant ainſi, il n'a pas fait

attention que *Davila* n'avoit encore
que douze ans lorsque cette Princesse
mourut, & qu'il étoit par consequent
incapable d'avoir part à sa confiance.
Mais ce qu'il n'a pû sçavoir de cette
Princesse même, il a pû l'apprendre
de *Louis Davila*, son frere, qui étant
beaucoup plus âgé que lui, l'avoit
servi long-tems, & avoit été employé par son ordre, dans plusieurs
affaires importantes.

Parvenu à l'âge de 18 ans, il voulut satisfaire l'inclination qu'il avoit
pour les Armes, & entra dans le
service. Il se trouva au mois d'Avril
1594 au Siége de *Honfleur*, & il y
fut en danger de sa vie, ayant eu un
cheval tué sous lui. Il se démit quelque temps après unspied, & pensa en
être estropié pour le reste de ses jours,
mais il en guerit. En 1597. étant au
Siége d'*Amiens*, il fut blessé d'un
coup de pertuisanne au genouil droit.
Ce sont là les seules particularités
qu'il nous apprend de sa vie militaire.

Les guerres civiles de France étant
cessées, & la paix ayant été faite au
mois de May 1598. il reçut ordre

de fon pere de fe rendre à *Padoue* , H. C. où il s'étoit retiré après la mort de DAVILA. *Catherine de Medicis.*

Il s'y rendit en 1599. Mais à peine y fut-il arrivé , qu'il perdit fon pere par un trifte accident· Soit accès de folie , foit autre chofe , il fe jetta d'une grande hauteur en bas , & s'étant fracaffé tout le corps , il en mourut deux heures après.

Henri Catherin Davila fe mit depuis au fervice de la Republique de *Venife* , & fut chargé jufqu'à la fin de fa vie de differens emplois militaires. Cela fait voir , que *Baudoin* étoit fort mal inftruit de ce qui le regardoit, lorfqu'il a dit de lui : ,, foit ,, qu'il ne fe fentît plus propre à la fa- ,, tigue des armes , foit que fon def- ,, tin l'appellât ailleurs;tant y a qu'au ,, penchant de fon âge , & dans un ,, plus haut comble de toutes fortes ,, d'honneurs, il fit une glorieufe re- ,, traite à *Venife* ,où la Republique lui ,, donna de quoi fubfifter honorable- ,, ment tout le refte de fes jours. ,, Paroles , qui ne font qu'une paraphrafe de ces Latines d'*Imperiali*, *Gloriæ fatur , ævoque gravis , Veneta*

H. C.
DAVILA.

Reipublicæ perhonorifica suscepit stipendia, quibus ad extremum usque spiritum, rebus suis opulenter prospexit.

Bien loin d'être chargé d'années, lorsqu'il sortit de France, il n'avoit que 23 ans. Il ne pouvoit alors être las du service & rassasié d'honneurs militaires, puisqu'il n'avoit servi dans les Troupes que quatre ans, & qu'il ne paroît pas y avoir rempli aucun poste qui le distinguât des autres. D'ailleurs la paix étoit faite en France, lorsqu'il retourna en Italie ; ainsi s'il cherchoit un lieu de repos, il n'étoit pas besoin qu'il en sortît. Enfin il est sûr qu'il porta les armes jusqu'à la fin de sa vie.

Thomas Stigliani éprouva de tristes effets de son courage à l'occasion que je vais rapporter. *Davila* se trouvoit à *Parme* au mois d'Août de l'annee 1606. Il y frequentoit l'Academie des *Innominati,* & y voyoit *Stigliani.* On sçait que celui-ci étoit un homme présomptueux, qui ne vouloit point souffrir d'égaux, & qui ne reconnoissoit personne qui lui fût superieur en mérite & en capacité. Ils avoient eu ensemble quelques pa-

roles à l'occafion d'une difpute lit-
teraire. *Davila* choqué, l'ayant rencontré le neuf du mois d'Août, lui
demanda fatisfaction de ce qu'il avoit
dit de lui, & ils mirent l'épée à la
main en préfence de *Flavio Que-
renghi*, & de deux amis communs,
qui tâcherent envain de les féparer.
Davila bleffa d'abord fon ennemi
au bras droit, & lui enfonça enfuite
fon épée fous la mamelle droite avec
tant de force, qu'elle lui paffa au
travers du corps, & lui fortit au
deffous de l'épaule du même côté.
Après ce coup *Davila* fans fonger
à emporter fon épée qu'il laiffa dans
la playe, fe retira avec une bleffure à la jambe gauche, qui le faifoit
boiter. Telles furent les fuites de
cette querelle, dont la mémoire ne
s'eft confervée que dans une Lettre
de *Stigliani* au Duc *Odoard Farnefe*,
qui étoit alors à *Plaifance* & qui eft
datée du 24 du même mois; temps
auquel il n'étoit pas encore guéri de
fa bleffure. On y voit que ce Duc
avoit auffi reçu une Lettre de *Davila*; mais nous n'avons point cette
derniere, qui nous mettroit peut-

être mieux au fait du sujet de la querelle & nous feroit connoître à qui on doit donner le tort.

Le Duc interposa son autorité pour assoupir cette affaire, dont on ignore la fin. On voit seulement par une autre Lettre de *Stigliani* à *Cintio Aldobrandini*, Cardinal de *S. George*, daté de *Naples* le 7 Octobre suivant, que cette querelle l'avoit obligé de sortir de l'Etat de Parme. Mais il est à présumer que le Duc lui rendit ses bonnes graces, puisque *Stigliani* écrivit de *Plaisance*, le 2. Decembre de la même année aux Académiciens *Innominati*, pour les remercier de l'honneur qu'ils lui avoient fait de le choisir pour leur Prince, à la place de *Pomponio Torelli*.

Davila sorti de *Parme*, se retira à *Venise* la même année 1606. dans le temps qu'à l'occasion des differends de la Republique avec le Pape *Paul V.* on y levoit des troupes. Rempli de zele pour sa patrie, il s'offrit de lever trois cens hommes d'infanterie, & ses offres furent acceptées en plein Senat ; on lui assigna pour cela par année

année trois cens ducats, qui furent **H. C.**
augmentées à differentes reprifes juf- **DAVILA.**
qu'à neuf cens.

Tout le refte de fa vie fut depuis
employé au fervice de la République. Il fut pendant quelque temps
Gouverneur à *Retimo* dans le Royaume de Candie. Rappellé en Italie, à
caufe des Guerres de *Frioul*, il fut
chargé de défendre les confins de
Cadore, de *Feltre*, & de *Belluno*,
contre les attaques des troupes Al-
lemandes; & il s'acquitta fi bien de
cette Charge, que le Senat de *Venife*
lui accorda une penfion de cent
cinquante ducats, dont fes deux fils
devoient jouir après fa mort.

Ces guerres étant terminées, on
l'envoya en qualité de Gouverneur
à *Cataro* en Dalmatie, pour défendre cette ville contre les attaques
des Turcs qui la menaçoient auffi
bien que la Dalmatie, dont elle eft
la clef. Il ne quitta ce Gouvernement que pour paffer à d'autres en
Lombardie & il les remplit tous au
gré de la Republique de *Venife*,
qui pour l'en récompenfer fit en-
1622. un décret, par lequel elle or-

H· C· donna que quand il se trouveroit au
DAVILA. Senat, il seroit placé auprès du Do-
ge, comme l'avoient été ses Ancê-
tres, lorsqu'ils étoient Connétables
du Royaume de *Chypre*.

Il retourna depuis en Dalmatie, où
il fut Gouverneur de *Zara*. De retour en Italie il eut divers Gouver-
nemens en Terre ferme, & principalement celui de *Brescia*. *Louis
Giorgio*, General des troupes Veni-
tiennes dans ce pays, lui ayant ordonné de se transporter à *Creme*, pour
défendre cette place & y comman-
der les Milices, il se mit en chemin
pour s'y rendre. En passant au Bourg
de *S. Michel*, dans la campagne de
Verone, il s'y arrêta avec toute sa famille. On avoit donné par tout des
ordres pour lui fournir les charettes
nécessaires pour transporter son ba-
gage, mais un brutal refusant d'o-
beir à ces ordres, s'emporta contre
lui, & lui tira même un coup de
pistolet, qui l'étendit mort sur la
place, dans la chambre où il étoit,
en presence de sa femme & de ses
enfans. D'autres scelerats qui l'ac-
compagnoient ayant tiré aussi, bles-

ferent quelques autres perfonnes , & tuerent le Chapelain de *Davila*. Le brutal , qui avoit tué *Davila* , porta bientôt la peine de fon crime ; car étant rentré dans la chambre quelque temps après pour voir s'il étoit mort , *Jean Antoine Davila* fils aîné d'*Henri Catherin* , lui tira un coup de piftolet dont il le tua. Ses complices furent auffitôt arrêtés & conduits à *Verone* , où ils furent pendus , & expofés enfuite dans la Campagne de *S. Michel.*

Davila fut enterré dans l'Eglife de la *Madonna di Campagna* dans le Bourg de *S. Michel* fans aucune infcription à fa louange. Il étoit alors dans fa 55e année.

On ignore le jour & le mois de fa mort , mais elle a dû arriver devant le mois de Juillet de l'an 1631. quoique quelques Auteurs la reculent à l'année fuivante. *Cafferri* s'eft trompé confidérablement dans fon *Synthema vetuftatis* , lorfqu'il l'a mife en 1610.

La Republique de *Venife* fut touchée de fa perte , & pour récompenfer fes fervices, accorda une pen-

sion à sa veuve, qui étoit chargée
de neuf enfans, quatre garçons &
cinq filles.

Il s'étoit marié depuis son retour
en Italie, & avoit épousé *Orsola*,
ou *Orsetta degli Ascussi*.

Les differens emplois de *Davila*
ne l'avoient point empêché de cultiver toujours les Lettres, & de travailler à ses momens de loisir à son
Histoire des troubles de France, pour
laquelle il avoit amassé beaucoup de
mémoires pendant son séjour en ce
Royaume. Il eut le plaisir d'achever
cet Ouvrage, & la satisfaction de le
voir imprimé quelques mois avant
sa mort. C'est le seul que nous
ayons de lui, & il en faut parler
maintenaut.

*Historia delle Guerre civili di Fran-
cia di Henrico Caterino Davila, nella
quale si contengono le operationi di quat-
tro Re, Francesco II. Carlo IX. Henrico
III. & Henrico IV. cognomento il
grande. In Venetia, Tommaso Baglioni.*
1630. *in*-4°. L'Epître dédicatoire,
que *Davila* mit à cette premiere édition, est datée de *Brescia* le 11 Fevrier
166 . & adressée aui Senateur. *Mo-*

H. C.
DAVILA.

lino. Cette édition est remplie de fautes d'impression, de même que plusieurs des suivantes. It. *2a. Impressione corretta. In Venetia 1634. in 4o.* It. *Ibid.* 1638. *in 4o.* It. *In Lione* 1641. *in-4o.* C'est la premiere qui se soit faite hors de l'Italie It. *In Venetia* 1642. *in-4o.* It. *In Parigi nella stamperia Reale.* 1644. *in-fol.* Deux volumes. C'est la plus belle & la plus correcte que l'on ait de cette histoire. It (*in Roano.*) 1646 *in-fol.* It. *In Venetia* 1662. 1670. 1676. *in 4o.* It. *Aggiuntcvi in questa editione oltre alle Memorie della vita dell Autore, e della sua casa, le Annotationi di Giovanni Balduino nel Margine, e alcune Offervazioni critiche d'un Anonimo nel fine. In Venetia* 1733. *in fol.* Deux volumes. Cette derniere édition est magnifique. *Apostolo Zeno* a mis à la tête des Mémoires très curieux sur la famille & la vie de *Davila*; pour les observations annoncées dans le titre, on les a omises, par ce que ce qu'il y a de principal se trouve dans les annotations marginales de *Baudoin*, comme on les marque à la fin dans un avertissement. Il s'est fait quel-

H. C.
DAVILA.

ques autres éditions de l'Histoire de *Davila* ; mais il y a certainement beaucoup d'exageration dans ce que *Papadoli* dit qu'elle a été imprimée deux cent fois. Il est aussi difficile de se persuader de la verité de ce que le même Auteur avance, que *Davila* ayant offert son Histoire à plusieurs Libraires de *Venise*, ils la rejetterent tous, & qu'il ne s'en trouva qu'un, qui n'ayant point ses presses occupées, se chargea de l'imprimer, à condition cependant qu'il la laisseroit là, s'il lui venoit quelque chose qui lui parût de meilleur défaite ; mais que l'Histoire ayant été imprimée, elle fut si bien reçue, & si recherchée, que toute l'édition fut vendue en une semaine, qu'on fut obligé d'en faire deux autres consecutivement, & qu'il s'en vendit jusqu'à quinze mille exemplaires en une année. Ce qui donne lieu de croire, que ces trois éditions faites en une seule année, & tout le récit qui les accompagne, n'ont rien de réel, c'est que dans tous les exemplaires de l'année 1630. on trouve à la fin un long *Errata*, qui est le même en tous;

or il n'eſt pas probable , qu'on eût H. C.
laiſſé par-tout les mêmes fautes , ſi DAVILA.
on eût fait deux nouvelles éditions
depuis la prémiere , & qu'on n'en
eût corrigé aucune.

Jean Baudoin a traduit en François l'Hiſtoire de *Davila* , & l'a publiée ſous ce titre : *Hiſtoire des Guerres Civiles de France , contenant tout
ce qui s'eſt paſſé de plus mémorable ſous
le Regne de quatre Rois , François II.
Charles IX. Henri III. & Henri IV.
ſurnommé le Grand , juſqu'à la paix
de Vervins incluſivement* ; *écrite en Italien par H. C. Davila , & miſe en
François par J. Baudoin. Paris.* 1642.
in-fol. Avec des ſommaires & des remarques aux marges. Deux tomes.
C'eſt la premiere édition de cette
traduction , qui a été ſuivie par quelques autres , comme on le peut voir
dans l'Article de *Baudoin* tom. 12.
de ces Mémoires p. 214.

Baſile Varen de Soto , Provincial des
Clercs Reguliers Mineurs de la Province d'Eſpagne , en a fait une traduction Eſpagnole , & y a ajoûté une
continuation depuis l'an 1598. où
finit *Davila* juſqu'en 1630. en cinq

livres. Le tout a été imprimé pour la
premiere fois à Madrid en 1551. *in-
fol.* & pour la seconde en 1659. Dans
la même ville & en la même forme.
Ces deux éditions ont été effacées par
une troisiéme plus belle, qui a paru
à *Anvers* en 1686. *in fol.* avec plusieurs figures.

On en a aussi deux traductions
Angloises. L'une est de *Guillaume
Aylesbury*, & a été imprimée à *Londres* en 1647. *in-fol.* mais elle n'est
pas entiere & finit à l'année 1572.
l'autre, qui est complette, est de
Charles Cotterel, & a paru à *Londres*
en 1666. *in-fol.*

Davila est un de nos meilleurs
Historiens. Il a même attrapé la maniere d'écrire l'histoire. Ses harangues
& autres discours inserés dans son ouvrage sont de son invention, & il les
a accommodés avec ses sentimens.
On l'accuse d'avoir voulu pénetrer
trop avant dans le cœur des Princes.
Il se montre fort reconnoissant des
bienfaits qu'il avoit reçu de *Catherine de Medicis*, dont il prend toujours
le parti. Il n'est pas toujours exact
sur la Geographie, les noms propres

&

& les rangs de ceux dont il parle ; ce qui est assez pardonnable à un étranger comme lui. *Baudoin* a corrigé ces sortes de défauts dans sa traduction. Pour suppléer aux connoissances qui lui manquoient, il a tiré plusieurs choses de l'Histoire de M. *de Thou*, & de quelques autres Historiens qu'il a ajustées à sa mode. Au reste son Histoire est écrite en beau langage, & avec beaucoup de netteté, d'ordre & d'éxactitude.

Il en a paru une espece de critique sous le titre de *Remarques sur l'Histoire de Davila*, à la suite des *Memoires de M. de Beauvais-Nangis*, ou *l'Histoire des Favoris François. Paris. 1665. in-12. p. 123.* Cette critique, qui est juste, n'ôte rien au merite de l'Histoire de *Davila*, & fait seulement connoître que les Auteurs les plus exacts ne sont pas toujours exempts de fautes.

On trouve cinq de ses Lettres à *Aloysio Lollini* dans le Recueil des *Epistolæ Miscellaneæ* de cet Evêque, imprimées à *Belluno*, en 1643. *in-4o.* aux pages 45. 119. 122. 126. 147. Ces Lettres sont Latines ; mais la lati-

Tome XXXIX. N

H. C.
DAVILA.

nité de *Davila* est dure & obscure.
L'Auteur de sa vie cite une de ses
Lettres , qui se trouve à la p. 347.
des *Discorsi Morali di Flavio Que-*
renghi. Je ne sçai ce que c'est.

V. *Sa vie par Apostolo Zeno à la
tête de la derniere édition de son Histoi-*
re. Elle est pleine de recherches curieuses & singulieres ; l'Auteur est le
premier qui nous ait instruit des particularités de la vie de *Davila* ; tout
ce qu'on en avoit dit jusques là n'é-
tant qu'une suite de fautes & d'erreurs. *Joannis Imperialis Musæum*
Historicum. p. 197. *Bullart , l'Aca-*
demie des Sciences , tom. 1. p. 183.
Sa vie par Baudoin à la tête de sa tra-
duction Françoise , & par Basile Varen
de Soto devant la traduction Espagnole.
Tous ces Auteurs qui ont copié
Imperiali , ne méritent aussi considération.

CHARLES SCHAAF.

CHarles *Schaaf* naquit à *Nuys*,
ville de l'Electorat de *Cologne*
le 28. Août 1646. d'*Henri Schaaf*,
Major dans les troupes du Landgrave de *Hesse-Cassel*.

La perte qu'il fit de son pere,
lorsqu'il n'avoit pas encore atteint sa
huitiéme année, ne l'empêcha pas
de s'attacher fortement à l'étude, &
d'y faire des progrès peu communs
pour son âge.

Il se rendit de bonne heure à l'A-
cadémie de *Duisbourg*, où il s'appliqua à la Philosophie, aux Belles-Lettres, aux langues Orientales, dans
lesquelles il eut pour Maître *Pierre
van Mastricht*, & à la Théologie.

Ayant achevé ses études, il se des-
tinoit à l'état Ecclésiastique: mais
l'Electeur de Brandebourg *Frederic-
Guillaume*, sur la demande que lui en
firent les Etudians en Théologie,
l'établit en 1677. Professeur en langues Orientales à *Duisbourg*.

Il y remplit cette place jusqu'en
N ij

1679. qu'il fut appellé à *Leyde* pour un poste semblable ; les Curateurs de cette derniere Université furent si contens de lui, qu'ils augmenterent ses gages à differentes reprises, & lui ôterent par là l'envie d'accepter un emploi ailleurs.

Ainsi il demeura dans cette ville jusqu'à la fin de sa vie, & il y mourut le 4. Novembre 1729. d'une attaque d'appoplexie, qui le prit en sortant de son cabinet. Il étoit alors âgé de 83 ans.

Il s'étoit marié pour la premiere fois en 1693. & sa femme étant morte, il en prit une seconde. Il a eu quelques enfans de ces deux mariages, entr'autres *Jean-Henri Schaaf* né en 1701. qui a cultivé à son exemple les Langues Orientales.

Il ne s'est pas moins distingué par la douceur & la regularité de ses mœurs, que par son érudition. Le désir qu'il avoit d'être utile le rendit infatigable. Il faisoit quelquefois jusqu'à sept leçons differentes par jour. Il a prêché outre cela diverses fois à *Leyde*, à *Amsterdam*, & ailleurs avec une approbation generale.

Catalogue de fes Ouvrages   C.

1°. *Opus Aramæum complectens* SCHAAF,
Grammaticam Chaldaicam & Syriacam. Lugd. Bat. 1686. *in-*8°. L'Auteur y a fait entrer quelques endroits
choifis du Chaldéen de l'Ancien Teftament, & de la verfion Syriaque du
Nouveau.

2. *Novum D. N. J. C. Teftamentum Syriacum, cum verfione Latina. Cura & ftudio Joannis Leufden & Caroli Schaaf editum. Lugd. Bat.* 1708.
in-4°. La verfion latine qu'on voit
ici, eft celle de *Tremellius* retouchée.
Leufden & Schaaf ont travaillé conjointement à cette édition, mais le
premier étant mort, lorfqu'ils en
étoient au 20. verfet du 15. Chapitre
de l'Evangile de *S. Luc*, *Schaaf* fut
chargé feul de l'ouvrage.

3. *Lexicon Syriacum Concordantiale.
Lugd. Bat.* 1708. *in*-4°. A la fuite de
l'édition du nouveau Teftament Syriaque.

4. En 1711. *Schaaf* fut prié de la
part des Curateurs de l'Academie de
Leyde, de faire un catalogue des livres Hebreux, Chaldéens, Syriaques
& Samaritains, de même que des
N iij

C.
Schaaf.

écrits des Rabbins, tant imprimés que manuscrits qui se trouvoient dans la Bibliothéque de cette Academie. Il s'acquitta de cette commission dans l'espace de trois mois, d'une maniere qui répondit à l'attente des Curateurs. Ce catalogue est joint à celui de la Bibliothéque publique de *Leyde* imprimé *in-fol.* en 1711.

5. *Epitome Grammaticæ Hebraicæ.* *Lugd. Bat.* 1716. *in-8o.*

6. Une Lettre Syriaque de l'Evêque *Mar Thomas*, écrite du Malabar au Patriarche d'*Antioche*, & traduite en Latin par *Schaaf.* Avec une Lettre Syriaque de ce dernier à *Mar Thomas*, suivie d'une Relation historique ; le tout imprimé en 1714. *in-4o.*

7. *Sermo Academicus de Linguarum Orientalium scientia, suo modo cuivis Christiano, præcipue autem Theologo intelligenda ; dictus 27. Maii 1720, quum Linguarum Orientalium Professionem in Academia Lugduno-Batava auspicaretur. Lugd. Bat.* 1720. *in-4o.* Il n'avoit apparemment enseigné jusques là qu'en particulier.

des Hommes Illustres 151
V. *Son éloge dans la Bibliotheque
Germanique.* tom. 22. p. 98.

JEAN PREVOST.

Ean Prevôt naquit à *Dilsperg* dans
le Diocèse de *Basle* le 4. Juillet
1585. de *Theobald Prevôt.*

Après avoir appris dans sa patrie
les premiers élemens de la langue
Latine, il alla à *Dole* continuer ses
études dans le College des Jesuites.

Ses Humanités finies, il retourna
en Allemagne, & employa trois
années à la Philosophie d'abord à
Molshem, & ensuite à *Dilingen*, &
il reçut dans cette derniere ville le
degré de Maître ès arts le 3 Juillet
1603.

Il avoit la conception aisée, & une
grande facilité de parler; ces heureuses dispositions lui procurerent un
Protecteur en la personne du Prince *Leopold*, Archiduc d'Autriche,
Evêque de *Strasbourg*, qui l'envoya
en Espagne pour y faire sa Théologie.

Il partit le 29. Avril 1604. pour

J. PRE-
VÔT.

N iiij

aller s'embarquer à *Gennes* , & visita en chemin faisant quelques villes
d'Italie. Etant à *Padoue* , il y fut surpris par les grosses chaleurs , qui le
dégoûterent du voyage qu'il devoit
faire , & il resolut de passer tout l'été
dans cette ville. Pendant le séjour
qu'il y fit , il fréquenta , pour s'occuper , les Ecoles de l'Université.

Les leçons d'*Hercule Saxonia* , fameux Medecin de ce tems, qu'il écou-
ta plusieurs fois, lui inspirerent du
goût pour la Medecine , & les écrits
de *Fernel* , qu'il lut avec avidité , le
déterminerent à abandonner le dessein qu'il avoit de se donner à la
Théologie , pour se tourner du côté
de la Medecine.

Un obstacle s'opposoit cependant
à ce nouveau dessein ; c'étoit la diset-
te où il se trouvoit, ayant alors dé-
pensé ce qu'il avoit reçu de l'Evêque
de *Strasbourg*. Mais on le surmonta ;
on lui procura une place de Précepteur dans une bonne maison , & on
le mit ainsi en état d'étudier sans
aucune inquiétude pour les besoins
de la vie. Un Seigneur de *Padoue* ,
nommé *Alexandre Vigontia* , le prit

depuis auprès de lui pour le diriger
dans ses études.

Avec ces secours *Prevôt* s'appliqua
avec ardeur à la Medecine sous *Hercule Saxonia*, *Eustache Rudius*, *Thomas Minadous*, & *Jerôme Fabrice*.
Ce dernier conçut tant d'estime pour
lui, qu'il ordonna en mourant qu'on
lui remettroit ses écrits pour les donner au Public ; mais l'avarice de ses
héritiers, qui voulurent profiter de
la somme qu'il leur avoit laissée pour
cela, empêcha que sa derniere volonté n'eût son exécution.

Prevôt se donna aussi à la Philosophie sous *Cesar Cremonin*, & apprit les Mathematiques par les soins
de *Galilée*, & de *Jean Antoine
Magin*.

Il reçut le degré de Docteur en
Medecine le 8 Mars 1607. & se donna ensuite à la pratique avec beaucoup de succès. Il se vit bientôt recherché par plusieurs personnes de
considération, & la nation Allemande, résidente à *Padoue*, le choisit le
13. Août 1612. pour son Medecin,
à la place d'*Adrien Spigelius*, qui avoit
été appellé en Moravie.

Il fut nommé le 29. Mars de l'année suivante 1613. premier Professeur du troisiéme livre d'*Avicenne*
avec 60 florins seulement de gages
Il passa le 14. Janvier 1616. à la
seconde chaire de Professeur extraordinaire en Medecine Pratique, & on
lui assigna 200 florins de gages.
Prosper Alpini étant mort l'année
suivante 1617. *Prevôt* fut chargé à sa
Place de la démonstration des Plan-
tes, & l'on ajoûta pour cela 60 florins à ses appointemens. Il s'acquitta
de cette fonction pendant quatorze
ans, c'est à-dire, jusqu'à sa mort.

Il monta le 6. May 1620. à la premiere chaire de Professeur extraordinaire en Medecine Pratique, avec
250 florins de gages, qui furent
augmentés dans la suite jusqu'à 600.

Quelque tems avant sa mort, on
lui offrit à *Boulogne* une chaire avec
douze cens écus d'appointemens;
mais son attachement pour l'Université de *Padoue* & son désinteresse-
ment la lui firent refuser.

La peste ayant attaqué la ville de
Padoue en 1631. il se retira le 20.
Juillet avec sa famille à une maison

de campagne, pour éviter le mal.
Mais la douleur que lui causa la mort
de quatre de ses enfans, lui procura en ce lieu une fiévre violente dont
il mourut le 3e Août de la même
année 1631. âgé de 46 ans.

J. PRE-
VÔT.

Il fut enterré dans l'Eglife de *S.
Antoine*, & la Nation Allemande lui
fit trois ans après mettre cette infcription dans l'Ecole de Medecine.

*Joanni Prevotio, Rauraco, Philo-
fopho ac Medico infigni, Pratica ex-
traordinaria Profeffori primario, civi
& doctori defideratiffimo, natio Ger-
mana Artiftarum pofuit anno* 1634.

Il avoit été marié deux fois Il
époufa d'abord *Madeleine Nicole Va-
felin*, petite fille d'un riche Négo-
ciant, dont il eut deux garçons &
quatre filles. Cette femme étant morte, il époufa en fecondes nôces *Elizabeth Miani*, qui lui donna un gar-
çon & une fille.

Catalogue de fes Ouvrages.

1. *De Remediorum, cum fimpli-
cium, tùm compofitorum materia. Venetiis* 1611. *in* 12.

2. *De Lithotomia, feu calculi vefi-
ca fectione, confultatio.* Avec *Gregorii*

J. Pre-
vôt.

Horstii observationum medicinalium singularium libri quatuor posteriores. Ulmæ, 1628 *in*-40· It. Avec *Johannis Beverovicii de Calculo liber. Lugd. Bat.* 1638. *in*-12.

3. *Medicina Pauperum, mira serie continens remedia ad ægrotos cujuscumque generis persanandos aptissima, facile parabilia, extemporanea, & nullius & perexegui sumptus. Huic adjungitur ejusdem Autoris libellus aureus de Venenis & eorum Alexipharmacis. Francofurti* 1641. *in*-12- It. *Accessit de medicamentorum materia tractatus. Lugd.* 1644. *in*-12. It. *Paris.* 1654. *in*-24. It. *Lugd.* 1660. *in*-12.

4. *De compositione medicamentorum libellus. Rintelii* 1649. *in*-80. It. *Francofurti* 1656. *in*-12. It. *Amstelodami* 1665. *in*-12. It. *Patavii* 1660. *in*-12.

5. *Opera medica Posthuma. Francofurti* 1651. *in*-12. It. *Accessit libellus de compositione medicamentorum. Ibid.* 1656. *in*-12. Les ouvrages contenus dans ce petit Recueil, sont les suivans : *Tractatus de remediorum, cùm simplicium, tùm compositorum ma-*

teria. Medicina Pauperum , sive de Re- J. Pre-
mediis facile parabilibus. De venenis & vôt.
Alexipharmacis. De signis. On y a
joint *Joannis Stephani , Medici Ve-*
neti , Cosmetice.

6. *Semeiotice , sive de signis Medi-*
cis , Enchiridion. Accessit de compo-
nendorum medicaminum ratione, necnon
de mensuris & ponderibus Medicis
syntagma. Venetiis 1654. *in-*24.

7. *Selectiora remedia , multiplici usu*
comprobata , quæ inter secreta Medica
jure recenseas. Francofurti. 1659. *in·*12.
It. sous cet autre titre : *Hortulus Me-*
dicus , selectioribus Remediis , ccu flo-
ribus versicoloribus refertus. Patavii.
1666. *in·*12.

8. *De urinis Tractatus posthumus.*
Patavii. 1667. *in-*12.

9. *De morbosis uteri passionibusTrac-*
tatio. Patavii 1669. *in-*8°.

10. *Consilia Medica.* Avec *Georgii*
Hieronymi curationum Exoticarum
Chiliades II. & Consiliorum Medici-
nalium Centuria IV.Ulmæ 1676. *in-*40.

V. *Jacobi Philippi Tomasini Elogia.*
tom. 2. *p.* 224. Il y a quelques fauffes dates qu'il faut corriger par son

CHARLES DE BOUELLES

C. DE
BOUELLES.
Charles de Bouelles, en latin *Bovillus*, mal appellé *Boville* par quelques Auteurs, naquit à *Sancourt* près de *Ham* dans le Vermandois, de la noble famille des *Bouelles*, connue dans le Pays.

Il vint dans sa jeunesse étudier à *Paris*, mais il nous apprend dans l'Epître dédicatoite de son *Geometricum opus*, qu'il y demeura deux ans sans y faire presque rien, jusqu'à ce qu'il sortit de sa léthargie par l'étude de la Geometrie & des Mathematiques, à laquelle il se donna avec une grande application & un goût particulier. Il y eut pour Maître *Jacques le Fevre d'Estaples*, avec lequel il fut toujours lié depuis par une étroite amitié, & s'y rendit habile pour son temps. Il acquit même bientôt de la réputation par là, & dès l'an 1507. *Symphorien Champier* fit mention de lui, comme d'un homme qui s'appliquoit avec

succès aux Mathematiques , dans son
traité *de Gallia viris illustribus.*

Bouelles étoit cette année là à *Rome*,
comme on le voit dans l'Epître dédicatoire de ses *Quæstiones Theologicæ.*
Il visita alors les principales Villes de
l'Italie , pour s'y perfectionner dans
ses connoissances par le commerce des
sçavans de ce Pays. Il voyagea aussi vers
le même temps en *Espagne* , & y acquit la connoissance du *Cardinal Xi-
menes* , dont on a une lettre datée du
16. Novembre 1509. qui lui est
adressée.

Une Lettre de *Bouelles* à *Germain
de Ganay* , Evêque de *Cahors* , &
depuis d'*Orleans*, nous apprend qu'il
étoit en Allemagne en 1505. qu'il y
eut une conference avec *Tritheme* &
qu'il prit cet Abbé pour un magicien,
& sa *Steganographie* pour un livre de
Negromance : simplicité dont *Jacques Gohorri* & d'autres ont eu raison
de se mocquer.

Il fut depuis Chanoine de *Noyon*
& de *S. Quentin* , & Professeur en
Theologie dans la premiere de ces
villes. *Charles de Hangest de Genlis* ,
Evêque de *Noyon* , lui témoigna tou-

C. DE
BOUELLES.
jours beaucoup d'affection ; & plusieurs de ses Ouvrages sont datés
de la Maison de campagne, que ce
Prelat avoit à *Carlepont*. Cet Evêque étant mort le 30 Janvier 1528.
Jean de Hangest, son neveu, qui lui
succeda, eut pour *Bouelles* autant d'affection que son oncle, & lui en donna des marques dans toutes les occasions.

Il disoit rarement la Messe, mais
il l'entendoit toujours avec beaucoup
de devotion. Il fonda même en l'E-
glise de *Noyon* la Messe de *Sainte
Barbe* en double au 4. Decembre,
& l'Annuel de la sainte Trinité au
17. May *pour quelque faux pas qu'il
avoit fait en ses écrits, dit le Vasseur,
en traitant de ce Mystere, par inadvertance.*

En 1553. l'Empereur *Charles quint*
supportant impatiemment la honte
qu'il avoit reçue au Siége de *Metz*,
qu'il avoit été obligé de lever, fit
assieger *Terouanne*, qui fut emportée
d'assaut le 10 Juin de cette année,
& rasée, comme *Bouelles* l'avoit pré-
dit quarante jours auparavant. Cette
particularité rapportée par *le Vasseur*,
&

C. DE
BOUELLES

& la date des derniers ouvrages de *Bouelles*, font voir que tous les Auteurs ont trop avancé le temps de sa mort, que personne n'a pû fixer au juste, mais que l'on a toujours placée beaucoup avant ce temps.

Depuis cette année 1553. on n'entend plus parler de lui; ce qui fait croîre qu'il ne l'a pas passée de beaucoup, d'autant plus qu'il devoit avoir alors au moins 75 ans, puisqu'il étoit disciple de Jacques le Fevre dès l'an 1495.

Il fut enterré dans la Chartreuse de *St Louis*, ou du *Mont-Regnaud lès Noyon*, dont il avoit toujours aimé particulierement les Religieux.

Catalogue de ses Ouvrages.

1. *Geometricæ introductionis libri sex*, *breviusculis annotationibus explanati*, *quibus annectuntur libelli de circuli quadratura*, *& de cubicatione Spheræ*, *& introductio in Perspectivam*. Ces ouvrages de *Bouelles* se trouvent dans un Recueil intitulé: *Arithmetica Severini Boetii in compendium redacta*, *sive introductio in Arithmeticam speculativam Boetii ; cum Iudoci Clichtovei Commentario*, *& Astro-*

C. DI *nomico libro Jacobi Fabri Stapulensis,*
BOUELLES *& quibusdam Caroli Bovilli lucubra-*
tionibus. Paris. *Henricus Stephanus*
1503. *in-fol. Tritheme,* le *Vasseur,*
Hemerez, & d'autres Auteurs, qui
ont parlé de lui, lui ont donné la
gloire d'avoir le premier trouvé la
quadrature du cercle dans le petit
ouvrage qu'on voit ici sur cette matiere; mais c'est une fausse gloire,
puisqu'il n'y a pas mieux réussi que
tant d'autres qui y ont travaillé depuis. L'*Introductio in Perspectivam* a
été inserée avec *Epitome rerum Geo-*
metricarum ex Geometrico introducto-
rio Car. Bovilli per JoannemCasarium,
dans l'Appendix de la *Marguarita*
Philosophica. Basileæ 1535 *in* 4°.

2· *Liber de intellectu. Liber de*
sensu. Liber de Nihilo. Ars oppositorum.
Liber de generatione. Liber de sapiente.
Liber de duodecim numeris. Epistolæ
complures semper mathematicum opus
quadripartitum de numeris perfectis, de
mathematicis Rosis, de Geometricis cor-
ppribus deGeometricis supplementis. Paris. *Henric. Stepbanus.* 1610. *in-fol.*
Feuill 196. Il faut dire quelque chofffede quelques-uns de ces ouvrages.

Dans le livre *de sensu* il met Feuil.
25. & 48. le soleil au centre du monde, & veut feuil. 41. que le monde
soit un veritable animal, dont le soleil & les Planettes sont les sens, &
les étoilles l'imagination. Le livre *de
Nihilo* a été réimprimé avec un traité de *Martin Schoockius* & un Poëme
de *Jean Passerat* sur le même sujet,
à *Groningue* 1661. in-8o. Mais on y
a omis l'*Hecatodia*, ou les cent vers,
divisés en 50 distiques, que *Bouelles*
avoit faits sur le même sujet, & avoit
mis à la suite de son livre dans le
Recueil dont il s'agit. Le traité *de numeris* fait connoître que l'Auteur
donnoit dans les idées des Pythagori-
ciens sur les nombres; il s'y donne
bien de la peine pour prouver que
le nombre de six est celui des Hommes & celui de sept le nombre de
Dieu. Les Lettres sont au nombre
de 20 tant de *Bouelles*, que de ses
amis. La troisiéme traite de la Steganographie de *Tritheme*, qu'il y traite
de magicien. *Maittaire* l'a inserée
pour sa singularité dans le deuxiéme
tome de ses *Annales Typographici.* p.
210. Il s'agit dans la 12e d'un Her-

O ij

C. DE mite Suisse, qui a vécu à ce qu'on
Bguelles prétend, 22 ans sans manger. *Wol-*
fius l'a inférée dans le 2ᵉ. tome de
ses *Lectiones memorabiles* p. 19.

3. *Physicorum elementorum libri de-*
cem. Parif. Afcenfius 1512. *in-4o.*
Feuill. 79. Il marque dans l'Epître
dédicatoire, qu'il avoit fait long-
temps auparavant fept livres *de Phy-*
ficis elementis ; mais que fon voyage
d'Efpagne & d'Italie l'avoit empêché de les faire imprimer.

4. *Quaſtionum Theologicarum libri*
feptem, centenas, atque ita in univer-
fum feptingentas quaſtiones & earum
folutiones complectentes. 1º. *de Deo.*
2º. *de creatione Angelorum.* 3º. *de*
creatione materiæ & univerſi. 4º. *de*
voluptatis paradifo & exilio proto plaſ-
torum. 5º. *de diluvio, regnis mun-*
di & humanæ mentis habitibus. 6º. *de*
veteri teſtamento ab Abraham ad Chriſ-
tum & Hebræorum ſtatu. 7º. *de Ver-*
bi Incarnatione, Chriſti in terris con-
verſatione, & utriuſque teſtamenti con-
cordia. Dialogi de Trinitate duo. De
divinis Prædicamentis liber unus. In
ædibus Afcenſianis 1513. *in-fol.* Feuil.
80. *Bouelles* a compofé tous ces ou-

vrages à *Carlepont.* l'an 1512.

5. *Commentarius in primordiale Evangelium divi Joannis. Vita Remundi Eremitæ. Philosophicæ & Historicæ aliquot Epistolæ. Hæc de novo castigatius impressa sunt cum non nullis additionibus & Epistolis pluribus. In ædibus Ascensianis.* 1514. *in-*4° Feuill. 90. Je ne scais point la date de la premiere édition, qui n'est peut-être point differente de celle-ci. A la fin du commentaire sur le 1. chapitre de S. Jean, on lit ces mots : *Editus Ambianis in ædibus Francisci de Halevin ejusdem loci Pontificis an.* 1511. Les Lettres qui sont au nombre de 43. sont de 1510. & des quatre années suivantes, & roulent sur des matieres philosophiques peu importantes. La vie de *Raimond Lulle*, qui est au feuillet 34. est curieuse.

6. *L'art & science de Geometrie, avec les figures sur chacune regle, par lesquelles on peut facilement comprendre ladite science. Paris, Henri Etienne* 1514. *in-*4°. It. sous cet autre titre: *Geometrie pratique composée par le noble Philosophe* Me. *Charles de Bouelles, & nouvellement par lui revûe*, aug

C. DE mentée, & grandement enrichie. *Paris.*
BOUEELES 1547. *in-4°.* Feuill. 70. It. *Paris.*
Regnaud Chaudiere 1551. *in-4°.* It.
Ibid. 1608. *in-8°.* La dédicace de
l'Auteur est latine, & datée de *Noyon*
en Novembre 1542. Il y dit qu'il
a composé cette Geometrie en François à la sollicitation de ses amis,
mais avec peine, n'ayant point l'u-
sage d'écrire en cette langue. Il ajoûte qu'*Oronce Finé* l'étant venu voir
à *Noyon*, il lui avoit remis son manuscrit, & qu'il s'étoit chargé de
veiller à l'impression.

7. *Theologicarum conclusionum libri
decem; quorum quinque primi necessaria Dei nomina atque prædicata pertrac-
tant, residuis vero quinque divina con-
tingentia nomina trutinantur.* 1. *est de
esse Dei.* 2. *De unitate Dei.* 3. *De ejus
immensitate.* 4. *De divina æternitate.*
5. *De Trinitate.* 6. *De creatione.* 7.
De Incarnatione Verbi 8. *De Passione
ejusdem* 9. *De resurrectione.* 10. *De divino judicio. In ædibus Ascensianis.*
1515. *in-fol.* Feuill. 184. On voit à
la fin que cet ouvrage a été composé à *Carlepont* l'an 1513.

8. *Ætatum mundi septem supputatio*

Paris apud Badium. 1551. *in* 40. C. DE
Feuill. 48. Il composa cet ouvrage BOUELLES
à *S. Quentin* sur la fin de l'année
précedente.

9. *Responsiones ad novem quæsita
Nicolai Paxii, Majoricensis seu Ba-
learici, in arte Lullistarum peritissimi,
apud Badium.* 1521. *in-*40. Feuill.
8. Cette réponse est datée du 18 Novembre 1514.

10. *Divinæ caliginis liber, docens
quonam pacto humana mens hunc mun-
dum sensibilem ac cælestem, imo crea-
turam omnem transiliens, supra se evec-
ta soli Deo contemplationis vi conjun-
gitur & unitur; quo in hac vita bea-
tius haberi potest nihil. Lugduni* 1526.
*in-*80. pp. 71. non chiff. Cet ouvrage est daté du 8 Septembre 1525,

11. *Illuminati sacræ Professoris Caroli Bovilli opus egregium de voto,
libero arbitrio, ac de differentia Ora-
tionis. Paris. Barth. Macæus* 1589.
*in-*80. Feuill. 90. Ce n'est qu'une
ancienne édition renouvellée par un
nouveau titre de l'an 1589. & qui a
dû paroître pour la premiere fois vers
l'an 1529. puisqu'il y a à la tête deux
Epîtres de *Bouelles* qui sont de cette
année.

C. DE
BOUELLIS

12. *De raptu D. Pauli libellus. De Prophetica visione liber. Paris. Simon Colinæus.* 1531. *in-8°.* Feuill. 46. Ces deux ouvrages ont été composés en 1530. L'édition de 1531. a reparu avec ce nouveau titre, à la suite de l'ouvrage précedent : *Illuminati sacre Professoris Car. Bovilli de raptu D. Pauli. Ejusdem de Prophetica visione. Paris. Bart. Macæus* 1589 *in-8°.* Jean *Albert Fabricius* rapporte dans sa *Bibliotheca Mediæ & infimæ Latinitatis*, tom. 1. p. 931. que *Simler* nous apprend que le traité de *Bouelles De Prophetica visione* se vendoit seul à Paris un écu d'or, *nummo aureo.* Je ne sçai comment ce sçavant homme s'est trompé si grossierement. *Simler* parle bien differemment ; *vænit Parisiis*, dir-il, *solido Gallico.*

13. *De laude Jerusalem liber unus. De laude Gentium liber. De concertatione & area peccati liber. De septem vitiis liber. Lugduni. Seb. Gryphius.* 1531. *in-8o.* pp 334. Le premier ouvrage est un commentaire fort ample sur le Pseaume 147. *Lauda Jerusalem Dominum.* Le second en est un autre sur le Pseaume 116. *Laudate Dominum.*

Dominum omnes gentes.

14. *Proverbiorum vulgarium libri tres.* Parif. *Galiot du Pré* 1531. *in*-8o. Feuill. 171. L'Epître dédicatoire de *Boueiles* eſt datée du 16. Fevrier 1527. It. *Paris. Sebaſtien Nyvelle* 1558. *in*-8o. Les Proverbes y ſont en François, mais expliqués par un commentaire latin.

15. *Liber de remediis vitiorum humanorum, & eorum conſiſtentia.* Parif. 1532. *in*-8o. Cet Ouvrage qui eſt diviſé en 58. Chapitres, eſt dédié au Preſident *Pierre Lizet,* par une Epître datée de *Noyon* le 1. Septembre 1531.

16. *Liber de differentia vulgarium linguarum, & Gallici ſermonis varietate. Quæ voces apud Gallos ſint factitiæ & arbitrariæ vel barbaræ, quæ item ab origine Latina manarint. De hallucinatione Gallicanorum nominum.* Parif. *Rob. Stephanus.* 1533. *in*-4o. pp. 107. L'Epître de l'Auteur eſt datée de cette année. *Wolfgang Hunger* a combattu ce Livre en pluſieurs choſes dans celui qu'il a publié ſous ce titre : *In Caroli Bovilli vocum Gallicanarum tabulas notæ. Arguuntur obiter complures ab aliis quoque eruditis*

Tome XXXIX.   P

C- DE *viris perperam expositæ super Gallicis*
BOUELLES *dictionibus etymologiæ. Ejusdem Elen-*
chus alphabeticus prætermissas in tabu-
lis Bovillianis innumeras dictiones Ger-
manicas , quibus hodie passim Gallia
utitur , luculenter exponens. Argento
rati 1583. *in-*8°.

17. *Libellus de constitutione & utili-*
*tate artium humanorum. Paris. in-*40.
Ancienne édition sans date.

18. *De Resurrectione dialogi duo : in-*
terlocutoribus Pharisæo, Saducæo & Phi-
losopho. Paris. 1551. *in-*40. Feuill.
26.

19. *Dialogus de Mundi excidio &*
instauratione ; interloquentibus , sapien-
tia erudiente & ignorantia interrogan-
te. Paris. 1552. *in-*12. Feuill. 26.
Avec quelques Lettres peu importantes à la fin. Ces deux Ouvrages
ont été réimprimés avec un autre
sous le titre suivant.

20. *Dialogi tres de anima immor-*
talitate , de resurrectione , de mundi
excidio & illius instauratione. Lugd-
Seb. Gryph. 1552. *in-*80. pp. 170.
L'Epître est datée de Noyon le 15.
Octobre 1543.

21. *Geometricum opus , seu Geome-*

V. *Les Epitres liminaires de ſes œuvres.
Tritheme, de ſcriptoribus Eccleſaſticis.
Jacques le Vaſſeur, Annales de l'E-
gliſe de Noyon. Claudii Hemerez, Tabella chronologica Decanorum
& Canonicorum Eccleſiæ S. Quentini,
Pariſ. 1633. in-8°. Joannis Alb. Fa-
brici Bibliotheca mediæ & infirmæ Latinitatis. Tom. 1. p. 923.*

JEAN PEARSON.

JEan *Pearſon* naquit vers l'an 1615.
à *Creake.* dans le Comté de *Nor-
folk* en Angleterre.

Il fit ſes premieres études dans
l'école d'*Eaton* & fut reçu enſuite
en 1631. dans le College du Roy
à *Cambridge.*

Après y avoir pris le degré de Maî-
tre-ès-Arts, il devint ſucceſſivement
Chapelain du Lord *Georges Goring* à
Exeter, Prebendier de *Saliſbury*, &
Predicateur de *S. Criſtophe* à *Londres.*

Il fut depuis reçu Docteur en
Theologie, & paroiſſoit devoir par-

P ij

venir à quelque chose de plus considerable: mais la mort tragique du Roy *Charles I.* arrivée en 1649. fut un obstacle à son élevation. Comme il étoit bon Royaliste, il demeura sans emploi pendant onze ans, c'est-à-dire, jusqu'au rétablissement du Roy *Charles II.* en 1660.

Il fut fait alors Archidiacre de *Surrey*, ensuite Principal du College de *Jesus à Cambridge*, Prebendier d'*Ely*, Chapelain ordinaire du Roy, & enfin Principal du College de la Trinité à *Cambridge*.

Jean Wilkins, Evêque de *Chester*, étant mort le 19. Novembre 1672. *Pearson* fut nommé pour lui succeder, & sacré le 9. Fevrier de l'année suivante.

Il conserva ce Siege pendant plus de quatorze ans, & mourut vers le milieu du mois de Juillet 1686. dans la 72e année de son âge.

C'étoit un des plus sçavans hommes du parti des Episcopaux d'Angleterre, & il avoit joint à l'étude de l'Histoire Ecclesiastique, qu'il possedoit parfaitement, une grande connoissance des langues & des antiquités payennes.

Catalogue de ses Ouvrages.

1. *Exposition du symbole des Apô-*
tres (en Anglois) *Londres* 1659. *in*
4°. It. 5e. *édition. Ibid.* 1683. *in-fol.*
It. en latin : *Expositio symboli Aposto-*
lici, juxta editionem Anglicanam in La-
tinam linguam translata. Francofurti
ad Viadrum 1691. *in-*4°. Cette traduction est de *Simon-Jean Arnold*,
Inspecteur des Eglises du Bailliage
de *Sonneberg.* Cet ouvrage, qui a été
aussi traduit en Flamand, est estimé,
& a commencé à donner de la réputation à son Auteur.

2o. Il a travaillé avec *Richard Pear-*
son, son frere, *Antoine Scattergood*,
Chanoine de *Lincoln*, & *François*
Gouldman, Recteur *d'Okendon* dans
le Comté *d'Esex* au fameux Recueil,
intitulé : *Critici sacri, sive doctissimo-*
rum virorum in sacra Biblia annota-
tiones & tractatus, & imprimé à *Lon-*
dres en 1660. & 1661. en neuf volumes *in-fol.*

3. *Vetus Testamentum Græcum, cum*
Præfatione (Joannis Pearson.) *Acce-*
dit novum Testamentum Græcum. Can-
tabrigiæ. 1665. *in-*12. 3. vol.

4. *Vindiciæ Epistolarum S. Ignatii.*

P iij

J.
PEARSON

Accesserunt Icaaci Vossii Epistolæ duæ adversus Blondellum. Cantabrigiæ 1672. *in-4°.* It. dans le Recueil intitulé : *SS. Patrum qui temporibus Apostolicis floruerunt , opera. Antuerpiæ 1698. in fol.* tom. 3. p. 236. Le dessein de *Pearson* dans cet ouvrage, est de soutenir la distinction des Evêques , & des Prêtres , que quelques Calvinistes , entr'autres *Jean Daillé*, avoient prétendu combattre , en attaquant la verité des lettres de *S. Ignace* , où cette distinction est nettement exprimée.

5. *Prolegomena in Hieroclem. Londini.* 1673. *in* 8°. Avec les œuvres de ce Philosophe.

6. *Annales Cyprianici* , Dans l'édition de *S. Cyprien* donnée par Jean Fell , Evêque d'*Oxford* , à *Oxford* 1682. *in-fol.* & réimprimée à *Amsterdam* 1700. *in-fol.*

7. *Joh. Pearsonii opera posthuma. Edenda curavit , & dissertationes novis additionibus auxit. H. Dodvvellus. Londini* 1688. *in-4°.* Les ouvrages qu'on trouve ici , sont 1°. *Annales Paulini.* 2°. *Lectiones in Acta Apostolorum* 3°. *De serie & successione*

primorum Romæ Epiſcoporum diſſer-   J.
tationes duæ.   PEARSON

Il eſt à propos de dire ici un mot de *Richard Pearſon*, qui a travaillé avec ſon frere aux critiques d'Angle-terre.

Né à *Creake*, il fit ſes premieres études à *Eaton*, & fut reçu en 1646. au College du Roy à *Cambridge*. Il enſeigna le Droit civil au College de *Gresham*, & fut Garde de la Bibliotheque du Roy d'Angleterre à *S. James*. Il mourut en 1670. dans la Religion Catholique Romaine, à ce qu'on prétend.

V. *Ant. Wood*, *Athenæ Oxonienſes.*

THOMAS STAPLETON.

THomas Stapleton naquit au mois   T. STA-
de Juillet de l'an 1535. à *Hen-*   PLETON.
field, dans le Comté de *Suſſex* en Angleterre, de *Guillaume Stapleton*, Gentilhomme catholique du Pays. Il commença ſes études à *Cantor-bery*, & alla les continuer à *Wincheſ-ter*, dans le College de *Wykeham*, fondé par un Evêque de ce nom.

T. STA-
PLETON.
Il passa ensuite en 1554. à *Oxford*, où il fut reçu dans le College Neuf, fondé par le même Evêque.

Peu de temps avant la mort de la Reine *Marie*, arrivée en 1558, il fut pourvû d'un Canonicat de *Chichester*, étant alors Bachelier ès Arts. Mais il n'en jouit pas long-tems; car la Reine *Elizabeth* étant montée sur le thrône d'Angleterre, & ayant proscrit la Religion Catholique, *Stapleton* fut obligé avec son pere, sa mere, & toute sa famille de sortir de ce Royaume & d'aller chercher une retraite aileurs.

Ils se retirerent à *Louvain* où *Stapleton* s'appliqua avec beaucoup d'ardeur à la Theologie, dans laquelle il fit de grands progrès.

Il vint ensuite à *Paris*, pour s'y perfectionner dans la connoissance des langues saintes, & passa depuis a *Rome* dans un esprit de devotion.

De retour à *Louvain* il commença à travailler à quelques ouvrages pour la défense de la Religion catholique.

Le Roy *Philippe II.* ayant fondé une Université à *Douay* en 1572.

Stapleton se rendit dans cette ville à sollicitation de quelques uns de ses amis, qui vouloient lui procurer de l'emploi.

Il fut d'abord chargé d'enseigner la Theologie dogmatique à *Anchim* près de *Douay*. Quelques tems après il prit les degrès de Bachelier, de Licentié, & de Docteur en Theologie à *Douay*, fut fait Chanoine de l'Eglise de *S. Amé* de cette ville, & y fut nommé Professeur Royal de l'Ecriture sainte.

Les troubles des Pays Bas l'ayant obligé d'abandonner son poste, il se retira à *Rome*, pour y attendre un meilleur temps. Dès que ce temps fut venu, il retourna à *Douay* reprendre ses fonctions.

Dégoûté après cela du monde, il songea à le quitter. Dans cette vûe il resigna son Canonicat, renonça à sa Chaire, & entra à *Douay* chez les Jesuites, qui l'envoyerent au bout de quelque temps à *Louvain*.

Deux ans de séjour dans la Compagnie lui firent connoître que cette vie ne convenoit point à son genie & à sa façon de vivre, & il en sortit

T. STA-
PLETON.

conservant cependant toujours de
l'affection pour ceux qu'il quittoit.

Retourné à *Douay* il eut bientôt
un nouveau Canonicat de *S. Amé*,
& fut enfin appellé à *Louvain* en
1590. pour y être Professeur Royal
de l'Ecriture sainte.

Le Roy d'Espagne le nomma dans
la suite au Doyenné del'Eglise d'*Hil-
verbeck* dans la campine Brabançonne
près de *Bois le-Duc*, qui valoit mille
florins de rente. Ce qui joint au profit qu'il tiroit des pensionnaires de
qualité qu'il prenoit chez lui, le met-
toit fort à son aise.

Il acquit bientôt par ses écrits la
réputation d'un grand Théologien
& d'un habile Controversiste. Le Pape *Clement VIII.* se faisoit un plaisir
de se les faire lire pendant ses repas,
& conçut par là une si grande estime
pour l'Auteur, qu'il voulut l'attirer
à *Rome.* Il lui fit écrire pour cela par
le Cardinal *Aldobrandini*, dans le
dessein de le faire Protonotaire Apostolique, ou même, comme quelques-uns prétendent, de l'élever au
Cardinalat. Mais *Stapleton*, qui commençoit à devenir infirme, s'excusa
de faire ce voyage.

Il étoit sujet à la goute , qui l'affli- T STA-
geoit si fort qu'il en boitoit un peu. PLETON.
Un Medecin lui conseilla pour adou-
cir son mal de se faire un cautere.
Il suivit ce conseil, mais la playe s'é-
tant fermée au bout de trois mois,
il en mourut le 12. Octobre 1598.
âgé de 63 ans. C'étoit son année cli-
macterique , qu'il avoit toujours
fort apprehendé.

Il fut enterré à *Louvain* dans l'E-
glise de *S. Pierre* avec cette longue
épitaphe , qui contient les principales particularités de sa vie , & où l'on
le fait natif de *Chichester* , parce qu'il
étoit né dans le district de cette
ville.

Hic è regione sepultus est eximius
Dominus ac Magister noster Thomas
Stapletonus , qui Cicestriæ in Anglia
nobili loco natus , & litterarum studiis
à parentibus addictus , cum in Colle-
giis Wiccamicis [primum Wintoniæ ,
deinde Oxonii] eum in Artium libe-
ralium disciplina cursum fecisset , ut
magnam sui expectationem apud suos
excitasset ad ipso suo Urbis Episcopo
accitus , Ecclesiæ Cathedralis Canoni-
cus instituitur ; sed paulo post , profanis

T. STA-
PLETON.

hominibus omnes totius Angliæ Eccle-sias per summum nephas invadentibus, eo quod ille in impias eorum leges jurare constanter renuebat, loco cedere, & sibi fuga [ut poterat] consulere coactus, in has regiones concedens, Duaci primum constitit, ubi Catechisten ad tempus egit, donec tandem ad supremam Magisterii dignitatem & Cathedram evectus sacras scripturas publice summa cum laude interpretatus est. Inde Lovanium à sua Majestate Catholica evocatus, in hac Academia sacræ Theologiæ Professor Regius, in hac D. Petri Ecclesia Canonicus, in Collegio Hilberbecensi Decanus extitit. Demum post quadraginta duos annos in exilio transactos (quos fere prælectioni aut scriptioni omnes impendit) cessit è vita, relictis laborum suorum monumentis, partim Anglice ad suos, partim Latinè in commune totius Reipublicæ bonum descriptis, quæ quanta fuerit ejus industria, quanta animi pietas, quam accensum veritatis Catholicæ propugnandæ studium, omnibus ea lecturis testatum faciens.

Catalogue de ses Ouvrages.

Thomæ Stapletoni, Angli, sacræ

Theologiæ Doctoris & Professoris Regii, T. Sta-
Duaci primo , deinde Lovanii , opera PLETON.
quæ extant omnia , nonnulla auctius &
emendatius, quædam jam antea Anglice
scripta , nunc primum studio & di-
ligentia doctorum virorum Anglorum
latinè reddita. In quatuor tomos distri-
buta. Parif. 1620. *in-fol.* Voici le détail des ouvrages contenus dans ce
Recueil.

Tome I. pp. 1293.

1. *Compendium breve & verum*
studiorum Thomæ Stapletoni , usque ad
annum ætatis suæ 63. 1598. *mense Octo-*
bri ab ipsomet versibus comprehensum. A
la tête de ce volume. Le titre pourroit faire croire qu'il auroit composé cette piéce sur la fin de sa vie ;
mais il ne faut pas le prendre à la ri-
gueur.

2. *De principiis fidei Doctrinalibus*
libri 12. imprimés séparément *Parif.*
1579 & 1582 *in-fol.* L'Epître dédicatoire au Pape *Gregoire XIII.* est datée du 10. Octobre 1578.

3. *Successionis Ecclesiasticæ defensio*
amplior & fugitivæ ac latentis Protes-
tantium Ecclesiæ confutatio copiosior ;
contra Guilielmi Fulconis , Angli , ina-

T. STA-*nes cavillationes adversus hujus ope-*
PLETON. *ris libr.* 4. *cap.* 10.& 11. *editas. Liber*
XIII. Cet ouvrage est daté de *Douay*
le 22. Juin 1580. Le livre de *Guil-*
laume Fulke, auquel il sert de réponses, est intitulé. *Responsio ad Staple-*
toni Cavillationes. Londini 1579.
in -80.

4 *Relectio scholastica & compen-*
diaria principiorum fidei doctrinalium
per controversias, quæstiones, & arti-
culos tradita. Antuerpiæ 1596. *in* 4°.
Datée de *Louvain* le 20. Fevrier de
cette année 1596.

5. *Auctoritatis Ecclesiasticæ circa*
S. scripturarum approbationem adeo-
que in universum luculenta & accura-
ta defensio libri tribus digesta ; contra
disputationem de Scriptura Guil. Whi-
takeri. Antuerpiæ 1592. *in* -8°. Daté
de *Louvain* le 22. Janvier de cette
année. L'ouvrage de *Witaker* avoit
paru quelques années auparavant sous
ce titre : *Disputatio de sacra scriptura*
in primis contra Bellarminum & Thom.
Stapletonum. Cantabrigiæ 1588. *in* -8°.
Ce sçavant Anglois ne voulant pas
demeurer en reste, opposa à la réponse de *Stapleton* une replique,

qu'il intitula *pro Autoritate & αὐτοπιςία* T. Sca-
sacræ scripturæ duplicatio contra Sta- pleton.
pletonum. *Cantabrigiæ.* 1694. *in-*8o.
Il s'attira par là une nouvelle réponse de *Stapleton.*

6. *Triplicatio inchoata adversus
Guil. Whitakeri Anglo-Calvinistæ du-
plicationem pro Ecclesiæ auctoritate ,
Relectioni Principiorum fidei doctrina-
lium per modum Appendicis adjuncta.
Antuerpiæ* 1596. *in-*4o. Datée de
Louvain le 10. Mars de cette an-
née.

Tome 2e. pp. 1653.

7 *De universa justificationis doc-
trina hodie controversa libri* 12.
Paris. 1582. *in-fol.*

8. *Speculum pravitatis hereticæ per
Orationes ad oculum demonstratæ. Duaci* 1580. *in-*8o. Datée du 29. Mars
de cette année.

9. *Orationes funebres.* Il y en a
quatre , qui ont été imprimées séparément avec quelques autres. *Orationes funebres & dogmaticæ. Antuerpiæ* 1576. *in* 8o.

10. *Orationes Academicæ Miscellaneæ. Antuerpiæ* 1600. *in-*8o. Avec
une Epître dédicatoire de *Thomas*

T. STA-
PLETON.

Worthington, datée du 25. Mars de cette année. Ces discours qui sont au nombre de 19. roulent sur des sujets de morale ou de dogme.

11. *Orationes Catecheticæ duodecim ; sive manuale peccatorum de septem peccatis capitalibus. Antuerp.1598.in-8o.* L'Epître est datée du 15. Nov. 1593.

12. *Vere admiranda, seu de magnitudine Romanæ Ecclesiæ libri duo. Antuerpiæ 1599. in-4°. It. Romæ 1600. in-8o.* L'Epître est du 1. Mars 1599.

13. *Propugnaculum fidei primitivæ Anglorum quo fides illa, quæ Anglis ante mille annos per S. Augustinum tradita fuit, & quæ tunc temporis ac deinceps per universam Christi Ecclesiam semper viguit, quam nunc protestantes Papisticam vocant, Orthodoxam esse vereque Christianam asseritur & probatur. A. Thoma Stapletono anno 1565. materna lingua Anglicana compositum, & pro appendice ad Historiam Ecclesiæ Anglicanæ Vener. Bedæ ab eodem Stapletono tunc Anglicè versam annexum. Nunc primum Latinè editum. Interprete Gulielmo Rainerio, Theologo Anglo.* L'original Anglois a été imprimé à *Anvers* 1565. *in-4*. & l'Epitre

tre de *Stapleton* est datée de cette T. Sta-
ville le 17. Oct. de la même année. pleton.

14. *Replica Thomæ Stapletoni ad*
Responsum Horni , Pseudo Episcopi
VVintoniensis quo is FeckenhamiVener.
Abbatis VVestmonasteriensis rationes
recusandi juramentum de Regio in cau-
sis Ecclesiasticis primatu impugnat.
Opus nunc primum Latinè editum.
Voici l'origine de cet ouvrage. *Jean*
de Feckenham étant en prison , pour
avoir refusé de prêter le serment de
supremacie , composa un Ouvrage
Anglois qu'il intitula : *Declaration*
des scrupules touchant le serment de su-
premacie,contenue dans un écrit adressé
au Docteur Horn , Evêque de VVin-
chester. Londres. in-4°. Robert Horn
répondit à cet écrit par un autre ,
qu'il intitula par allusion à son nom
qui signifie un *cor de chasse , le bruis-*
sement du cor. Londres 1566. *in-4°.*
Feckenham travailla à repliquer , mais
craignant de se faire de nouvelles
affaires , si l'on sçavoit que la replique vînt de lui , il envoya tous ses
papiers à *Stapleton* , qui mit le tout
en ordre , & y ajouta ce qu'il jugea
à propos. Il fit allusion au titre du

Tome XXXIX. Q

T. STA- livre de son adversaire, en intitulant
PLETON. le sien : *Contrebruiſſement. Louvain*
1567. *in*-4º. Mais le Traducteur a
cru devoir ſupprimer ce titre peu
naturel.

15. *Nota falſitatis in Ivellum re-*
torta. Opus ſic inſcriptum, quia in eo
falſa demonſtrantur quæ Ivellus Pſeu-
do Epiſcopus Sariſburienſis Reſponſo
Hardingi, Doctoris Catholici, impo-
ſuit, quo is nonnulla Catholicæ fidei
dogmata defendit de quibus Ivellus pu-
blice pro concione Londini habita, om-
nes in toto Chriſtiano Orbe Catholicos,
magna cum oſtentatione provocaverat,
ut illa vel uno aliquo ſacræ ſcripturæ,
Generalis Concilii, vel alicujus anti-
qui Patris, qui intra primos ſexcentos
à Chriſto annos vixit, teſtimonio proba-
rent. Olim à Thoma Stapletono, nem-
pe anno 1566. *Anglicè conſcriptum,*
nunc primum Latinè verſum opera &
induſtria S. A. C. A. L'original Anglois a été imprimé à *Anvers* en
1566. & la preface eſt datée du 24.
Juillet de cette année.

16. *De Proteſtantiſmo & primis*
ejaſdem Autoribus Martino Luthero,
Philippo Melanchtone & Joanne Cal-

vino differtatio. Cet ouvrage eft encore traduit de l'Anglois, mais j'ignore la date de l'impreffion de l'original.

Tome 3. pp. 993.

17. *Antidota Evangelica in Matthæum, Marcum, Lucam, Johannem.
Antuerpiæ* 1595. *in-8º.* Datés du
premier Octobre 1594. C'eft une explication des paffages des Evangiles
dont les heretiques fe fervent pour
foutenir leurs erreurs.

18. *Antidota Apoftolica contra noftri
temporis hæreses, in quibus loca illa
explicantur quæ Hæretici hodie (maxime Calvinus & Beza) vel ad fua
placita ftabilienda, vel ad Catholicæ
Ecclefiæ dogmata infirmanda, callide
& impie depravaverunt. In Acta Apof-
tolorum. Tomus* 1. *Antuerpiæ* 1595.
*in-8º. In Epiftolam B. Pauli ad Ro-
manos. Tomus* 2. *Ibid.* 1595. *in-8º.
In duas B. Pauli Epiftolas ad Corin-
thios, tomus* 3. *Ibid.* 1598. *in-8º.*

Tome 4. pp. 1065.

19. *Promptuarium morale in Evan-
gelia Dominicalia. Pars Hyemalis &
Aftivalis. Antuerpiæ* 1592 *in-8º.* It.
Coloniæ 1615 *in-8º.* deux tomes.

Q ij

T. STA-
PLETON.

20. *Promptuarium Catholicum ad instructionem concionatorum contra hæreticos nostri temporis super omnia Evangelia totius anni Dominicalia. Antuerpiæ* 1562. *in* 8°. It. *Parisf.* 1606. *in-*8°.

21. *Promptuarium Catholicum super Evangelia ferialia totius Quadragesimæ. Lugd.* 1602. *in-*8°. L'Epître est datée du premier Janvier 1594.

22. *Promptuarium Catholicum super Evangelia in Festis sanctorum totius anni. Antuerpiæ* 1592. *in-*8°.

23. *Tres Thomæ, seu Res gesta S. Thomæ Apostoli, S. Tnomæ Archiepiscopi Cantuariensis & Martyris, & Thomæ Mori Angliæ quondam Cancellarii. Duaci.* 1588. *in* 8°. It. *Coloniæ* 1612. *in-*8°. Ce sont là tous les ouvrages contenus dans le Recueil de ses œuvres. Il a donné outre cela les suivans.

24. Il a traduit en Anglois l'Histoire d'Angleterre du venerable *Bede*, & sa traduction a été imprimée à *Anvers* l'an 1565 *in-*40. Elle est accompagnée des notes marginales de *Stapleton.*

45. Il a aussi traduit en Anglois

le Livre de *Federic Staphyle de diffi-* T. STA-
diis Hæreticorum, & cette traduction PLETON.
a été de même imprimée à *Anvers* en
1565.

26. *Didymi Veridici Henfildani
Apologia pro Philippo II. Hispania-
rum Rege, contra accusationes Eliza-
bethæ, Reginæ Angliæ. Coustantiæ, in 8°.*
Henri Holland nous apprend dans la
vie de *Stapleton*, que cet ouvrage est
de cet Auteur, qui le fit imprimer
d'abord dans les Pays-Bas, mais que
les exemplaires en avant été bientôt
débités, on le réimprima en Allemagne.

V. *Sa vie écrite par lui-même en vers,
& celle qu'Henri Holland a mise à
la tête de ses œuvres. Athenæ Oxonienses. tom. 1. p.292 Pitseus de illustrioribus
Angliæ scriptoribus. p. 796. Fasti Aca-
demici Lovanienses. p. 86.*

LAZARE BONAMICO.

Lazare Bonamico, naquit à *Bassano* L. BONA-
dans la Marche Trevisaire l'an MICO.
1479. Il étoit fils d'un Laboureur qui
le destina à être de la même condi-

L. Bona- tion que lui; mais l'inclination qu'il
mico. témoigna pour les Lettres, engagea
son pere à changer cette destination,
& à l'appliquer à l'étude. C'est du
moins ce que *Tomasini* rapporte;
mais *Salomoni* dans ses *Inscriptiones
Patavinæ* croit qu'il est plus vraisem-
blable que ce changement vint de
Jean Cauci, Senateur Venitien, dont
le pere de *Bonamico* étoit Fermier;
lequel lui trouvant de la disposition
& de l'inclination pour l'étude, prit
soin de son éducation, le fit instruire d'abord par le Curé du lieu, &
l'envoya ensuite à *Padoue*.

Il apprit à fond dans cette ville la
langue latine sous differens Maîtres,
& la Greque sous *Marc Musurus*,
& joignit à l'étude des Belles-Lettres
celle de la Philosophie, en laquelle
il eut pour maître *Pierre Pomponace*.
Mais quoiqu'il réussit fort dans cette
derniere science, il se borna dans
la suite à la premiere.

Il acquit bientôt de la réputation,
& après avoir enseigné quelque temps
à Rome, il fut appellé à *Boulogne*,
pour y diriger les études de quelques
jeunes gens de la famille Campegge;

il enseigna aussi quelque temps dans le College de cette ville.

Il retourna depuis à *Rome* & y demeura chez *Regnaud Polus* qui fut dans la suite Cardinal. Il étoit dans cette ville, lorsqu'elle fut prise & pillée en 1526. par l'armée de l'Empereur *Charles-Quint*, & il perdit en cette fâcheuse circonstance une bibliotheque qu'il avoit amassé avec beaucoup de soins & de dépense.

Après cette disgrace il se retira à *Padoue*, où il fut choisi le 4. Novembre 1530. pour enseigner les° langues Grecque & Latine dans l'Université de cette ville. Il eut d'abord trois cens florins de gage; mais on augmenta son honoraire en 1532. pour l'engager à refuser des conditions fort avantageuses qu'on lui offroit pour l'attirer à *Boulogne*.

Le Pape *Clement VII.* voulut aussi le faire venir à *Rome*, & *Ferdinand* Roi des Romains, lui fit proposer de bons appointemens pour enseigner à *Vienne*, mais son attachement pour l'Université de *Padoue* lui fit rejetter toutes les propositions qu'on put lui faire pour l'en retirer.

Il enseigna dans cette ville avec beaucoup de succès & de réputation jusqu'à la fin de sa vie , c'est à dire pendant 21 ans ; & eut toujours un grand nombre d'Ecoliers.

Il y mourut le 11. Fevrier 1552. âgé de 73 ans , & fut enterré dans l'Eglise de *S. Antoine* , où *Jerome Nigri* prononça son oraison funebre. On lui mit alors cette inscription sépulchrale.

Quantum ager Arpinas Ciceroni ,
  atque inclyta quantum
Palladis urbs debet Socratis ingenio,
Bassani & Patavi debent tibi mœnia
  tantum ,
Lazare , quando illis unus utrum-
  que refers.

Son corps fut depuis transporté dans l'Eglise de *S. Jean in Verdara* ; où on lui dressa un tombeau magnifique ; sur lequel on voit sa statue en bronze , avec les inscriptions suivantes.

Lazari Bonamici , Catharinæque uxoris carissimæ in secundum redemptoris adventam quietis sedes. D. H. M. D. M. A.

Obiit 1552. ætatis 73.

Lazaro

Lazaro Bonamico Bassanensi, in quo uno totius antiquitatis memoriam, eruditionem, judicium, & eloquentiam sibi redditam putans Europa per annos 20. & unum Patavii admirata est. Catarina conjux & Lucretia senis animula bene merenti posuere. Vixit annis 73. Obiit III. Idus Februarii 1552.

Il avoit cultivé beaucoup l'éloquence, & s'étoit fait par là un grand nom. Plusieurs hommes célébres sont sortis de son école, & ont contribué à lui donner de la réputation par les louanges qu'ils ont répandues sur lui avec profusion. Il n'a cependant publié aucun ouvrage; non pas qu'il ne fût capable d'en produire d'excellens; mais parce qu'il aimoit son plaisir, & qu'il employoit au jeu ou à la table le tems qu'il n'étoit point occupé de l'instruction de ses Disciples. Le peu que nous avons de lui, n'a été publié qu'après sa mort.

Il avoit une grande idée de sa Profession, si ce qu'on dit de lui est vrai, qu'il avoit coutume d'assurer, qu'il aimeroit mieux parler comme *Ciceron*, que d'être Pape, & qu'il

Tome XXXIX. R

L. BONA- auroit préferé l'éloquence de ce grand
MICO. orateur à l'empire d'*Auguste.*

C'eſt un conte, que ce qu'on rapporte, qu'ayant demandé un jour
au démon, qui étoit dans une poſ-
ſedée, quel étoit le meilleur vers
de *Virgile*, il avoit répondu que c'é-
toit celui-ci.

*Diſcite juſtitiam moniti , & non tem-
nere divos.*

Comme le plus méchant étoit.

*Flectere ſi nequeo ſuperos , Acheron-
ta movebo.*

Catalogue de ſes Ouvrages.

1°. Dans le 1. tome des *Carmina
illuſtrium Poëtarum Italorum , Joannis
Matthæi Toſcani cura.* Pariſ. 1576.
in-16. on trouve Feuill. 35. & ſuivans, cinq pieces de vers de *Bonamico* peu importantes.

2. *Carmen ae vita Ruſtica.* Dans
un Recueil publié par Joachim Ca-
merarius le fils ſous ce titre. *Opuſcula de Re Ruſtica. Noribergæ* 1577.
1596. *in-8o.* It. Avec *Renati Rapini
Hortorum libri IV.* & quelques autres pieces qui les ſuivent. *Ultrajecti* 1672. *in-8o.* It. dans le premier
volume des *Deliciæ Poëtarum Italorum* de *Gruter.*

3. Il y a quelques Poësies de lui
dans un autre Recueil intitulé : *Pannoniæ luctus , quo Principum aliquot
& insignium virorum mortes aliique fu-
nesti casus deplorantur à diversis Auc-
toribus , nempe , Joachimo Camerario,
Georgio Logo , Johanne Longo , Georgio Vernero , Lazaro Bonamico , Va-
lentine Eckio &c. Cracoviæ.* 1544. *in-*8o.

4. Il se trouve aussi quelques unes
de ses Poësies dans le Recueil , qui
a pour titre : *Carmina Poëtarum Nobi-
lium , Joannis Pauli Ulbadini studio
conquisita. Mediolani.* 1563. *in-*8o.

5. *Gruter* a inseré ses Poësies dans
le premier vol. de ses *Deliciæ Poëtarum Italorum.* p. 452.

6. *Gasparis Ursini Velii Epistola ad
Lazarum Bonamicum , Carmine. Lazari Bonamici Responsum , item carmine. Viennæ Pannoniæ.* 1539. *in-*40.

7. On trouve quinze lettres de lui
dans un Recueil , qui porte ce titre :
*Epistolæ Clarorum virorum selectæ de
quam plurimis , ad indicandam nostro-
rum temporum eloquentiam. Venetiis &
Paris.* 1556. *in-*16.

8. *Papadoli* dit qu'il y a trente de
ses Letres Italiennes , qui sont impri-

L. BONA-
MICO.

mées ; mais je ne sçai ce que c'est.

V. *Hieronymi Nigri , Veneti , Canonici Patavini , in Lazari Bonamici
funere oratio habita Patavii 3. Idus
Februarii 1552. Venetiis 1553. in-4°.*
Ghilini , Teatro d'Huomini Letterati
part. 1. p. 144. Joan. *Imperialis Musæum Historicum* p. 76. *Jacobi Gaddi ,
de scriptoribus non Ecclesiasticis ;* tom.
1. p. 75. *M. de Thou , & les additions de Teissier. Nicolai Comneni Papadoli Historia Gymnasii Patavini*
tom. 1. p. 308.

NICOLAS DE MONTREUX

N.
DE MON-
TREUX.

Nicolas de *Montreux* , Gentilhomme du Maine , ne nous
est connu que par le peu que *la Croix
du Maine* nous en apprend.

Il étoit fils de M. *de la Mesnerie* ,
Maître des Requêtes de la Maison
de Monsieur frere du Roy , & naquit vers l'an 1561. puisqu'il n'étoit
âgé que de 15. ou 16. ans en 1577.
lorsqu'il traduisit ou composa le 16e.
livre d'*Amadis de Gaule.*

Il passa une bonne partie de sa vie

à *Paris* , où il s'occupa à composer divers ouvrages; c'est par leur moyen seul que son nom s'est transmis à la posterité. Il a pris dans la plupart celui d'*Olenix du Mont-sacré* , qui est l'Anagramme pure de *Nicolas de Montreux* ; quelquefois aussi il s'appelle simplement *N. de Montreux-sieur du Mont-sacré.*

Il étoit apparemment Seigneur de *Barenton* , puisque *Rosset* ayant fait des vers à la louange de son Histoire des troubles de Hongrie, qui porte son nom, les a adressés *à M. de Barenton , sieur du Mont-Sacré sur son Histoire de Hongrie.*

Il commença à composer dès l'an 1577. & le dernier Ouvrage que je connoisse de lui , est de l'an 1608. Comme on n'a plus rien vû de sa façon depuis cette année , quoiqu'il n'eût alors guéres plus de 47 ans , il est à croire qu'il mourut peu de temps après.

Catalogue de ses Ouvrages

1. *Le seiziéme livre d'Amadis de Gaule , traduit par Nicolas de Montreux. Paris, Jean Parent 1577. in-16.*

2. *Le jeune Cyrus , Tragedie , prise*

R iij

du grec de *Xenophon*, representée à *Poïtiers* en 1581. *La Croix du Maine*, qui nous fait connoître cette piece, ne marque point quand elle a été imprimée, non plus que la suivante.

3. *La Joyeuse, Comédie*, representée au même lieu avec la Tragedie de *Cyrus*.

4. *Le premier Livre des Bergeries de Julliette. Auquel par les amours des Bergers & Bergeres, l'on voit les effets differens de l'amour, avec cinq histoires comiques racontées en cinq journées par cinq Bergeres, & plusieurs échos, énigmes, chansons, sonnets, élegies, & stances. Ensemble une Pastorale en vers françois à l'imitation des Italiens, de l'invention d'Olenix du Mont-Sacré. Paris, Gilles Beys.* 1585. *in*-8o. Feuill. 291. Sans la Pastorale, qui a pour titre particulier. *Athlete, ou Fable Bocagere.* Feuill. 35. Cette Pastorale est en vers & en trois Actes. Le Privilege est du 14. Juin de cette année 1685. It. 4e. *Edition revûe & corrigée par l'Auteur. Paris, Gilles Beys*, 1588. *in*-8o. It. 5e. *édition. Tours* 1592. *in*-12.

*Le second livre des Bergeries de Jul-
liette ; auquel , comme au premier , sont
traitez les divers effets d'amour, avec
plusieurs discours moraux , non moins
profitables que plaisans , diverses poësies, tant sonnets ,echos ,énigmes, chansons , élegies , & stances. Avec
cinq histoires comiques , discourues en
cinq journées par cinq Pasteurs. Ensemble les œuvres poëtiques de la docte
Bergere Julliette.* 2ᵉ. *édition revûe &
corrigée par l'Auteur. Paris , Gilles
Beys* 1588. *in-*8°. pp. 476. La prémiere édition doit être de l'année
précedente , puisque l'Epître dédicatoire est du 6. Juin 1587. & le privilege du 22. May précedent. Les
Oeuvres Poëtiques de Julliette , qui
sont de la façon de *Montreux* , comme tout le reste, sont renfermées dans
la 4e. Journée. It. 3e. *édition Tours ,
Jamet Mettayer.* 1592. *in-*12. Feuill.
482.

*Le troisiéme Livre des Bergeries de
Julliette ; auquel , comme aux deux
premiers , sont traitez les divers effets
de l'amour. Avec pareils enrichissemens
de diverses poësies & discours , ensem-*

N.
DE MON-
TREUX.

R iiij.

N.
DE MON-
TREUX.

ble la Diane, *Paſtourelle*, ou *fable bocagere*. *Tours*, Jamet Mettayer, 1594.
in-12. Feuill. 402. le Privilege eſt
daté de *Tours* le 30. Octobre 1593.
Il y a cinq journées dans ce livre,
comme dans les précedens. *La Diane* eſt en vers, en trois actes, ſans
diſtinction de ſcenes.

*Le quatriéme Livre des Bergeries de
Julliette, auquel, comme aux trois
premiers, ſont traitez les divers effets
d'amour. Avec pareil enrichiſſemens
de diverſes poëſies & diſcours. Enſem-
ble la Tragedie d'Iſabelle. Paris, Guil.
des Rues.* 1595. *in-12.* pp. 634. Sans
la Tragedie qui eſt en vers & en
cinq Actes. L'Epître dédicatoire eſt
du 25 Août 1594.

*Cinquiéme & dernier livre des Ber-
geries de Julliette. Suite & concluſion
de divers amours des Bergers & Bergeres, traitez aux quatre précedens.
Paris, Abraham Saugrain* 1598. *in-
12.* pp. 807. L'Epître dédicatoire eſt
du 15. Mars de cette année. Quoique ces Bergeries ayent été recher-
chées de leur temps, comme on le
reconnoît par les diverſes éditions.

qui s'en font faites, on n'en fait plus
aucun cas maintenant; en effet le
style en est extremément languissant
& la lecture ennuyeuse à la mort,
de même que des autres Romans du
même Auteur.

5. *L'Arcadie Françoise de la Nym-*
phe Amarille, *tirée des Bergeries de*
Julliette, *de l'invention d'Olenix du*
Mont-Sacré, *où par plusieurs histoires*
& sous noms de Bergers sont déduits
les amours de plusieurs Seigneurs & Da-
mes de la Cour. Paris, 1625. *in*-80. pp.
686. en cinq parties. Ouvrage en prose mêlé de quelques vers, & aussi en-
nuyeux que celui dont il est tiré. L'E-
diteur n'a désigné son nom à la fin
de l'Epître dédicatoire, que par les
lettres initiales. *A. R.*

6. *Oeuvre de la chasteté qui se re-*
marque par les diverses fortunes,
adventures & sideles amours de Cri-
niton & Lydie. Livre premier. En-
semble la Tragedie de Cleopatre, *le*
tout de l'invention d'Olenix du Mont-
Sacré. Paris, *Guill. Des Rues* 1595.
in-12. pp. 611. pour le Roman, &
116. pour *la Cleopatre*, tragedie en

N.
DE MON-
EREUX.

cinq Actes. Le *second Livre* a paru apparemment en même tems que le premier , puisque le privilege est pour les deux. Le *Troisiéme*, dédié *à Madame sœur unique du Roy*, a été imprimé *à Paris chez Saugrain & des Rues* 1601. *in-*12. Je n'en ai vû que le premier feuillet qui contient le titre.

7. *L'Arimene*, *Pastorale. Nantes*, *Pierre Dorion.* 1597. *in-*12.

8. *Amours de Cleandre & de Domiphile. Paris* 1597. *in-*12. Je ne connois ce Livre , que par la Bibliotheque des Romans.

9. *L'homme , ses dignitez , son franc & liberal arbitre ; Au Roy. Par Olenix du Mont-Sacré. Paris.* 1599. *in-*12. pp. 690.

10. *Sophonisbe , Tragedie , avec des chœurs. Rouen , Raphaël du Petitval.* 1601. *in-*12.

1 . *Histoire universelle des guerres du Turc depuis l'an* 1565. *jusqu'à la treve faite en* 1606. *Avec les exploits & hauts faits d'armes de Philippe Emmanuel de Lorraine , Duc de Mercœur , Lieutenant General de l'Empe-*

reur contre les mêmes Turcs. Tome 2ᵉ.
Par N. de Montreux. Paris , Robert
Fouet 1608. *in-4°.* pp. 1054. L'Epître
dédicatoire eſt datée de *Paris* le 15.
Juin 1608. Le premier tome eſt de
Martin Fumée.

   La Croix du Maine parle encore
de quelques autres ouvrages de ſa
façon ; mais ils n'ont pas été imprimés.

   2. *Les Bibliothéques françoiſes de
la Croix du Maine & de du Verdier.
Recherches ſur les Théatres de France
de M. de Beauchamps.* tom. 1. p. 468.
Il y a quelques fautes d'inadvertance
& d'omiſſion dans ce qu'il en dit.

NICOLAS DE HERBERAY.

Nicolas de *Herberay* , ſieur des
Eſſarts, Gentilhomme Picard ,
ne nous eſt connu que par ſes Ouvrages. Il y prend les qualités de
*Commiſſaire ordinaire de l'Artillerie du
Roy , & Lieutenant en icelle (ès Pays
& gouvernement de Picardie) de Mon-
ſieur de Briſſac, Grand Maiſtre,& Ca-*

N.

DE HER-
BERAY.

pitaine general d'icelle *Artillerie.*

Les occupations que lui donnoient ces Charges ne l'empêcherent pas de cultiver les Lettres & de donner au Public plusieurs traductions de Livres Espagnols , qui furent fort bien reçues.

La Croix du Maine dit que c'étoit le Gentilhomme le plus estimé de son temps pour parler bien françois , & pour l'art oratoire. Mais *du Verdier* n'en parle pas si avantageusement ; il rapporte le jugement d'un Auteur qu'il ne nomme point , lequel trouve de l'affectation dans son style, & le reprend de se servir d'expressions rudes & désagréables , & de mots nouveaux & étrangers qui n'ont rien que de choquant.

Il avoit pris pour sa devise ces deux mots Espagnols *Acuerdo Olvido* , qui peuvent se rendre par ces deux latins *Memor oblivio.*

Il mourut vers l'an 1552. comme il paroît par une Epître d'*Etienne Pasquier* , qui est à la tête de la traduction du neuviéme livre d'*Amadis* par *Claude Colet*, imprimée en 1553. dans

laquelle il marque qu'il étoit mort N.
depuis peu de temps. Ainsi *la Croix* DE HER-
du Maine a eu tort de dire qu'il flo- BERAY.
rissoit en 1555.

Nous trouvons parmi les Poësies de
Mellin de S. Gelais l'épitaphe de *Ma-*
rie Compane, sa femme.

Catalogue de ses Ouvrages.

1. *Le premier livre de Amadis*
de Gaule, traduit nouvellement d'Espagnol en françois par le sieur des Essarts, *Nicolas de Herberay. Acuerdo*
Olvido. Paris. Denys Janot, 1540.
in-folio, Feuill. 150. chapitres 44.
C'est la premiere édition de ce Livre, qui en a eu plusieurs, de même
que les autres. It. *Revû. Lyon, Fran-*
çois Didier 1577. *in-16*. Feuill. 351.
Il y a d'autres éditions; mais je ne
parle. ici que de celles que j'ai vûes

Le second livre de Amadis, traduit
par le même. *Paris, Vincent Sertenas.*
1550. *in-fol.* Feuill. 86. chapitres 22.
Il doit y avoir eu une édition précédente de l'an 1541. It. *Lyon, Fran-*
çois Didier. 1577. *in-16.* Feuill. 214.

Le Tiers livre de Amadis traduit
par le même. *Paris, Vincent Sertenas.*
1542. *in fol.* Feuill. 94. chapitres 18.

It. *Lyon, Benoist Rigaud.* 1575. in-
16. pp. 472.

*Le quatriéme Livre, traduit par
le même. Paris, Denys Janot,* 1543.
in-fol. Feuill. 111. chapitres 38. It.
Lyon, François Didier 1577. *in-*16.
Feuill. 223.

*Le cinquiéme livre, traduit par le
même. Paris, Vincent Sertenas.* 1550.
in-fol. Feuill. 117. chapitres 56. La
premiere édition doit être de l'an
1544. It. *Lyon, Benoist Rigaud,* 1575.
*in-*16. pp. 517.

*Le sixiéme livre, traduit par le mê-
me. Paris,* 1545. *in-fol.* Feuill. 128.
chapitres 64. It. *Lyon, Benoist Rigaud.*
1575. *in-*16. Feuill. 282.

*Le septiéme Livre traduit par le mê-
me. Paris, Jeanne Marnef,* 1546.
in-fol. Feuill. 123. chapitres 63. It.
Paris, Vincent Sertenas 1557. *in-*16.
Feuill. 237. It. *Lyon. Benoist Rigaud,*
1575. *in-*16. pp. 519.

*Le huitiéme livre, traduit par le mê-
me. Paris, Etienne Grouleau.* 1548.
in-fol. Feuill. 82. chapitres 96. On
voit à la tête une piece de plus de
deux cens vers, intitulé : *Discours
sur les Livres d'Amadis par Michel*

Sevin d'Orleans, qu'on a retranché
dans les éditions in-16. It. *Lyon, Be-*
noiſt Rigaud, 1575. *in-16.* pp. 799.

Ce ſont là les ſeuls livres d'*Ama-*
dis que d'*Herberay* ait traduits. Il dit
dans l'Epître dédicatoire de la *Chro-*
nique de Dom Florés de Grece au Roy
Henri II. qu'il avoit entrepris cette
traduction par ordre du Roi *Fran-*
çois I. & qu'il étoit ſur la fin du
huitiéme volume, lorſque ce Prince
mourut (en 1547.) qu'étant alors
tombé malade, & n'étant revenu en
ſanté qu'après avoir ſouffert long-
temps, il avoit dédaigné de continuer cette traduction, & s'étoit donné à quelque choſe de plus ſolide,
en mettant en françois l'Hiſtoire de
la guerre des Juifs de *Joſeph.*

Mais cette traduction d'*Amadis*
a été continuée par d'autres, & il eſt
à propos de marquer ici ceux qui y
ont mis la main, afin qu'on puiſſe
voir d'un coup d'œil tout ce qui
concerne cet ouvrage.

Le neuviéme livre fût d'abord
traduit par *Gilles Boileau*, natif de
Bullion en Lorraine, que *Gruget* & *Colet*
font mal-à-propos Flamand & dont

N.
DE HER-
BERAY.

on a quelques autres traductions. Les Libraires en ayant fait imprimer la premiere feuille, reconnurent sans peine que le langage en étoit trop grossier pour pouvoir être bien reçu du Public. Ainsi ils prierent *Claude Colet* de revoir l'ouvrage & de corriger les fautes. Il le fit avec assez de précipitation ; ses affaires, & la vitesse avec laquelle on imprimoit, ne lui permettant point d'y donner beaucoup de temps. Lorsque l'ouvrage fut imprimé, & qu'il le repassa avec tranquillité, il y trouva tant de fautes dans le langage & dans le sens, qu'il ne voulut point se l'attribuer, mais l'abandonna entierement à son premier Auteur. Il revit depuis cette traduction avec beaucoup plus de soin qu'il n'avoit fait d'abord, & la publia sous son nom, seize mois après que la premiere édition eut été faite. Cette premiere édition est apparemment *in-fol.* comme celle de tous les livres précedens, qui n'avoient pas été alors imprimés en autre forme. La seconde, qui porte le nom de *Colet* a pour titre :

Le neuviéme Livre d'Amadis de
Gaule

Gaule revû, corrigé, & rendu en notre   **N.**
vulgaire françois, mieux que par ci DE HER-
devant par Claude Colet, Champe- BERAY.
nois. Nec ſorte, nec morte. Pariſ. Vin-
çent Sertenas 1553. *in-fol.* Feuill.
190. chapitres 73. Il doit y avoir eu
une édition précedente. It. *Lyon. Be-*
noiſt Rigaud 1575. *in-16.* pp. 902.

    Le dixieme Livre traduit nouvel-
lement. Envie, d'envie, en vie. Paris,
Vincent Sertenas 1555. *in-fol.* Feuill.
127. chapitres 65. Il y a une édition
précedente, puiſqu'on lit au commencement : *Achevé d'imprimer le*
13. *Août* 1552. Cette traduction eſt
de *Jacques Gohory.*

    L'onziéme Livre. Paris, Jean Lon-
gis 1554. *in-fol.* Feuill. 155. chapitres 89. Cette traduction eſt encore
de *Gohory*, qui a mis à la tête une
Preface, qu'on a retranchée dans les
éditions *in-16.* It. *Lyon, Benoiſt Ri-*
gaud, 1576. *in-16.* pp. 702.

    Le douziéme Livre d'Amadis de
Gaule, traduit par Guillaume Aubert
de Poitiers. Paris, Etienne Groulleau
1556. *in-fol.* Feuill. 240. chapitres
100. It. *Lyon, François Didier* 1577.
in-16. Feuill. 551.

    Tome XXXIX.   S

Ces douze premiers livres sont les
seuls qui ayent été imprimés *in folio.*

*Le treizieme livre d'Amadis traduit
nouvellement d'Espagnol en François
par J. G. P. Montluel.* 1576. *in-16.*
pp. 507. chapitres 58. *Gohory*, qui est
le traducteur de ce Livre, a mis à la
tête une Epître datée de *Paris* le jour
de *S. Jean-Baptiste* 1571.

*Le quatorzieme Livre nouvellement
mis en François par Antoine Tyron.
Anvers, Jean Waersberghe.* 1574. *in-*
12. It. *Paris, Nicolas Bonfons* 1577.
in 16. Feuill. 352. chapitres 74. *Gohory*, qui a publié cette édition, a conservé la traduction de *Tyron* ; & a
seulement changé la dédicace & ajoûté à la tête un traité des Romans antiques. Ceux qui ont attribué à *Gohory* la traduction de ce Livre, n'ont
point lû la dédicace, ni fait attention
à ces mots qu'on lit à la fin de l'édition de *Paris* : *ce Roman traduit nouvellement de vulgaire Castillan en françois par A. T. (Antoine Tyron)* It.
Lyon, Rigaud. 1577. *in-16.*

*Le quinzieme Livre mis en François
par Gabriel Chappuys, Tourangeau.
Lyon, Benoist Rigaud.* 1578. *in-16.*

pp. 526. chapitres 65. L'Epître de
Chappuys est datée de *Lyon* le 1. Fevrier 1577.

Ces quinze premiers Livres ont
été imprimés à *Anvers in* 4°. en differentes années ; mais les suivans
n'ont point été donnés en la même
forme.

Le *quinziéme livre, nouvellement
mis en François par Antoine Tyron.
Paris , Jean Parant.* 1577. *in-*16.
Feuill. 284. chapitres 33. Ce que *Tyron* nomme ici le quinziéme Livre ,
n'est que le commencement du 16e.
suivant la version de *Chappuys.*

Le *seizieme Livre d'Amadis. Lyon ,
François Didier.* 1578. *in-*16. pp. 845.
chapitres 71. L'Epître de *GabrielChap-
puys* , traducteur de ce livre , est datée de *Lyon* le 25. Janvier 1578. les
33. premiers chapitres renferment les
mêmes choses, que le prétendu 15e.
livre donné par *Tyron* , mais la traduction en est differente.

Ce Livre a été aussi traduit , quoique d'une maniere fort libre, par *Nicolas de Montreux.*

Le *seizieme livre d'Amadis , tra-
uit par N icolas de Montreux. Paris ,*

N.

DE HER-
BERAY.

Jean Parant. 1577. *in-16.*

Le dix-septiéme Livre. Lyon, Etienne *Michel,* 1578. *in-16.* Feuill. 440. chapitres 91. *Gabriel Chappuys* est encore le traducteur de ce Livre.

Le dix huitiéme Livre. Lyon, Louis Cloquemin 1579. *in-16.* pp. 999. chapitres 132. L'Epître de *Gabriel Chappuys,* qui en est le traducteur, est datée de *Lyon* le premier Janvier de cette année 1599.

Le dix-neuviéme Livre traduit par Gabriel Chappuys. Lyon, Jean Beraud 1582. *in-16.* Feuill. 447. chapitres 124. On a une autre traduction de ce Livre sous ce titre.

Le dix-neuviéme Livre, traduit d'Espagnol en langue Françoise par Jacques Charlot, Champenois. Lyon, Louis Cloquemin 1581. *in-16.* Feuill. 445. chapitres 124. L'Epître de ce traducteur est datée d'*Espernay* en Champagne le 8. Novembre 1580.

Le vingtiéme & penultiéme Livre mis d'Espagnol en François par Gabriel Chappuys. Lyon, Louis Cloquemin, 1581. *in* 16. Feuill. 384. chapitres 96. L'Epître de *Chappuys* est datée de *Lyon* le 20. Novembre 1580. On a encore une autre traduction de ce Livre.

Le vingtiéme Livre d'Amadis fait d'Eſpagnol en François. Lyon & Antoine Tardif, 1582. *in-16.* Feuill. 540. Cette traduction faite par *Jean Boyron* eſt datée du 6. Janvier de cette année.

Le vingt-uniéme Livre. Lyon, Louis Cloquemin 1581. *in-16.* Feuill. 448. Chapitres 122. *Gabriel Chappuys* eſt encore le traducteur de ce Livre.

Le vingt-deuxiéme Livre d'Amadis de Gaule. Paris, Olivier de Varennes. 1615. *in-8°.* pp. 857. ch. 61. On ignore l'Auteur de ce Livre, auſſi-bien que des deux ſuivans; car quoiqu'il ſoit dit dans une longue Preface, qui eſt à la tête, qu'ils ſont traduits de l'Eſpagnol, il eſt facile de voir qu'ils ſont de l'invention de celui qui les a donnés en François.

Le vingt-troiſiéme Livre. Ibid. 1615. *in-8°.* pp. 920. chapitre 68.

Le vingt-quatriéme Livre. Ibid. 1615. *in-8°.* pp. 853. chapitres 79. Ces trois Livres n'ont point été imprimés en autre forme qu'*in-8°.* Tous les autres ſe trouvent *in-16.* & c'eſt en cette

N.
DE HER-
BERAY.

forme que les curieux ont soin de
les rassembler en y joignant le Recueil suivant.

*Tresor de tous les livres d'Amadis de
Gaule , contenant les Harangue , Epîtres , Concions , Lettres missives , De-
mandes , Réponses , Repliques , Sen-
tences , Cartels , Complaintes , & autres choses plus excellentes. Lyon. Hu-*
guetan. 1582. *in-16.* Deux vol. It.
Lyon , Pierre Rigaud , 1605. *in-16.*
Feuill. 684. Deux tom. Tout cela
est tiré des 21. Livres d'*Amadis.* Re-
venons aux Ouvrages d'*Herberay.*

2. *L'amant maltraité de sa Mye ,*
lequel traite de l'honnête & pudique
amour de Arnalte & Lucenda , traduit
de l'Espagnol par Nicolas de Herbe-
ray. Paris , Sertenas , 1539. *in-8o.* It.
sous cet autre titre : *Petit traité de*
Arnalte & Lucenda , autrefois traduit
de langue Espagnole en la Françoise ,
intitulée: l'Amant maltraité de sa Mye.
Paris, 1546. *Jeanne de Marnef. in-16.*
It. *Lyon , Eustace Barricat.* 1550.
in-16.

3. On trouve une Epître de *Ni-*
colas d'Herberay à Anne, Marguerite,
& Jeanne de Seymour , datée du 22.

Fevrier 1550. à la tête du *Tombeau*   N.
de *Marguerite de Valois ,Reine de* DE HER-
Navarre,fait premierement en distiques BERAY.
latins par ces trois sœurs. Paris 1551.
*in-*8°.

4. *Le premier Livre de la chroniqne
du très-vaillant & redouté Dom Florès
de Grece , surnommé le Chévalier des
Cignes , second fils d'Esplandian , Empereur de Constantinople. Histoire non
encore ouïe , mais belle entre les plus
recommandées ; mise en François par
le sieur des Essarts. Paris , Etienne
Groulleau* 1552. *in-fol.* Feuill. 165.
D'*Herberay* dit dans son Epître au
Roy *Henry II.* datée du premier
May 1551. que ce Livre lui ayant
été presenté en un francois si ancien,
qu'à peine pouvoit-il l'entendre , il
s'étoit appliqué à le lire ; & que
l'ayant trouvé digne d'être donné au
Public,il s'étoit déterminé à le mettre
en beau françois. Il promettoit un second livre ; mais sa mort arrivée peu
de temps après ne lui a pas permis
de s'acquitter de cette promesse. It.
Paris , Longis , 1555. *in-fol.* It. *Ibid.*
1573. *in-*8°.

5. *Les sept livres de Flavius Josephus*

de la guerre & captivité des Juifs, traduits en François par le Seigneur des Essarts. Paris, Etienne Groulleau, 1557. in-fol.

6. *L'Horloge des Princes* avec le très-renommé livre de *Marc Aurele*, recueilli par *Dom Antoine de Guevare*, Evêque de Cadix, traduit en partie de Castillan en François par feu *Nicolas de Herberay*, & en partie revû & corrigé nouvellement entre les précedentes éditions. Paris, *Guill. le Noir*, 1555. in-fol. Feuill. 279. Le privilege est de cette année. On marque dans l'Epître, qu'il n'y a que le premier Livre qui soit de la traduction de *d'Herberay*, & même que les derniers cahiers de son manuscrit étoient en si mauvais état, qu'on a été obligé de suivre l'ancienne traduction pour la fin de ce Livre, & des deux suivans, se contentant de la corriger en quelque endroit.

7. *Traité si l'on peut appeller, ou laisser à celui qui n'est point.* Lyon, *Benoist Rigaud.* Je ne connois cet Ouvrage que par la Bibliothéque de *du Verdier.*

V. *Les Bibliotheques Françoises de du Verdier & de la Croix du Maine.*

JEAN

JEAN DE CINQUARBRES.

J. DE CIN-
QUABRES.

Jean de Cinquarbres, en latin
Quinquarboreus, est mal appellé
par quelques Auteurs *Quinquarbres*.
Il n'a point pris d'autre nom que celui de *Cinquarbres*, c'est ainsi qu'il
a signé un Placet presenté au Roy
en 1585. pour le rétablissement
d'*Henri de Monantheuil* : & il n'est
point appellé autrement par tous ses
contemporains.

Il naquit à *Aurillac* en Auvergne.
Son goût pour les langues orientales
se déclara de bonne heure, mais
on pensa l'étouffer dès sa naissance.
Quelques personnes voulurent persuader à son pere de le détourner de
cette sorte d'étude, & ils y auroient
reüssi, si *Raimond Cabrol*, Elû du Pays,
n'avoit interposé le credit qu'il avoit
sur son esprit, pour obtenir au jeune *Cinquarbres* la liberté de suivre
son inclination.

Cinquarbres se rendit habile dans
les Langues Hebraïque & Syriaque
par les instructions de *Paul Paradis*,

Tome XXXIX.   T

& *François Vatable*, Professeurs
Royaux, sous lesquels il étudia à
Paris.

Devenu capable d'enseigner lui-
même les autres, il fut fait Professeur Royal en Langue Hebraïque &
Syriaque, au mois de Novembre de
l'an 1554. comme il le marque dans
une édition de sa Grammaire Hebraïque faite en 1556.

Dès l'an 1575. il étoit Doyen des
Professeurs Royaux. C'est ce qui paroît par la souscription des vers He-
braïques, qu'il a mis à la tête de la
Cosmographie de *Thevet*, imprimée
cette année.

Il mourut en 1587. & eut pour
successeur dans sa Chaire *François
Jourdain*, de Normandie.

Catalogue de ses Ouvrages.

1. *Opus de Gramatica Hebræorum.
Accessit liber de notis Hebræorum. Paris. 1546. & 1549. in-4o. It. 3*e*. Editio. Paris. 1556. in-4°. It.* sous ce titre : *Institutiones Linguæ Hebraicæ.
Paris. 1582. in-4°. It. Adjectis annotationibus Petri Vignalii. Paris.
1609. in-4o. & 1621. in-8°.* Il n'y
a rien de fort singulier dans cet Ouvrage.

2. *Tabula Nicolaï Clenardi in Grammaticam Hebræam à Joanne Quinquarboreo à mendis repurgata, & annotationibus illuſtrata. Pariſ. 1564. in 4o. & in-8o.*

3. *Jonathanis Chaldæi Targum, ſeu Paraphraſis Caldaica in Hoſeam, Joelem, & Amos ; nec non alterius autoris incerti Paraphraſis in Ruth, & Jeremiæ Lamentationes, Latinè redditæ per Joannem Quinquarboreum, cum ſcholiis. Pariſ. 1556. in-4o.* Il promet dans ſon Epître dédicatoire au Cardinal de *Lorraine* une verſion latine de toutes les paraphraſes Chaldaïques de l'Ancien Teſtament ; mais quoiqu'il ait vécu 31 ans depuis cette promeſſe, il ne l'a pas tenue. Sa traduction de la paraphraſe ſur les Lamentations de *Jeremie* avoit déja été imprimée ſéparément à *Paris* en 1549. *in-*4o. & celle ſur *Oſée* en 1554. en même forme.

4. *Evangelium ſecundùm Matthæum in lingua Hebraica, cum verſione Latina atque ſuccinctis annotationibus Sebaſtiani Munſteri ; cura Joannis Quinquarborei, editum. Pariſ. 1551. in-8o.* Cinquarbres qui a procuré cette édi-

tion a mis une Preface à la tête.

5. *Avicennæ libri tertii Fen primæ
tractatus quarti, in quo scribit de ægritudinibus capitis & noxa multa illarum
in functionibus sensus & moderaminis,
sive partis rectricis, ex Hebraïca in Latinam translatio. Parif.* 1572. *in-8o.*

6. *Avicennæ libri tertii Fen secundæ
quæ est de ægritudinibus Nervorum, ex
Hebraïca in Latinam versio. Parif.*
1570. *in-8o.*

7. Il a mis 14 vers Hebreux à la
louange d'*André Thevet* à la tête de
la Cosmographie de cet Auteur, imprimée en 1575.

V. *Colomesii Gallia Orientalis.* p.
65. *Duval, le College Royal.* Ce qu'il
en dit, est fort superficiel & peu
exact. *La Bibliotheque Françoise de la
Croix du Maine.*

JEAN SCHEFFER.

JEan *Scheffer* naquit à *Strasbourg*
l'an 1621.

Il s'appliqua beaucoup aux Antiquités Grecques & Latines, & à l'Histoire, & s'y rendit fort habile.

Les guerres qui affligeoient son
pays le déterminerent à en sortir, &
la recéption favorable que la Reine

de Suede , *Christine* , faisoit aux gens J. Schef-
de Lettres, l'engagea à se retirer dans fer.
ce Royaume.

Il y étoit en 1648. & il y fut fait
Professeur en Eloquence & en Politique à *Upsal* , cette même année.
Il y fut depuis Professeur Royal honoraire du Droit de la nature & des
Gens , & Assesseur du College Royal
des Antiquités. Enfin il fut choisi
pour être Bibliothécaire de l'Académie d'*Upsal*.

C'est à ceci que se termine le peu
que nous sçavons de sa vie.

Il mourut le 26. Mars 1679. âgé
de 58 ans , après avoir professé environ trente ans.

Catalogue de ses Ouvrages.

1. *Dissertatio de varietate Navium
apud veteres. Argentinæ.* 1643. *in-*4°.
It. inséré dans ses Livres *de Militia
Navali Veterum. Upsaliæ* 1653. *in-*
4°. It. Dans le 11. volume des
Antiquités grecques de *Gronovius*
p. 769. Il y a beaucoup d'érudition
dans cet Ouvrage, de même que dans
tous les autres de *Scheffer*.

2. *Agrippa Liberator, sive Diatriba de
novis Tabulis. Argentinæ* 1645. *in-*8°.

It. Dans le 8e. tome des Antiquités Romaines de *Gronovius* p. 975.

3. *Epistola de Triremibus veterum.* Cette Lettre que *Scheffer* écrivit de *Strasbourg* à *Thomas Bartholin* l'an 1646. se trouve dans la 1e. centurie des *Epistolæ medicinales* de ce sçavant Danois, imprimée en 1663. p. 310.

4. *Æliani variæ Historiæ, Græcè & Latinè, ex versione Justi Vulteii, cum notis Joannis Schefferi. Argentorati.* 1647. in-8°. It. *Ibid.* 1662. in-8o. Il y a quelque chose d'ajoûté à cette nouvelle édition ; mais *Scheffer* s'est plaint de ce qu'elle étoit peu correcte. It. *Editio novissima, curante Joh. Kuhnio. Argentorati* 1685. in-8o. *Khunius* a ajoûté à cette édition de nouvelles notes posthumes de *Scheffer*, avec d'autres de *George Matthias Kœnig*, & de lui-même.

5. *Epistola consolatoria ad Ill. DD. Benedictum & Jacobum Skytte. L. Barones in Duderhoff, in obitu Ill. D. Mariæ Neaf, matris ipsorum, una cum ejusdem Epitaphio. Upsaliæ* 1650.

6. *Latini Pacati Panegyricus Theodosio Augusto dictus, cum notis Philologicis & Politicis. Holmiæ* 1651. *in-*

80. It. *Cum notis auctioribus.* Upfaliæ. 1668. *in-8°.*

7. *Oratio funebris in obitum Ill. D-*
Jacobi Ponti de la Gardie, Regni Sue-
ciæ Archistrategi. Upfaliæ 1652. *in-8°.*

8. *De stylo ad consuetudinem vete-*
rum liber singularis. Upfaliæ. 1653.
in-80. It. *Auctior. Ibid.* 1657 *in* 80.
Avec le *Gymnasium styli.* It. Avec le
même Ouvrage. *Ibid.* 1665. *in-80.*
It. *Accessit Joannis Henrici Boecleri*
dissertatio de comparanda latinæ linguæ
facultate. Jenæ. 1678. & 1690. *in-80.*

9. *De militia Navali veterum libri*
IV. Upfaliæ 1654. *in-40. Scheffer*
avoit preparé depuis une nouvelle
édition de cet Ouvrage, & en avoit
même envoyé le manuscrit en Hol-
lande ; mais elle n'a point paru. *Ni-*
colas Witfen, qui a eu communica-
tion de son manuscrit, en a tiré plusieurs choses qu'il fait entrer dans
son *Architecture Navale*, écrite en
Flamand, comme *Scheffer* s'en est
plaint à *D. G. Morhof.*

10. *Oratio in discessu Reginæ Chris-*
tinæ, habita. Upfaliæ 1654.

11. *De Antiquorum Torquibus Syn-*
tagma. Holmiæ 1656. *in-80.* It. Dans

J. SCHEF-
FER.

le 12. volume des Antiquités Romaines de *Grævius* p. 901.

12. *Gymnasium styli, seu de vario
scribendi exercitio ad exemplum veterum. Præmittitur liber de stylo auctior.
Upsaliæ* 1657. *in-8o.* It. Dans toutes
les éditions suivantes du Livre de
stylo.

13. *Titulus sepulchralis in obitum
Caroli-Gustavi, Regis. Upsaliæ* 1660,
in-fol.

14. *Memoria Jacobi Augusti, &
Joannis Caroli de la Gardie, Comitum
in Leko, fratrum. Upsaliæ* 1662. *in-fol.*

15. *Epistola de Torque Frothonis III.
Regis Danici, ac Pygmæorum fabula.*
Cette Lettre, qui est adressée à *Thomas Bartholin,* est de l'an 1662. &
se trouve dans la 4e. Centurie des
Epistolæ Medicinales de ce Savant,
imprimée en 1667. p. 420.

16. *Phædri fabularum libri V. cum
Joannis Schefferi annotationibus, &
Francisci Guyeti notis. Upsaliæ* 1663.
in 8o. It. *Cum notis auctioribus. Accedit versio Gallica & index. Ibid.*
1667. *in-8o.* It. 3a. *Editio, cum notis
auctioribus & emendatioribus. Hamburgi* 1673. *in* 8o. Ce sont là les

trois éditions que *Scheffer* a données, J. Schef-
il s'en est fait après sa mort plu- fer.
sieurs autres, qui leur sont conformes, telles sont celles de *Franequer*
1694. *in* 80. dans laquelle on a fait
entrer la traduction Flamande de
Jean Hilaris, & celle d *Hambourg*
de l'an 1706. *in* 80.

17. *De Natura & Constitutione Philosophiæ Italicæ, seu Pythagoricæ liber
singularis. Upsaliæ* 1664. *in*-8°. It.
Ibid. 1692. *in*-8°. C'est la même
édition dont on a seulement rafrai-
chi la date, en changeant la premiere
feuille. It. *Editio* 2ª. *cui accedunt
Aurea Pythagoræ carmina; cum præfatione C. S. Schurzfleischii Wittebergæ* 1701. *in*-80. Cet Ouvrage n'est
qu'un essai d'une histoire complette
de la Philosophie Pythagoricienne
que *Scheffer* promettoit, mais qu'il
n'a pas achevée.

18. *Dissertatio de Republica felici &
diurna ex Sallustii Catil. cap. 9. Upsaliæ* 1664. *in*-40.

19. *Arriani Tactica & Mauricii
Artis militaris libri XII. Gracè &
Latinè, Interprete & Notatore Joanne
Scheffero. Upsaliæ* 1664. *in*-8°. Il y a

J. Schef-
fer.

bien des fautes dans cette édition.
Nicolas Blankaart a fait réimprimer
la version d'*Arrien* par *Scheffer*, auſſi
bien que ſes notes, dans l'édition
qu'il a donnée de cet Auteur grec à
Amſterdam l'an 1683. *in* 8°.

20. *Gotrichi & Rolſi Weſtrogothiæ*
Regum Hiſtoria, lingua antiqua Gothi-
ca ab incerto & vetuſtiſſimo autore
conſcripta, & verſione nova ſuecica ac
notis ab Olao Verelio illuſtrata. Acce-
dunt Joannis Schefferi notæ Politicæ.
Upſaliæ 1664. *in* 8°.

21. *Petronii fragmentum nuper Tra-*
gurii repertum, cum Joan. Schef-
feri annotationibus, & diſſertatio-
ne de fragmenti hujus vero autore.
Upſaliæ 1665. *in* 8°. *Scheffer* ſoutient l'autenticité de ce fragment.
It. *Cum ſcholiis Thomæ Reineſii. Lyp-*
ſiæ 1666. *in* 8°. *Reineſius*, qui a inſeré dans cette édition les notes de
Scheffer, & ſa diſſertation, s'accorde
avec lui ſur l'autenticité du fragment;
mais il ſoutient contre lui, qu'on y
a inſeré pluſieurs choſes qui ne peuvent être de Petrone, & le critique
en pluſieurs points. Ce qu'on voit
ici de *Scheffer*, a été mis encore dans

une édition de *Petrone*, donnée par J. Scnef-
Michel Hadrianides. *Petronius cum* fer.
fragmento, *Catalectis*, & *variorum no-*
tis. Amstelod. 1669. *in-*80. Pierre *Bur-*
man l'a fait aussi entrer dans l'édition
de cet Auteur, qu'il a donnée à
Utrecht en 1709. *in-*40.

22. *Oratio ad Carolum Regem*, *cum*
studiorum gratia primum venisset Up-
saliam. Upsaliæ 1665. *in-*40.

23. *Regnum Romanum*, *sive disser-*
tationes Politicæ septem, *in librum pri-*
mum Livii, *qui est de Regibus Roma-*
norum. Ibid. 1665. *in* 40.

24. *Upsalia antiqua*, *cujus occasione*
plurima in Antiquitatibus Borealibus
& *gentium vicinarum explicantur.*
Upsaliæ 1666. *in-*80.

25. *Appendix notarum in fragmen-*
tum Petronii. Upsaliæ. 1668. *in* 80.
Scheffer composa cet *Appendix* pour
soutenir son sentiment sur le fragment de *Petrone*, & pour répondre
à ce que *Thomas Reinesius* avoit dit
contre lui dans son édition.

26. *Memoria Joannis Canuti Lenæi*,
Archiepiscopi Upsaliensis. Upsaliæ
1669. *in-*40. It. dans la 13e. Deca-
de des *Memoria Theologorum nostri*

J. SCHEF-*saeculi , curante Henningo Witten.*
FER.   *Francofurti.* 1684. *in-*80. p. 1650.

27. Graphice , *seu de arte pingendi
liber singularis. Norimbergae* 1669.
in 80.

28 *Institutio Regia , lingua veteri
Suecica , cum versione Latina & notis.
Holmiae* 1669. *in-fol.*

29. *Aphtonius , Theon , & alii ,
Graecè & Latinè , cum notis brevibus
& indice auctorum ab ipsis citatorum ,
Upsaliae* 1670. *in-*80.

30. *Index in libros Grotii de Jure
Belli & pacis , scriptus in usus studiosorum , qui privatim eos audiebant ex-
plicari à Cl. Boeclero anno* 1657.
Amstelodami 1670. *in-*40. sans nom
d'Auteur. It. *Jenae.* 1673. *in-*4°.

31. *Epistola ad Axelium Oxens-
tierna, Comitem in Sodermore, postquam
valedixisset Upsaliae. Ibid.* 1671.
*in-*4°.

32. *De re Vehiculari veterum libri
duo. Accedit Pyrrhi Ligorii de vehi-
culis antiquis fragmentum ex ejus libro
de familiis Romanis , nunc primum
editum Italice , cum Latina versione
& notis ejusdem Schefferi. Francofurti*
1671. *in-*4°.

33. *Memorabilium Suecicæ gentis* exemplorum liber singularis. *Amstœlod.* 1671. *in-8o.* It. *Hamburgi* 1687. *in-8o.*

J. Schef-
fer.

34. *Samuelis Bocharti de quæstione* ; *Num Æneas unquam fuerit in Italia,* dissertatio Epistolica, *ex Gallica versa in Latinum. Hamburgi* 1672. *in-12.* It. Avec la *Geographia sacra de Bochart. Francofurti* 1681. *in-40.* V. l'article de cet Auteur tom. 26. de ces Memoires , pp. 208. 209.

35. *Constantini Opelii de fabrica Triremium Epistola ad Amicum. Eleutheropoli* 1672. *in-40.* Scheffer s'est caché ici sous le nom de *Constantin Opelius* pour attaquer l'ouvrage de *Meibomius* sur les Triremes.

36. *Oratio ad Carolum Regem , cum primum manus admovisset gubernaculis Imperii. Upsaliæ* 1673. *in-40.*

37. *Incerti authoris Chronicon de Archiepiscopis & Sacerdotibus cæteris Ecclesiæ Upsaliensis ad annum* 1448. *nunquam ante editum, cum notis. Upsaliæ.* 1673. *in-8o.*

38. *Lapponia , seu gentis regionisque Lapponum descriptio accurata ; cum figuris. Francofurti* 1673. *in-40.*

J. Schef- It. traduite en françois sous ce ti-
fer.   tre : *Histoire de la Laponie, sa des-*
cription, l'origine, les mœurs, la ma-
niere de vivre de ses habitans, leur re-
ligion, leur magie, & les choses rares
du pays. Avec plusieurs additions &
augmentations fort curieuses, qui jus-
qu'ici n'ont pas été imprimées. Tradui-
tes du latin de M. Scheffer, par L.
P. A. L. (le P. Augustin Lubin) Pa-
ris 1678. *in*-4o. It. *traduite en An-*
glois. Oxford. 1674. *in*-4o. It. *tra-*
duite en Allemand. Nuremberg. 1674.
in 8o.

39. *Hygini opera, à Joanne Schef-*
fero, cum notis & dissertatione de eo-
rum vero autore. Accedunt & Thomæ
Munckeri in Hyginum Annotationes.
Hamburgi 1674. *in*-8o.

40. *Riposte del sign. Gio. Scheffero à*
quesiti intorno all' Ambra, Rodini,
imbiancamento d'Animali, pesci sotto
il ghiacciò, e à diversi effetti del fred-
do. Dans le Journal de *Rome* de l'an
1674. p. 88.

41. *Israël Erlandus de vita & mi-*
raculis S. Erici Sueciæ Regis, editus
cum notis. Holmiæ 1675. *in*-8o.

42. *De tribus orbibus aureis nuper*

in Scania erutis è terra, disquisitio An- J. SCHEF-
tiquaria. Holmiæ. 1675. *in-*80. FER.

43. *Lectiones Academicæ, seu notæ
in Scriptores aliquot Latinos & Græ-
cos. Hamburgi* 1675. *in-*80.

44. *Memoria D. Laurentii Stigzelii,
Archiepiscopi Upsaliensis. Holmiæ*
1677. *in-fol.*

45. *De situ & vocabulo Upsaliæ
Epistola defensoria. Holmiæ* 1677.
*in-*80.

46. *Justinus, cum annotationibus
criticis. Hamburgi* 1677. *in-*12.

47. *De excerptis annotationibus ex
scriptis Caroli, Episcopi Arosiensis,
judicium. Holmiæ* 1678. *in-*80.

48. *De institutione Litteraria Ill.
& generosi adolescentis consilium. Holmiæ* 1678. *in-*80. It. *Hamburgi* 1683.
*in-*80. It. Dans le second tome du
Recueil de *Thomas Crenius*, intitulé : *Variorum authorum consilia & studiorum Methodi. Roterodami* 1692.
*in-*40.

49. *De antiquis verisque Regni Sueciæ Insignibus. Holmiæ* 1678. *in-*40.

50. *Julii Obsequentis de Prodigiis libellus cum annotationibus. Amstelodami.* 1679. *in* 80.

J. Scheffer.

51. *Suecia litterata, seu de scriptis & scriptoribus gentis Sueciæ. Opus posthumum.* Holmiæ 1680. *in*-8o. It. *Nunc denuo emendatius editum, & Hypomnematis Historicis illustratum à Joanne Mollero.* Hamburgi 1698. *in*-8o. It. Avec le traité d'*Albert Bartholin, de scriptis Danorum,* & l'ouvrage de *Jean Mollerus,* intitulé : *Introductio ad Historiam Ducatuum Slesvicensis & Holsatici,* sous le titre general de *Bibliotheca septentrionis eruditi. Lipsiæ* 1699. *in*-8o. *Scheffer* s'étant borné aux Ouvrages, dont il donne une liste assez étendue, *Mollerus* a ramassé plusieurs choses sur les Auteurs mêmes, & a fait d'ailleurs plusieurs additions au catalogue des Ouvrages.

52. *Breviarium Politicorum Aristotelis. Accessit ejusdem consilium de studiis in Philosophia practica & Historia recte instituenda.* Holmiæ 1684. *in* 8o.

53. *Hugo Grotius de Jure Belli & Pacis, in usum Gustavii Adolphi, Comitis de la Gardie, enucleatus.* Stettini *in*-12. On voit ici toute la doctrine renfermée dans le livre de *Grotius*

tius contenue en quelques Theses
aſſez abregées.

54. *Miſcellanea ; quibus continentur
Matthæi Camariotæ Rhetorica cum
verſione & notis. Animadverſiones in
Cornelii Nepotis Miltiadem , Plinii
Epiſtolas , Curtium , Ciceronis libros de
Legibus , Apocolocyntoſin ſenecæ , &
fragmentum Petronii Tragurianum.
Præmiſſum eſt Autoris elogium , cum
ſuccincta de ſcriptis à Scheffero editis
promiſſiſque commemoratione. Amſtælo-
dami* 1698. *in-*8o. Cet ouvrage n'eſt
point different de ſes *Lectiones Academicæ* , que j'ai marqué ci-deſſus
nº. 43. On a ſeulement changé le
titre & la date , & ajoûté l'éloge
de l'Auteur & un catalogue de ſes
Ouvrages , qui n'eſt pas complet.

55. *Diſſertatio de Toga & Sago. Upſaliæ. in-*4o. C'eſt une Theſe , dont
j'ignore la date , auſſi bien que des
ſuivantes.

56. *De præſtantia Monarchiæ. Ibid
in* 4o.

57. *De Rota fortunæ Romanæ , ex
ſalluſtii Catilin. c.* 10. *Ibid. in-*4o.

58. *De Inſtinctu ſacrificandi in Gen-
tilibus. Ibid. in-*4º.

Tome XXXIX.　　　　V

59. *De Aulico; è Taciti libro 4.
Annalium. Ibid. in-4°.*

60. *De Clarigationibus Bellicis.
Ibid. in-4°.*

61. *De Senatore ; è Ciceronis libro
3. de Legibus. c. 18. Ibid. in-4°.*

62. *De Jure naturæ, ejusque fun-
damento. Ibid. in-4°.*

63. *De ortu status Politici, & nor-
ma politice vivendi. Ibid. in-4°.*

V. *Joannis Schefferi Suecia Litterata, & Hypomnemata Joannis Mol-
leri. Witenii Diarium Biographicum.
Son éloge à la tête de ses Miscellanea.*

FRANÇOIS LAMBERT.

F. Lam-
bert.

François Lambert naquit l'an
1487. à *Avignon*, où son pere
étoit Secretaire de la Legation, & du
Pàlais Apostolique, d'une famille
originaire d'*Orgelet*, petite ville de
la Franche-Comté.

Ayant perdu son pere dès sa premiere jeunesse, il se dégouta du
monde, & entra à l'âge de quinze
ans chez les Cordeliers, où il fit

profeſſion âgé ſeulement de ſeize
ans & quelques mois.

Lorſqu'il eut été ordonné Prêtre, il ſe donna avec ſuccès à la Prédication, qui l'occupa pendant pluſieurs années. Le deſir d'une vie plus
auſtere lui ayant fait prendre le deſſein de paſſer dans l'Ordre des Chartreux, il ſe mit en devoir de l'exécuter ; mais les Cordeliers y appor-
terent tant d'obſtacles, qu'il ne put
y réuſſir.

Il prit depuis des réſolutions bien
differentes : car ayant lû les écrits de
Luther, & s'étant laiſſé entrainer à
ſes ſentimens, il ſongea à abandonner ſon Ordre, où l'on commençoit à lui faire de la peine à ce ſujet.

Il le quitta effectivement en 1522.
après y avoir demeuré vingt ans,
& ſe retira d'abord en Suiſſe. Il y fut
fort bien reçu par *Sebaſtien de Mon-
tefalcone*, Evêque & Prince de *Lau-
ſanne*, dont la protection lui fut utile
à *Berne* à *Zurich*, à *Baſle*, & à *Fribourg*,
où il paſſa & prêcha ſucceſſivemnt.
Son voyage à *Zurich* ſe fit dans le
deſſein de conferer avec *Zuingle* ſur
la Religion.

F. LAM-
BERT.

Cette conference se fit publiquement le 17 Juin de cette année 1520.

Comme son nom étoit fort connu
dans tout l'Ordre de S. François, il
en changea à sa sortie de France, &
prit celui de *Jean Serranus*, sous lequel il fut d'abord connu en Suisse
& en Allemagne, mais qu'il quitta
aussi tôt qu'il fut en lieu de sûreté.

Au mois de Novembre de la mê-
me année 1522. il alla à *Eisenac* dans
la Thuringe, & y soutint publiquement le 21. Decembre, des Theses sur
le mariage des Ecclesiastiques, la
Confession, le Baptême, la Contri-
tion, la Satisfaction, la reserve des
cas, conformément aux sentimens
des Lutheriens.

Il quitta cette ville au mois de
Janvier de l'année suivante 1523. &
se rendit à *Wittemberg* pour voir *Luther*, qui trouvant en lui un disciple
capable de répandre ses erreurs, lui
témoigna beaucoup d'affection, &
prit un soin particulier de lui.

Lambert pour n'être point oisif dans
cette ville, expliqua à la jeunesse le
Prophéte *Osée* & ensuite quelques
autres livres de l'Ecriture sainte. Il

croyoit trouver par là quelque res- F. LAM-
source pour les besoins de la vie BERT.
dans la liberalité de ses Auditeurs ;
mais il se trompa. On alla l'écou-
ter, & peu lui donnerent. C'est dont
il se plaint dans une de ses Lettres.

Il avoue lui même, qu'il n'avoit
pas le don de continence, & que
quoiqu'il eût vécu jusques-là chaste-
ment, il ne pouvoit se passer d'une
femme. Aussi en prit-il une la même année 1523. & épousa le 20.
Juillet la fille d'un Boulanger d'*Hertz-
berg*, qui étoit alors en condition
chez un Medecin de *Wittemberg*.

L'année suivante 1524. il quitta
VVittemberg contre le sentiment de
Luther, de *Melanchthon*, & de ses
autres amis, & se rendit à *Metz*,
où il étoit appellé, dans le dessein de
répandre le Luthéranisme parmi les
François du pays. Mais il ne trouva pas dans cette ville ce qu'il souhaitoit : on y faisoit une si rude guerre à la nouvelle Religion, que voyant
qu'il n'y avoit pas de sûreté pour lui,
il se hâta d'en sortir au bout de huit
jours, sans y avoir prêché une seule
fois, & se retira à *Strasbourg*.

F. LAM-
BERT.

Il demeura tranquille dans cette ville, occupé de la composition de divers ouvrages, jusqu'en 1526. que *Philippes*, Landgrave de Hesse, qui vouloit introduire le Lutheranisme dans ses Etats, & à qui on le recommanda comme un homme capable de répondre à ses vûes, le fit venir à *Hombourg*.

Là pendant un Synode assemblé au mois d'Octobre, il soûtint en Latin des Théses, auxquelles il donna le nom de Paradoxes, contre tous ceux qui voulurent disputer, pendant qu'*Adam Craton* fit la même chose en Allemand. Ils y remporterent la victoire, parce que les Catholiques, qui les contredisoient, ne furent point écoutés; *Nicolas Herborn*, Gardien des Cordeliers de *Marpourg*, & *Jean Sperber*, qui étoient les principaux contradicteurs, furent même obligés de sortir de la Hesse. La ruine des Monasteres étoit resolue; tous ceux qui les habitoient en furent chassés, & leurs revenus appliqués à l'Académie de *Marpourg*, & à quatre Hôpitaux du Pays;

L'Academie de *Marpourg* fut éta-

blie l'année suivante 1527. & *Lam-* F. LAM-
bert y fut fait premier Profeſſeur en BERT.
Theologie. Comme il ſe trouvoit
dans ce poſte plus au large, qu'il n'a-
voit été juſques-là, il ne donna plus
gueres d'ouvrage. C'étoit une reſ-
ſource, qui lui avoit été fort utile
pendant ſes temps de diſette, & dont
il n'avoit plus tant de beſoin.

Il aſſiſta au colloque de *Marpourg*
qui ſe tint en 1529. par les ordres
du Landgrave *Philippe* entre les
Theologiens de Saxe, de Suabe, de
Suiſſe & quelques autres, non point
en qualité de tenant, mais ſimple-
ment comme auditeur.

Abraham Scultet rapporte que *Lam-*
bert convaincu par les raiſons des
Suiſſes, abandonna les ſentimens de
Luther ſur la Cêne, qu'il avoit ſuivis
juſques-là, pour embraſſer les leurs;
& l'on a effectivement une lettre de
lui qui le témoigne poſitivement.
Quelques-uns doutent de la verité
de cette Lettre, parce qu'elle a été
publiée pour des Suiſſes, c'eſt à-
dire par des perſonnes ſuſpectes ſur
cet article, & refuſent de s'en rapporter à *Scultet*, qui étoit Calviniſte;

P. LAM-
BERT.

mais ils n'apportent aucune raison valable pour affoiblir ce double témoignage, auquel on peut s'arrêter d'autant plus que c'est une chose qui n'est d'aucune conséquence.

Lambert mourut peu après ce colloque, c'est-à-dire le 18. Avril 1530. de peste, ou plutôt de la sueur Angloise, qui faisoit alors de grands ravages dans le pays. Il étoit âgé de 43 ans.

Ses écrits font voir que c'étoit un homme vif & zélé pour les intérêts de la secte qu'il avoit embrassée : il y affecte partout un air devot, & il y déchire sans pitié l'Eglise qu'il avoit abandonnée suivant l'usage des proselytes, qui veulent se faire valoir par là auprès de ceux dont ils ont embrassé les sentimens.

Catalogue de ses Ouvrages.

1. *Francisci Lamberti, Avenionensis Theologi, rationes, propter quas Minoritarum conversationem habitumque rejecit. in 80.* Cette piéce est de l'an 1523. Comme elle est courte & rare, *Jean Georges Schelhorn* l'a inserée dans le 4e. tome de ses *Amœnitates Litterae.* p. 312. 324.

2.

P. LAM-
BERT.

2. *Propositiones apud Isenacum exposita, quarum plures antea ibidem dis-
putandas tradiderat idem Theologus,
qui exposuit sequentes, & quoniam nul-
lus fuit, qui adversaretur, propterea
illas adauxit, ut clariores fierent præ-
cedentes ex his quæ sequentur.* Ces propositions, qui sont au nombre de
139. se trouvent en manuscrit dans
la Bibliothéque de *Raymond de
Krafft* à *Ulm. Schelhorn* en a seulement inséré six *de reservatione casuum*
dans le même volume de ses *Amœnitates Litterariæ.* p. 328.

3. Le même a aussi fait entrer dans
le même volume p. 334. & suiv. sept
lettres de *Lambert*, qui sont toutes
de l'an 1523. & écrites, à l'exception de la premiere, à *Georges Spalatin.* Elles contiennent plusieurs particularités qui le regardent. Elles
ont été tirées de la Bibliotheque de
Raymond de Krafft.

4. *Evangelici in Minoritarum Re-
gulam Commentarii, quibus palam sit,
quid tam de illa, quàm de aliis Mo-
nachorum regulis & constitutionibus
sentiendum sit.* 1523. *in-*8o. It. sous
cet autre titre : *In regularum Mino-*
Tome XXXIX. X

P. LAM-
BERT.

ritarum & contra universas perditionis
sectas F. Lamberti commentarii vere
Evangelici, denuo per ipsum recogniti
& locupletati. Sectarum regni filii per-
diti catalogum in prologo habes. Ar-
gentorati 1525. *in-*8°. pp. 125. non
chiffrées. On trouve à la tête de
cet ouvrage une Epître de *Mar-*
tin Luther, une autre d'*Annemun-*
dus Coctus, Eques Gallus, & une troi-
sieme de *Lambert*, toutes de l'an
1528. On en a une traduction Françoise, que les Bibliotheques de *du*
Verdier & de *la Croix du Maine*
marquent sous ce titre : *Declaration*
de la Regle & état des Cordeliers,
mais elles n'en indiquent point la
date, elle a dû cependant paroître au
plus tard en 1525. puisque *Lambert*
en parle à la fin de son livre *de Sa-*
cro conjugio publié cette année, où
il se plaint de ce qu'elle avoit été
faite & imprimée si à la hâte, qu'on
en avoit retranché plusieurs choses,
pour avoir plutôt fini. *Lambert* a
composé ce prétendu commentaire
en homme, qui croyoit ne pouvoir
mieux justifier son apostasie, qu'en
décriant l'Ordre qu'il avoit quitté.

5. *Commentarius in Evangelium Lu-* F. LAM-
cæ. Witteberga 1523. *in-*8°. It. *No-* BERT.
rimberga. 1525. *in-*8°. It. *Argento-*
rati 1525. *in-*8°. It. *Francofurti.*
1693. *in-*8°. Il dédia cet ouvrage à
George Spalatin, son protecteur.

6. On trouve une de ses Lettres à
Frederic Electeur de Saxe, datée du
2. Novembre 1523. dans le *Mani-*
pulus primus Epistolarum singularium
à Joanne Friderico Hekelio publicatus.
Plaviæ Variscorum 1695. p. 77.

7. *De sacro conjugio commentarius*
Franc. Lamberti, in positiones 69. *par-*
titus. Ejusdem. Antithesis Verbi Dei &
inventorum hominum, prima positione.
Ejusdem Psalmi, sive cantica septem.
Norimbergæ 1525. *in-*8°. On voit à
la tête une longue Epître au Roi *Fran-*
çois I. où il parle de son changement,
& exhorte la ville d'*Avignon* & le
Comtat Venaissin à suivre son exemple. Il composa cet Ouvrage à l'occasion de son mariage.

7. *In Cantica Canticorum Salomonis,*
libellum quidem sensibus altissimis, in
quo sublimia sacri conjugii Mysteria,
quæ in Christo & Ecclesia sunt, per-
ractantur, Fr. Lamberti Commenta-

X ij

F. LAM-
BERT.

rii, VVitembergæ *prælecti.* Argentoratî
1524. *in-*8o. Feuill. 119. L'Auteur
a mis encore à la tête une Epître dédicatoire au Roy *François I.* dans
laquelle il parle de l'ouvrage précedent, qui par consequent a dû paroître avant celui ci. Ainsi il doit y
avoir faute dans la date de l'un ou
de l'autre.

9. *De fidelium vocatione in regnum
Christi, id est, Ecclesiam. De vocatione ad Ministeria ejus, maxime ad
Episcopatum. Item de vocatione Matthiæ per sortem ac similibus, &
ibi multa de sortibus. Fr. Lamberto
Autore. in* 8o. Feuill. 23. sans date
& nom de lieu. Mais comme il y marque qu'il avoit été appellé à *Metz*
l'année précedente, l'impression doit
être de 1525. D'ailleurs les caracteres font connoître qu'elle a été faite
à *Strasbourg.*

10. *Farrago omnium fere rerum
Theologicarum. in-*8o. Feuill. 52. On
n'y voit point de date ; mais l'Auteur marque en un endroit que l'ouvrage est de l'an 1525. Ce font 385.
Paradoxes, comme il les appelle, ou
propositions contenues en 13. chapitres, dans lesquelles est renfermé

tout fon fyftéme théologique. On F. LAN-
voit à la tête une longue Epître dé- BERT.
dicatoire, où il témoigne qu'il avoit
eu deffein de répondre aux *centum*
paradoxa Conradi Tregarii , Augufti-
niani , de Ecclefiæ Conciliorumque au-
toritate , mais qu'ayant été prévenu
par *VVolfg. Capiton* , & *Martin Bu-*
cer , il fe contenta de leur oppofer
d'autres paradoxes.

11. *Commentarii in Ofeam. Argen-*
torati 1525. *in* 8°. Après le commentaire fur le 4e. chapitre l'Auteur a
inferé une longue digreffion *de ar-*
bitrio hominis in folo Chrifto vere libe-
ro , in fe autem multis nominibus ma-
xime fervo.

12. *Commentarii de caufis excaca-*
tionis multorum fæculorum . ac verita-
tis denuo & noviffime Dei mifericordia
revelata , deque imagine Dei , aliifque
nonnullis infigniffimis locis , quorum in-
telligentia ad cognitionem veritatis per-
plexis ac piis mentibus non parum lu-
*minis affert. in-*80. Feuill. 96. fans
date , ni nom de lieu. Cet ouvrage ,
qui eft divifé en fix traités , préce-
dés d'un long prologue , a paru avant
le commentaire fur *Joël* , dans lequel
il en eft parlé.　　　　X iij

13. *In Johelem Prophetam, qui è
duodecim secundus est, commentarii. in-
8o.* Feuill. 60 fans date ni nom de
lieu. Mais les caracteres font connoître que ce Commentaire a été imprimé à *Strasbourg*, auffi-bien que
l'ouvrage précedent; & il est facile de
juger par l'Epître dédicatoire que l'é-
dition s'en est faite en 1525.

14. *Commentarii in Amos, Abdiam
& Jonam, & Allegoriæ in Jonam.
Argentorati 1525. in-8o.*

15. *Commentarii in Micheam, Naum,
& Abacuc. Ibid.* 1525. *in-8o.*

16. *Commentarii in Sophoniam,
Aggeum, Zachariam & Malachiam.
Ibid.* 1526. *in-8o.*

17. *Commentarii de Prophetia, eruditione & linguis, deque littera & spi-
ritu. Ejusdem libellus de differentia stimuli carnis satanæ nuncii & ustonis.
Argentorati.* 1526. *in-8o.* Feuill. 138.
On a mis dans le titre l'année 1516.
mais c'est une faute d'impression. Le
traité de *Prophetia, &c.* a été réimprimé à *Helmstadt* en 1678. *in-4o.*
Le petit ouvrage de *differentia stimuli
carnis, &c.* est fort court, & ne tient
que six pages.

18. *Theses Theologicæ in Synodo* F. Lam-
Homburgensi disputatæ. Erfurti 1527. ber l.
*in-*4°. C'est ainsi que *Schelhorn* marque cet ouvrage ; je ne connois point
cette édition ; mais j'en ai vû une qui
a pour titre. *Quæ Franc. Lambertus,*
Avenionensis apud sanctam Hessorum
Synodum Hombergi congregatam pro
Ecclesiarum reformatione , Dei verbo
disputanda & deservienda proposuit.
Ejusdem Epistola ad Colonienses de
ipsa venerabili Synodo , adversus Ni-
colaum Herborn , Minoritam , asser-
torem & consarcinatorem mendaciorum.
Erphordiæ 1527. *in-*8o. Feuill. 54 en
caracteres gothiques. Les theses qu'on
voit ici , & ausquelles l'Auteur don-
ne le nom de paradoxes , sont au
nombre de 158. & *Lambert* les a ac-
compagnées de courtes preuves.
Abraham Scultet les a inserées dans ses
Annales Evangelii sur l'année 1526.
La lettre contre *Herborn* est datée de
Marpourg le 15. Fevrier 1527. Elle
tend a refuter un ouvrage que ce
Cordelier publia aussi-tôt après le
Synode d'*Hombourg* , sous ce titre :
Assertiones trecentæ ac viginti sex Fr.
Nicolai Herbornensis Guardani Mar-

F. LAM- *purgensis, veræ, orthodoxæ, adversus*
BERT. *Fr. Lamberti, exiticii Monachi, pa-*
radoxa impia & erroris plena, in Hom-
bergiana Hessorum congregatione pro-
posita, ac plusquam hæreticissime deduc-
ta & exposita. Assertiones aliæ, quibus
excusatur Guardianus Marpurgensium,
quod in Hombergiana Hessorum congre-
gatione, post protestationem eo loci publi-
ce factam, & jam tandem coram No-
tario legitime repetitam in Werlensi oppi-
do disputare noluerit, neque respondere
Franc. Lamberto hæretico. Coloniæ 1526.
in 8º. *Herborn* revint depuis à la
charge contre lui, dans un Livre
qu'il intitula : *Monas sacrosanctæ*
Evangelicæ doctrinæ, ab orthodoxis Pa-
tribus in hæc usque sæcula veluti per
manus tradita. Autore F. Nicolao
Herbornensi Minorita. Abstersæ sunt
fæculentiores F. Lamberti Apostatæ as-
pergines, quibus immaculatam Christi
sponsam impudentius fœdare admolitus
est. Ad Jo. Hink, J. V. D. Item Episto-
la Nicolai Herbornensis ad Minoritas,
quod Apologia optima sit vitæ veteris
emendatio. Coloniæ 1529. *in-8o.* Il lui
porta aussi quelques coups dans un
autre Livre publié dans le même

temps sous le titre d'*Enchiridion loco-*   F. LAM-
rum communium. Colonia 1529. *in*-40. BERT.

19. *Exegeseos in Apocalypsim libri*
VII. in Academia Marpurgensi præ-
lecti. Marpurgi 1528. *in* 8º. It. *Ba-*
sileæ. 1539. *in*-8º.

20. *De symbolo fœderis nunquam*
rumpendi , *quam communionem vocant* ,
Fr. Lamberti confessio. Videbis , *lector* ,
utra partium in Marpurgensi colloquio
veritatis præsidio potentior fuerit. 1530.
in 8º. It. en Allemand. 1557. *in*-8º.
à la suite d'un discours en cette langue d'*Adam Chretien* sur la Cêne.
C'est la Lettre dans laquelle il témoigne avoir abandonné les sentimens de *Luther* sur l'Eucharistie.

21. *Commentarius in quatuor libros*
Regum & *in Acta Apostolorum. Ar-*
gentorati 1526. It. *Francofurti.* 1539.
Je ne rapporte cet ouvrage que sur
la foi du P. *le Long* & des Abbrevia-
teurs de *Gesner.*

22. *De regno* , *civitate* & *domo Dei*
ac Domini nostri Jesu Christi libri tres ,
ex vetustissimis creaturæ&*scripturælibris*
per D. Franciscum Lambertum collecti ,
& *per Gerh. Geldenhaurium* , *Novio-*
magensem , *recogniti* , *in ordinemque*

F. LAM-
BERT.

digesti. Wormatiæ. 1538. *in*-8°.

      V. *Ses Ouvrages.* C'est de là que l'on peut apprendre plus sûrement les particularités de sa vie. *Joh. Georgii Schelhornii Amœnitates. Litterariæ.* tom. 4. p. 307. & tom. 10. p. 1235. Cet Auteur a rassemblé avec beaucoup de soin tout ce qu'il a pû trouver sur *Lambert.* Viti Ludovici à Seckendorf *Commentarius de Lutheranismo ; lib. II. Sect.* 8. *P. Freheri Theatrum virorum Doctorum tom.* 1. p. 104. *Bayle, Dictionnaire. Joannis Tilemanni vitæ ProfessorumTheologiæ. Marpurgensium.* C'est ce qu'il y a de plus exact sur lui.

JEAN MICHEL DELA
ROCHEMAILLET.

J. M. DE
LA ROCHE-
MAILLET.

Jean *Michel de la Rochemaillet,* naquit à *Angers* le 19. Octobre 1562. de *René Michel de la Rochemaillet,* qui après avoir suivi le parti des Armes, devint Avocat au Présidial de cette ville, & de *Charlotte Chalumeau.*

On prétend que ſa famille étoit ori- J. M. DE
ginaire de *Veniſe*, & ſortoit de celle LA Rgche-
de *Michieli* qui a donné des Doges MAILLET.
& des Procurateurs de *S. Marc* à cette Republique. M. *Menard* qui a
écrit ſa vie, dit qu'un de ſes An-
cêtres, s'étant attaché à *Louis II.* Duc
d'Anjou, le ſuivit en France & s'y
établit, & que ſa famille acheta en
1453. la Terre de la *Rochemaillet*, dont
elle porta depuis le nom.

Le jeune de *la Rochemaillet* fut ame-
né à *Paris* par ſon pere à l'âge d'onze
ans, & mis au College des Jeſuites, où il fit des progrès ſi rapides
dans ſes études, qu'au bout de deux
ans il faiſoit déja de très-bons vers
latins.

Ces progrès faiſant craindre à ſon
pere, que les Jeſuites ne tâchaſſent
de l'attirer dans leur Société, il ſe
hâta de l'ôter de leur College pour
le mettre dans celui de *Lizieux*, où
il acheva de ſe perfectionner dans les
Humanités & fit ſon cours de Philoſophie.

De retour à *Angers*, il s'appliqua
à la Juriſprudence pendant cinq années, au bout deſquelles il revint

J. M. DE LA ROCHE-MAILLET. à *Paris* & s'y fit recevoir Avocat au Parlement. Il demeura toujours depuis dans cette ville, où il frequenta pendant quelque temps le Barreau ; mais la jalousie de quelques personnes, & encore plus une surdité qui lui vint de bonne heure, l'obligerent à se retirer des affaires & à ne vivre que pour lui-même.

Il se confina donc dans son cabinet, où il se donna tout entier à l'étude & au travail, & c'est à son loisir que nous sommes redevables de tous les ouvrages dont il a enrichi le Public.

Après avoir toujours joui d'une bonne santé, il mourut à *Paris* le 9. May 1642. dans sa 80 année, & fut enterré dans l'Eglise de *S. Severin.*

Il avoit épousé *Denise Riviere*, dont il eut plusieurs enfans.

Catalogue de ses Ouvrages.

1. *Les Coutumes generales & particulieres de France & des Gaules, recueillies & annotées par Charles du Moulin & autres ; augmentées & reviûes par Gabriel Michel de la Rochemaillet. Paris, veuve Guillaume de la Noue* 1604. *in fol.* Deux volumes.

C eſt la 12e. édition du Coutumier
general. It. *Paris* 1615. 1635. 1664.
in-fol. deux vol.

2. *Recueil des Arrêts pris des Me-moires de Georges Loüet. Paris* 1609.
*in-*40. *Julien Brodeau* en a donné en
1626. une édition beaucoup plus
ample.

3. *La conference des Ordonnances Royaux diſtribuée en* 12. *livres à l'imi-tation du Code de Juſtinien par Pierre Guenois, augmentée ſucceſſivement par Nicolas Frerot , Gabriel Michel & Matt. de la Faye. Paris , Chaudiere.*
1610. *in-fol.* It. *Augmentée par divers Auteurs. Paris , Bobin.* 1678. *in fol.*
deux tomes.

4. *Les Edits & Ordonnances des Rois de France depuis Louis le Gros, juſqu'à Henri IV. recueillis par An-toine Fontanon , augmentez par Ga-briel Michel de la Rochemaillet. Paris*
1611. *in fol.* trois volumes. *La Ro-chemaillet* a augmenté ce Recueil d'un
volume.

5. Il a revu l'ouvrage intitulé. *Les Baſiliques ou Ordonnances des Rois de France , ſelon les Memoires du Preſi-dent Briſſon par Nicolas Frerot. Paris, Fouet* 1611. *in-fol.*

J. M. DE
LA ROCHE-
MAILLET.

6. *Le Code du Roy Henri III. rédigé par Messire Barnabé Brisson, augmenté des Edits d'Henri IV. & Louis XIII. Avec les observations & annotations de Louis Charondas le Caron. Augmenté par Gabriel Michel de la Rochemaillet. Paris, Huby* 1622. in-fol.

7. *Les Coutumes du Pays & Duché d'Anjou conferées avec celles du Mayne, & des pays circonvoisins, où se voyent les diversités des deux Coutumes, &c. Plus un bref commentaire, Observations, Arrêts & Sommaires sur chacun article. Ensemble les notes de M. Charles du Molin. Par G. Michel de la Rochemaillet. Paris* 1633. in-12.

8. *Paraphrase de M. Gilles Bourdin, Procureur General en la Cour du Parlement de Paris sur l'Ordonnance de* 1539. *traduite en François par A. Fontanon, & illustrée par le traducteur de nouvelles additions sur chacun article. En cette quatriéme édition est ajouté le commentaire sur l'Article des Etats tenus a Moulins contenant que la preuve par témoins ne sera plus reçue en chose, qui n'excede cent livres. Par Jean Boisseau, sieur de la Borderie,*

J. C. Poitevin, *traduit par Gabriel-* J. M. DE
Michel Angevin. Paris, *Jean Houze.* LA ROCHE-
1606. *in-8o.* On s'eſt trompé dans le MAILLET.
Catalogue de ſes Ouvrages joint à ſa
vie par *Menard*, lorſqu'on a dit qu'il
avoit traduit en François l'ouvrage
de *Bourdin*, il n'y a que celui de
Boiſſeau, qui ſoit de lui.

9. Il a revû & augmenté le *ſtile general de pratique* avec le *Praticien
François*, comme il eſt marqué dans
le même Catalogue, mais j'ignore
quand cela a paru.

10. Il a auſſi traduit & augmenté
le livre de *Duaren de Beneſieiis Ec-
cleſiaſticis* & l'a donné ſous le titre
d'*Inſtitution des matieres Bencficiales.*
Je n'en ai pû trouver la date.

11. *Eloges des Hommes Illuſtres qui
ont fleuri en France depuis l'an* 1502.
juſqu'en 1606. *Avec leurs portraits.
Paris in-fol.* Ce n'eſt apparemment
qu'une feuille volante.

12. *La vie de Pierre Charon.* Dans
l'édition de ſa *Sageſſe*, qui s'eſt faite
à *Paris* en 1604. *in-8o.* & dont *la
Rochemaillet* a eu ſoin.

13. *La vie de Scevole de Sainte Marthe. Paris* 1629. *in-4o.* It. Dans le Re-

J. M. DE
LA ROCHE-
MAILLET.

cueil des œuvres de *Scevole & Abel
de Sainte Marthe. Paris* 1633. *in*-40.
14. *Theatre geographique du Royaume de France, contenant les cartes gra-
vées de Jean le Clerc, & les descrip-
tions de Gabriel Michel de la Rochemaillet. Paris* 1632. *in-fol.*

15. Il a revû & augmenté la chronologie ou sommaire des temps de
P. D. Gaillard, & sa chronologie
Ecclesiastique suivant le catalogue
cité ci-dessus. Je ne connois qu'u-
ne édition de cet ouvrage, où il n'est
pas fait la moindre mention de lui.
Elle est intitulée : *Brieve chronologie,
ou sommaire des temps, contenant la suite des anciens Peres, Monarques, Empereurs, Rois, Hommes Illustres, leurs
faits & gestes plus insignes : ensemble
les choses plus remarquables, advenues
au monde depuis la création jusqu'à present. Plus la chronique Ecclesiastique,
ou brief état de l'Eglise, avec l'ordre
& argumens des principaux Historiens.
Le tout tiré des meilleurs Historiogra-
phes fidelement quotez, par P. D. Gaillard, Avocat en la Cour. Paris, Jean
Houze* 1685. *in*-16.

16. Lettre écrite à *Mgr. le Prince
de*

de Portugal Dom Christophe, demeurant J. M. DE
à Paris, contenant un brief discours de LA ROCHE-
sa vie & d'aucuns points plus notables MAILLET.
d'icelle. Paris 1623. in-8°. pp. 32. On
voit ici les avantures de ce Prince.

V. *Son éloge composé en latin par M.*
Menard de Tours, dans la Bibliothe-
que des Coûtumes de MM. Berroyer
& de Lauriere. p. 59.

JACQUES HOWEL.

J Acques *Hovvel* naquit vers l'an J. Ho-
1594. dans le Comté de *Caermar-* VVEL.
den en *Angleterre*, & est apparemment à *Abernant*, où son Pere étoit
Ministre.

Après avoir fait ses premieres
études dans l'Ecole d'*Hereford*, il
entra à *Oxford* dans le College de *Je-*
sus l'an 1610. âgé de 16. ans.

Mais il n'y demeura pas long temps;
à peine y eut-il pris le degré de Bachelier ès Arts, qu'il abandonna tout
pour voyager. Il employa trois années à visiter les pays étrangers, &
l'utilité qu'il en retira, fut d'apprendre diverses Langues.

Tome XXXIX. Y

J. Ho-
VVEL.

Quelques années après son retour, c'est-à-dire en 1622. le Roy *Jacques I.* l'envoya en Espagne pour redemander un vaisseau Anglois richement chargé, que le Viceroy de Sardaigne avoit confisqué au profit du Roi d'Espagne, sous prétexte qu'il y avoit des marchandises de contrebande.

En son absence, c'est-à-dire en 1623. il fut élu Membre du College de *Jesus.*

Trois ans après son retour d'Espagne, *Emmanuel Scrop*, Comte de *Sunderland*, President des Provinces du Nord, le prit pour son Secretaire. Il demeuroit à *York* en cette qualité, lorsque le Maire & les Aldermans de *Richemond* le nommerent Député au Parlement, qui se tint à *Westminster* en 1627.

Robert Comte de *Leicester* allant en 1631. en Ambassade à la Cour de Danemarc, le prit pour son Secretaire, & il eut occasion d'y faire connoître son éloquence par plusieurs discours latins qu'il y prononça.

Il passa depuis par divers emplois, & fut enfin au commencement des

Guerres civiles Secretaire du Con-
ſeil.

Comme il aimoit la dépenſe, il
contraƈta beaucoup de dettes, pour
leſquelles il fut arrêté par ordre de
quelques Membres du Parlement,
& demeura pluſieurs années en priſon. Il s'occupa alors à compoſer divers ouvrages pour ſubſiſter, & quoique la plûpart ne fuſſent que des bagatelles, il ne laiſſa pas d'en retirer
dequoi vivre aſſez commodément.

Après le rétabliſſement du Roy
Charles II. en 1660. on ne lui rendit
point ſa place de Secretaire du Con-
ſeil, parce qu'il avoit paru trop Re-
publicain pendant le Gouvernement
de *Cromvvel*, on ſe contenta de lui
donner la qualité d'Hiſtoriographe
du Roy, qu'il a porté le premier en
Angleterre; mais comme cela ne ſuf-
fiſoit pas pour le faire vivre, il con-
tinua à publier des Livres, qu'on
ſent bien avoir été compoſés dans
cette vûë. Au reſte il avoit beaucoup
de facilité pour écrire, ſoit en vers
ſoit en proſe : il étoit fort verſé dan
l'Hiſtoire moderne, principalemen
dans celle des Pays, où il avoi
voyagé. Y ij

J. HO-
VVEL.

Il mourut à *Londres* au commencement du mois de Novembre de l'an 1666. âgé d'environ 72 ans, & fut enterré dans l'Eglise du Temple avec cette Epitaphe, qui a été ôtée depuis.

Jacobus Hovvel Cambro-Britannus, Regius Historiographus, (in Anglia primus) qui post varias peregrinationes, tandem naturæ cursum peregit, satur annorum & fama, domi forisque hucusque erraticus, hic fixus 1666.

Catalogue de ses Ouvrages.

1. *La Forêt de Dodone*, ou les *Arbres parlans*. (en *Anglois*) *Londres*. 1640. & 1644. in-4º. 2e. partie. *Ibid.* 1650. in-8º. Cet ouvrage fut extremement recherché lorsqu'il parut. On en a une traduction Françoise imprimée à *Paris* in-4º. la premiere partie en 1648. & la 2e. en 1652.

2. *Les Vœux. Poëme présenté au Roy pour la nouvelle année*, en forme d'entretien entre le *Poëte & sa Muse*. (en *Anglois*) *Londres* 1642. in-4º.

3. *Instruction pour les voyages étrangers*. (en *Anglois*) *Londres* 1642. in-12. It. *Avec des additions. Ibid.* 1650. in-12.

J. HO-
VVEL.

4. *Discours & entretiens casuels entre Patrice & Peregrin, sur les troubles
du temps & sur leurs causes.* (en Anglois) 1643. Il composa cet ouvrage
en prison, de même que la plûpart
des suivans. C'est le premier écrit,
qui ait été publié en faveur du Roy
Charles I.

5. *Mercurius Hibernicus ; ou Discours sur le massacre horrible fait depuis
peu en Irlande.* (en Anglois.) *Bristol*
1644. *in*-40.

6. *Reflexions simples sur le tems present.* (en Anglois) *Londres* 1644. *in*-
4. A la fin de la 2e. édition de la
Forêt de Dodone.

7. *Les pleurs de l'Angleterre sur la
guerre presente.* (en Anglois) *Londres*
1644. *in*-4°. It. *Ibid.* 1650. *in*-12.
It. traduit en latin sous ce titre : *Angliæ suspiria & Lacrymæ. Londini.*
1646. *in*-12.

8. *Préeminences & origine des Par-
lemens.* (en Anglois) *Londres* 1644.
in-12. It. *Ibid.* 1677. *in*-4°.

9. *Défense contre quelques endroits
qui le regardent dans un Livre de M.
Prynn. intitulé :* le Papiste favori du
Roy. (en Anglois) *Londres* 1644.

J. Ho- *in-*12. Avec l'Ouvrage précédent.

VVEL.   10. *Eclaircissemens de quelques évenemens arrivés en Espagne, pendant
que le Roy y étoit, que M. Prynn a ti-
rés de la Forêt de Dodone.* (en Anglois)
A la suite de la défense précedente.

11. *La conduite recente de S. Paul
sur la terre par rapport au divorce entre Jesus-Christ & l'Eglise de Rome,
à raison de ses dissolutions & de ses excès.* (en Anglois) *Londres.* 1644.
*in-*8o. C'est une traduction de l'Ouvrage Italien intitulé : *Il divortio ce-
leste,* & attribué par quelques-uns à
Ferrante Palavicini.

12. *Epistolæ Hovvelliana. Ou Lettres Familieres, Historiques, Politi-
ques & Philosophiques.* (en Anglois)
Londres. 1645. & 1647. *in-*4o. It.
Ibid. 1650. 1655. 1673. *in-*8o. Les
éditions sont en deux volumes, à
l'exception des dernieres qui en ont
quatre, *Guillaume Sevvel* a traduit ces
Lettres, ou du moins une partie en
Flamand, & le premier volume de
sa traduction a été imprimé à *Amsterdam* en 1697. *in-*8o. Il ne faut pas
croire que ces Lettres ayent été écrites dans le temps de leur date, *Hov-*

vel les a preſque toutes écrites dans   la priſon , & les a datées comme il   VVEL.
a voulu ; on ne laiſſe pas d'y trouver une hiſtoire aſſez raiſonnable de ces temps là.

13. *Le voyage nocturne ou promenade faite en une nuit par la force de l'imagination dans la plûpart des Pays de la Chretienté.* (en Anglois) 1645.

14. *Luſtra Ludovici. Ou la vie de Louis XIII. Roi de France & du Cardinal de Richelieu.* (en Anglois) *Londres* 1646. *in-fol.*

15. *Recit de l'état déplorable où ſe trouve l'Angleterre en* 1647. *contenu dans une Lettre au Cardinal François Barberin.* (en Anglois) 1647.

16. *Lettre au Comte de Pembroke , ſur les malheurs des temps , & ſur le triſte etat du Roy & du Peuple.* (en Anglois) 1647. *in-4°.*

17. *Bella Scot-Anglica ; ou recit abregé de toutes les Batailles & Rencontres entre les Anglois & les Ecoſſois , juſqu'au temps preſent.* (en Anglois) 1648. *in 4°.*

18. *Addition ſur les cauſes pour leſquelles la derniere guerre a ſi fort enflé le courage des Ecoſſois.* 1648. *in-4°.*

J. HO-
WEL.

19. *Les instrumens de la Royauté. Du discours abregé de l'Epée, du Sceptre & de la Couronne* (en Anglois) *Londres* 1648. *in*-4°.

20. *Le Miroir Venitien, ou Lettre écrite depuis peu de Londres au Cardinal Barberin à Rome, par un illustre Venitien sur les troubles presens d'Angleterre, traduite de l'Italien en Anglois.* 1646. *in*-4°.

21. *Rêve d'Hyver*, (en Anglois) 1649. *in*-4°. Cette piéce est en prose.

22. *Extase, ou Nouvelles apportées de l'Enfer à la Ville par Mercure Acheronticus.* (en Anglois) *Londres* 1649. *in*-4°.

23. *Recherche de Sang, au Parlement present & à l'Armée regnante* (en Anglois) 1649. *in*-4°.

24. *Histoire exacte de la derniere revolution de Naples, où l'on fait voir que ses évenemens extraordinaires surpassent tout ce qui est rapporté dans les Histoires anciennes & modernes, traduite de l'Italien en Anglois. Londres* 1650. *in*-8°. L'Original Italien est d'*Alexandre Giraffi.*

25. *Vision, ou dialogue entre l'Ame*

me & le corps. (en Anglois) *Londres* J. HOVVEL.
1651. *in* 80.

26. *Defcription de la Republique de Venife, de fon admirable politique, & de fon Gouvernement.* (en Anglois) *Londres* 1651. *in-fol.*

27. *Difcours des interêts de la Republique de Venife, par rapport aux autres Etats d'Italie.* (en Anglois) avec l'Ouvrage précedent.

28. *Reflexions modeftes fur la conduite & les déliberations du long Parlement.* (en Anglois) *Londres* 1653. *in*-80. Cet Ouvrage eft dédié à *Olivier Cromvvel*, que l'Auteur flatte beaucoup. Il s'en eft fait en 1660. une quatriéme édition, augmentée de reflexions fur le Gouvernement en general, & de quelques autres chofes.

29. *Abregé de l'Hiftoire de la guerre de Jerufalem* (en Anglois) 1653. *in*-8º.

30. *Ah, Ha: Tumulus, Thalamus. Ou deux poëmes d'un genre oppofé, dont le premier eft une Elegie fur la mort d'Edouard Comte de Dorfet, & le fecond un Epithalame à la Marquife de Dorcefter.* (en Anglois) *Londres* 1653. *in*-4º.

31. *Dialogue.* Publié fous le nom

J. Ho-
vvel.

de *Poyander*. Il est du temps que
Cromwel commença à être Protecteur.

32. *La diete d'Allemagne ; ou la ba-
lance de l'Europe , dans laquelle la puis-
sance , & la foiblesse , les avantages &
les defauts de tous les Royaumes & les
Etats de la chretienté sont pesés avec
impartialité.* (en Anglois) *Londres*
1653. *in-fol.*

33. *Les Nôces de Pelée & de The-
tis ; Ballet traduit de François en Anglois. Londres* 1654. *in-4°.*

34. *Parthenopæia ; ou l'Histoire du
Royaume de Naples , avec une liste de
ses Rois* (en Anglois *Londres*) 1654.
in-fol. La premiere partie de ce volume a été traduite de l'Italien de
Scipion Mazella par *Samson Lennard* ,
Herault d'Armes. La deuxiéme a été
tirée par *Hovvell* de differens *Auteurs
Italiens.*

35. *Londinopolis , ou discours historiques sur la ville de Londres & Vest-
minster , ses Cours de Justice , ses An-
tiquitez , & ses nouveaux bâtimens* (en
Anglois.) *Londres* 1657. *in-fol.* La
plus grande partie de cet ouvrage
est prise de la description de Lon-

dres de *Jean Stovv* , & de ſes Conti-
nuateurs.

36. *Diſcours de l'Empire & de l'é-
lection du Roy des Romains.* (en Anglois.) *Londres* 1658. *in-8o.*

37. *Lexicon Tetraglotton. Ou Dictionnaire Anglois , François , Italien ,
& Eſpagnol. Londres* 1659. *&* 1660.
in-fol.

38. *Dictionnaire particulier des ter-
mes de chaque ſcience & de chaque
Art en Anglois , François , Italien , &
Eſpagnol.* Avec l'ouvrage précedent.

39. *Recueil de proverbes Anglois ,
François , Italiens & Eſpagnols.* Dans
le même Ouvrage.

40. *Cordial pour les Royaliſtes.* (en
Anglois) *Londres* 1661. *Roger Leſ-
trange* , ayant attaqué cet ouvrage ,
Hovvel lui répondit par le ſuivant.

41. *Examen modeſte des ingredients ,
qui entrent dans la compoſition du Cordial pour les Royaliſtes.* (en Anglois)
Londres 1661.

42. *Grammaire Françoiſe , ou Dialogue contenant toutes les manieres de
parler Françoiſes , avec un recueil des
meilleurs Proverbes.* Imprimé deux
fois à *Londres* , & pour la deuxiéme

Z ij

fois en 1673. *in-fol.* On l'a jointe aussi au Dictionnaire François & Anglois de *Randal Cotgrave. Londres
1650. in-fol.*

43. *Entretiens des animaux, ou Mor-
phandra Reine de l'Isle enchantée* (en
Anglois *Tome* 1. *Londres* 1660.
in-fol.

44. *La seconde partie des discours
& entretiens casuels entre Patrice &
Peregrin.* (en Anglois) *Londres* 1661.
in-8o. Dans un recueil Anglois intitulé : *Discours historiques sur les Guerres civiles de la Grande Bretagne &
de l'Irlande.*

45. *Lettre d'Avis envoyée par le premier politique de Florence , sur la maniere dont l'Angleterre peut revenir à
elle-même* (en Anglois) A la suite de
l'ouvrage précedent.

46. *Apologie pour les fables de la
Mythologie* (en Anglois) Dans le
même Recueil.

47. *Douze traitez sur les dernieres
revolutions.* (en Anglois) *Londres*
1661. *in-8o.*

48. *Nouvelle Grammaire Angloise
pour apprendre aux Etrangers à parler Anglois. Avec une Grammaire*

Espagnole, & quelques remarques ſur J. Ho-
la langue Portugaiſe. Londres 1662. VVEL.
in-8o.

49. *Diſcours ſur la préſéance des
Rois.* (en Anglois) *Londres* 1663.
in-fol.

50. *Traité des Ambaſſadeurs* (en
Anglois) *Londres* 1663. *in-fol.* Cet
ouvrage & le précédent ont été traduits en Latin & publiés ſous ce titre:
*Jacobi Hovvel diſſertatio de præcedentia
Regum , in qua præcipue Regis magnæ
Britanniæ Jura , prærogativæ & præ-
minentia vindicantur , ex Anglico Latinè verſa per B. Harris. Acceſſit ejuſ-
dem Jacobi Hovvell tractatus de Lega-
tis, ex Anglico Latinè, interprete Joanne Harmero. Londini* 1664. *in-8o.*

51. *Poëmes ſur differens ſujets compoſés en diverſes occaſions.* (en Anglois)
Londres 1663. *in-8o.*

52. *De la reddition de Dunquerque ,
où l'on montre qu'elle s'eſt faite pour de
bonnes raiſons.* (en Anglois) *Londres*
1664. *in-8o.*

53. *Procedure faite en Eſpagne à l'occaſion de la mort d'Antoine Aſcham ,
Réſident pour le Parlement d'Angleterre
en cette Cour, & de Jean Baptiſte Riva*

J. Ho- *son Interprête , traduite de l'Espagnol*
TEL.   *en Anglois.* Londres 1551. *in-fol.* Ce
Resident fut affassiné au mois de
Juin 1650. par quelques Anglois
Royalistes , qui étoient alors en Es-
pagne.

54. *Roberti Cottoni posthuma. Ou di-*
verses pieces choisies de Robert Cotton.
(en Anglois) Londres 1651. *in-8°.*
Ces piéces ont été publiées par
Hovvel.

55. *Déclaration du Roy d'Angleterre*
en latin , en François , & en Anglois.
Londres 1649.

V. *Athenæ Oxonienses* , tom. 2. p.
381.

J U L E S   P A C I U S.

J. PA- *J* Ules *Pacius de Beriga* naquit l'an
CIUS.   1550 à *Vicence* , ville de l'Etat de
Venise , de *Paul Pacius* & de *Lucrece*
Angiolella, tous deux de familles no-
bles & illustres. Celle de son pere
avoit pris depuis long-temps le surnom de *Beriga* d'un côteau voisin de
Vicence , près duquel elle avoit une
maison , & *Jules Pacius* le conserva.

Ses parens ne négligerent rien pour J PA-
lui donner une bonne education , cius.
auſſi bien qu'à *Fabio* , ſon frere aîné.
Il commença ſes études dans ſa patrie avec tant de ſuccès , que dès l'â-
ge de treize ans, il compoſa un Traité
d'Arithmetique.

On l'envoya enſuite à *Padoue* avec
ſon frere, qui ſe tourna du côté de la
Medecine. Pour lui après avoir fait ſa
Logique ſous *Jacques Zabarella* , &
les autres parties de la Philoſophie
ſous divers autres Profeſſeurs, il s'appliqua à la Juriſprudence, qu'il apprit ſous *Marc Mantua* , *Tibere Dé-
cianus* , *Matthieu Gribaldi* , & *Gui
Pancirole* , & en laquelle il ſe fit recevoir Docteur.

De retour dans ſa patrie, il ſe donna à la lecture de toutes ſortes de
Livres , & même de ceux qu'on ré-
pandoit alors dans l'Italie en faveur
de la nouvelle Religion. Il ſe fit par
là des affaires , & ſçachant qu'il étoit
menacé d'être arrêté par ordre de
l'Inquiſition , il abandonna le pays ,
& ſe retira à *Geneve* , où il eſperoit
trouver un refuge d'autant plus aſ-
ſûré, qu'il s'étoit laiſſé ſéduire aux
nouvelles opinions.   Z iiij

Comme il se trouvoit là sans biens,
il employa ses talens à se procurer
dequoi subsister, & se donna à l'instruction de la jeunesse. Sa capacité
ayant été connue par là, on le chargea d'enseigner le Droit, ce qu'il fit
pendant dix ans avec beaucoup de
réputation. Il se maria même en cette ville, & y épousa une noble Lu-
quoise, qui y étoit refugiée comme
lui pour cause de religion, & dont
il eut dix enfans.

Il quitta *Geneve* en 1585. pour aller à *Heidelberg* remplir une chaire
de Droit, dont il prit possession le
30 Août de cette année par un discours *de Juris civilis difficultate ac do-
cendi methodo.* Il nous apprend lui-
même qu'il la conserva près de dix
ans, & nous fait entendre que la jalousie qu'on avoit conçue contre lui,
fut la cause qui l'obligea à la quitter, aussi bien que le Palatinat.

La plûpart des Auteurs disent
qu'il alla ensuite en Hongrie &
y enseigna le Droit civil pendant plusieurs années; mais il est
certain qu'ils se trompent. Le mot de
Pannonia que *Pacius* employe dans

les vers, où il nous donne un détail de sa vie, les a fait tomber dans
l'erreur. La suite du discours fait
voir clairement que par ce nom il a
entendu le Palatinat, quoique fort
improprement, & non pas la Hongrie. Deux choses ne permettent
point d'ailleurs d'en douter, l'une
est que s'il l'avoit entendu autrement, il n'y auroit point parlé du
Palatinat, où il a cependant demeuré plus de neuf ans, comme il le dit
ailleurs; l'autre est qu'il est certain
qu'il n'a quitté le Palatinat qu'au
commencement de l'an 1595. & qu'il
a publié la même année à *Sedan* ses
Instituliones Logicæ & qu'ainsi son
passage d'*Heidelberg* à *Sedan* n'a pû
être interrompu par un séjour en
Hongrie.

Il quitta donc *Heidelberg* pour
aller à *Sedan*, où *Henri* Duc de
Bouillon voulant illustrer l'Academie qu'il y avoit établie, l'avoit appellé, & il y enseigna quelque temps
la Logique. On a quelques-uns de
ses Ouvrages datés de cette ville au
mois de Mars 1596.

Le bruit de la Guerre dont on étoit

J. PA-
CIUS.

menacé le dégoûta bientôt de ce
féjour, & il le quitta pour se retirer
de nouveau à *Geneve*.

Il passa de là à *Nismes*, & fut fait
Principal du College de cette Ville.
Après y avoir demeuré quelque
temps, il eut une chaire de Profes-
feur Royal en Droit à *Montpellier*.
Il crut avoir trouvé une demeure sta-
ble en cette ville, & resolut d'y ter-
miner ses courses.

C'est ce qu'il témoigne dans les vers
qu'il a faits sur les divers évenemens
de sa vie jusqu'au temps de son éta-
blissement à *Montpellier*. Il est à propos de les rapporter ici.

Urbs genuit, Venetis condens quam
Gallus in oris,
Hostibus à victis nomen habere dedit.
Pacis ubi & Beriga nostra cogno-
mina gentis
Clara per innumeros invenientur avos.
Cum fratre à teneris, jussu patris,
excolor annis,
Hellados & Latii scripta diserta le-
gens.
Missus in illustrem post hæc Antenoris
Urbem,

Et Sophiæ juſſis imbuor & Themidis. J. PA-
Tum fatum injuſti fugientem tela furoris GIUS.
  Detulit ad fines, terra Lemanna, tuos.
Tu vitæ ſociam prima florente juventa
  Junxiſti, decies me facit illa Pa-
    trem.
Evocat hinc luſtris tradentem jura
  duobus
  Pannonia, & retinet tempore pene
    pari.
Abſtrahor à caris, colui quos ſemper,
  amicis,
  Moribus averſis, livida turba, tuis.
Pace peto Moſam, mox linquo bella
  gerentem;
  Antiquo Allobrogum reddor & hoſ-
    pitio.
Sed ſi hinc pertraxit Rectoris læta Ne-
  mauſus
  Imponens humeris munera juncta
    meis,
Cur revocas? præſtare vetant, en opti-
  me princeps,
  (Parce piæ menti) juſſa ſuperba fi-
    dem.
  Non tamen invitus retinebor tempore
    longo;
  Auro libertas gratior eſſe ſolet.
Excipit hinc igitur vicina Accademia
  tandem.

J. PA-
CIUS.

Sede *Placentini* , *Rege jubente*
locans.
Hactenus adversam expertus sortemque
secundam
Evasi invictus , scire futura nefas.

    Pacius se fit bientôt à *Montpellier*
une réputation qui lui attira des Eco-
liers de tous les côtés. *Peiresc* , qui
avoit étudié en Droit en Italie , vou-
lant achever de se rendre habile en
cette science , crut ne pouvoir mieux
faire que d'aller prendre des leçons
de ce sçavant Professeur , & se rendit
à *Montpellier* , vers le commence-
ment du mois de Juillet de l'an 1602.
Il se mit même en pension chez *Pa-
cius* , pour être plus à portée de pro-
fiter de ses instructions , & l'emme-
na avec lui à *Aix* au mois de No-
vembre suivant

    Ils retournerent ensemble à *Mont-
pellier* ; d'où *Peiresc* le mena de nou-
veau à *Aix* à la fin de l'année sui-
vante 1603. dans le dessein de lui
faire donner dans cette ville , dont
on vouloit relever l'Université , la
première Chaire de Droit avec de
bons appointemens , esperant par là

acquerir un nouveau lustre à cette
Université , & engager *Pacius* à renoncer aux erreurs des Protestans
qu'il avoit embrassées , & à rentrer dans le sein de l'Eglise. Mais *Pacius* après quelque séjour à *Aix* , alla reprendre son poste.

L'année suivante *Peiresc* fit encore un tour à *Montpellier* pour tâcher
de déterminer *Pacius* à quitter cette
ville , & à venir professer à *Aix* , où
il lui avoit fait assigner deux mille
quatre cens livres d'appointemens ;
mais *Pacius* s'excusa sur ce qu'il ne
vouloit pas moins de trois mille livres sans les émolumens casuels. Ce
n'étoit cependant qu'un prétexte ;
la véritable cause de son refus étoit
que sa femme avoit une répugnance
extrême à demeurer dans une ville
catholique , & aimoit mieux qu'il
allât se fixer dans une ville Protes-
tante.

Pacius ne quitta néanmoins *Montpellier* , que pour passer à *Valence* , &
y remplir un poste semblable à celui qu'il avoit dans cette premiere
ville , avec six cens écus de gages.
On voit par ce détail , que ceux qui

J. PA-
CIVS.

l'ont fait professer à *Aix* après qu'il eut quitté *Montpellier*, se sont trompés.

Il ne se fit pas moins d'honneur à *Valence*, qu'il s'en étoit fait à *Montpellier*; on y fut même si content de lui, qu'on lui accorda le droit de Bourgeoisie de cette ville, & que le Roy l'honora de la qualité de Conseiller du Parlement de *Grenoble*.

Ce fut vers ce temps là que le grand Duc lui offrit une Chaire de Droit à *Pise*, & qu'on voulut l'attirer à *Leyde*, en lui promettant une pension de mille écus, pour resider seulement dans cette Académie sans aucune obligation de professer, du moins si on s'en rapporte à *Tomasini*. Mais tout cela ne put le retirer de *Valence*.

Cependant l'Université de *Padoue* lui ayant offert la Chaire de Premier Professeur en Droit, vacante par la mort de *Jacques Galli*, & lui ayant assigné pour cela douze cens écus d'appointemens & quatre cens pour son voyage, il se rendit dans cette ville en 1618. âgé alors de 68 ans. Incertain cependant s'il se fixeroit à

Padoue, il laissa sa famille à *Valence*, & n'emmena avec lui qu'un de ses fils nommé *Jacques Pacius*. La Republique de *Venise*, à laquelle il avoit envoyé, avant que de partir pour l'Italie son Traité *de antiquo jure Adriatici Maris*, fut si contente de son Ouvrage, qu'elle ordonna qu'à son arrivée on lui donneroit l'Ordre de Chevalier, & un collier d'or de la valeur de trois cens écus.

Pacius fut reçu à *Padoue* avec toutes sortes d'honneurs, & ce que le Senat avoit décerné en sa faveur fut executé solemnellement à *Venise* où il s'étoit rendu d'abord.

Mais à peine eut-il professé un an, qu'il se dégoûta de *Padoue*, & qu'il demanda à être déchargé de son emploi, sous prétexte que l'air & la nourriture du pays étoient préjudiciables à sa santé.

Il retourna alors à *Valence*, où l'on fut charmé de le revoir, & on lui rendit aussi-tôt la Chaire qu'il avoit eue auparavant avec mille écus d'appointemens, dont il jouit jusqu'à la fin de sa vie.

Il mourut dans cette ville en 1635.

J. PA-
CIUS.

âgé de 85 ans. Il étoit alors rentré dans le sein de l'Eglife catholique, mais on ignore le temps de fon retour.

Catalogue de fes Ouvrages.

1. *In Legem Frater à Fratre D. de condictione indebiti commentarius. Genevæ, Euft. Vignon 1578. in-8°. It. Cum Præfatione Marquardi Freheri. Hanoviæ 1599. in 8°.*

2. *Corpus Juris Civilis, cum argumentis, fummis & notulis Julii Pacii. Genevæ, Euft. Vignon. 1580. in-fol. It. Ibid. 1580. in 8°. fix volumes.*

3. *Confuetudines Feudorum, partim ex editione vulgata, partim & Cujatiana vulgatæ appofita. Constitutiones Friderici II. Imperatoris. Extravagantes. Liber de pace constantiæ. Hæc omnia notis illustrata & diligenter recognita, opera Julii Pacii. Genevæ 1580 in-fol.*

4. *Justiniani Imperatoris institutionum Juris Libri IV. compositi per Tribonianum & Theophilum & Dorotheum, aucti & illustrati annotationibus Julii Pacii. Collectanea Legum XII. Tabularum ex collectaneis Joannis Crispini. Julii Pacii Tabulæ de ratione*

ratione ordinis in Pandectis , *Codice* J. PA-
& Inſtitutionibus ſervati. Genevæ 1580. CIUS.
in-fol.

5. *Ariſtotelis Organum* , *hoc eſt libri
omnes ad Logicam pertinentes* , *Græcè
& Latinè. Julius Pacius recenſuit atque ex libris tum MſS. cum editis emen-
davit* , *è Græca in Latinam linguam
convertit* , *tractatum* , *capitum* , *& par-
ticularum diſtinctionibus & perpetuis
notis illuſtravit. Morgiis* 1584. *in-80.*
It. *ibid.* 1592. *in-80.* It. *Francofurti* ,
1598. *in-80.* pp. 951. Cette derniere
édition eſt meilleure que les précédentes ; l'Auteur ne s'étant d'a-
bord ſervi que d'un ſeul manuſcrit , mais en ayant depuis con-
ſulté cinq autres , y a changé beaucoup de choſes dans ſa verſion , &
l'a rendu plus parfaite. *Guillaume du
Val* l'a conſervée dans les editions
grecques & latines qu'il a données
des œuvres d'*Ariſtote.* M. *Huet* parle avantageuſement des traductions
que *Pacius* a faites du grec , dans ſon
traité *de Claris Interpretibus.* » Il a pra-
» tiqué , dit-il , la veritable maniere
» de traduire ; il regle ſon ſtile ſur
« celui de ſon Auteur , ſes mots ſont

J. PA-
CIUS.

» presque tous mesurés, & il n'a-
» bandonne jamais son guide ; s'il est
» obligé d'en agir autrement, soit à
» cause de la difference des langues,
» soit à cause de l'obscurité de la ma-
» tiere, il a eu soin de marquer en
» caractere different ce qu'il a cru de-
» voir ajoûter à son texte pour l'é-
» claircir, afin de ne point tromper
» son Lecteur. C'est ce qui lui a fait
» mériter le premier rang parmi les
» meilleurs Traducteurs.

6. *De Juris Civilis difficultate, ac do-
cendi Methodo Oratio, in Heidelber-
gensi Academia à Julio Pacio habita ad
diem III. Kal. Sept.* 1585. *Apud Joannem Mareschallum Lugdunensem.* 1586.
*in-*8o. C'est le discours qu'il prononça à son installation dans la chaire de
Professeur en Droit à *Heidelberg*, &
qui a été imprimé dans cette Ville,
& non point à *Lyon*, comme quelques-uns l'ont cru. It. Avec les deux
discours *de Honore*, dont je parlerai
plus bas. *Spiræ* 1597. *in* 80.

7. *Julii Pacii J. C. Ad novam
Imperatoris Friderici constitutionem,
quæ est de studiosorum privilegiis, liber
singularis. Ejusdem commentarius in*

Papinianum de fructibus inter virum & mulierem, ſoluto matrimonio, dividendis. Spiræ 1587. *in-8°.* pp. 138. L'Epître eſt datée d'*Heidelberg* le 1. Fevrier de cette année. It. *Francofurti* 1605. *in-8°.*

8. *Sapientiſſimi Curopalatæ de Officialibus Palatii Constantinopolitani, & Officiis magnæ Ecclesiæ libellus, Græcè & Latinè nunc primum in lucem editus, ex Bibliotheca Julii Pacii. (Heidelberga) Apud Joannem Mareschallum.* 1588. *in-8°.* Cet ouvrage eſt de *George Codin.* C'eſt *François Junius*, qui l'a publié & en a fait la traduction, *Pacius* n'y a eu d'autre part, que d'avoir fourni le Manuſcrit.

9. *Argumenta in Leges XII. Tabularum, nec non in Ulpiani ac Caii titulos* 1589. *in-8°.*

10. *De Honore Orationes duæ, in ſolemni Heidelbergensis Academiæ conventu habitæ. Spiræ.* 1591. *in 8°. Pacius* a prononcé ces deux diſcours à *Heidelberg*, le premier le 23. Octobre 1589. & le ſecond le 11. Fevrier 1591. It. *Spiræ* 1597. *in 8°.* Avec l'ouvrage marqué au no. 6.

J. PA-
CIUS.

11. *Institutiones Logicæ. Sedani* 1595.
in-8o. Feuill. 61.

12. *Aristotelis naturalis auscultatio-*
nis libri octo. J. Pacius cum Græcis
tam excusis quàm scriptis codicibus
accurate contulit, Latina interpretatione
auxit, & commentariis Analyticis il-
lustravit. Francofurti 1596. *in-8o.*
pp. 992. L'Epître de *Pacius* est datée de *Sedan* le 1. Mars 1596. *Du-*
Val a fait entrer cette traduction,
aussi-bien que celle de l'ouvrage suivant dans ses éditions d'*Aristote.*

13. *Aristotelis de Anima libri tres,*
Græcè & Latinè. J. Pacio interprete,
Accesserunt ejusdem Pacii in eosdem li-
bros commentarius analyticus, triplex
Index. Francofurti 1596. *in-8o.* pp.
441. L'Epître est datée de *Sedan* le
2. Mars de cette année.

14. *Aristotelis de Cælo libri IV. De*
Ortu & interitu II. Meteorologicorum
IV. De mundo I. Parva naturalia
Græcè & Latinè. J. Pacius utrumque
contextum recensuit, & perpetuis notis
illustravit. Francofurti 1601. *in-8o.*
pp. 777. sans de longues tables.

15. *Epitome Juris secundum Or-*
dinem Institutionum. Spiræ 1593. *in-*

12. It. *Lugduni* 1622. *in*-80.

16. *Commentarius ad quartum librum Codicis de rebus creditis, seu de obligationibus. Spiræ* 1596. *in-fol.*

17. *Enantiophanon, seu Legum conciliatarum Centuriæ septem. Hanoviæ* 1605. *in*-80. It. *Lugd.* 1606. *in*-80. Il y a quelques éditions précedentes. It. *Centuriæ decem. Lugduni* 1631. & 1643. *in*-80. It. *Coloniæ.* 1661. *in*-8° *Gregoire Majans* dit dans sa bibliotheque, à l'occasion de cet ouvrage, que *Pacius* est assez subtil dans ses recherches, qu'il s'exprime assez clairement, mais que le jugement lui manque.

18. *Doctrinæ Peripateticæ tomi tres, primus Logicus, secundus Physicus, tertius Politicus. Ejusdem Logicæ disputationes octo. Aureliæ Allobrogum.* 1606. *in*-40. pp. 776. L'Epître de *Pacius* est datée de *Montpellier* le 1. Juin 1606 Il dit dans un Avertissement, que cet ouvrage est originairement de *Daniel Venturinus*, son parent & son disciple, qui l'ayant composé suivant sa methode, le lui avoit remis entre les mains, pour y ajoûter & y changer ce qu'il jugeroit

J. PA-
CIUS.

à propos; ce qu'il avoit fait avec une entiere liberté.

19. *Isagogicorum in Institutiones Imperiales libri 4. Digesta seu Pandectas libri 50. Codicem libri 12. Decretale, libri 5. Lugduni 1606. in-fol & in-80.* It. *Editio nova brevibus notis auctior accurante Gerardo à Wassenaer. Ultraj. 1662. in-80.* It. *Basileæ 1666. in-80.*

20. *Analysis Constitutionum Imperialium. Lugduni 1605. & 1638. in-80.* It. *Opera Remigii Feschi. Basileæ 1641. in-80.* It. *Cum scholiis Bern. Schotani: Jenæ 1661. in-80.* It. *Bernardi Schotani scholis illustrata, & nunc demum perpetuis notis & brevibus additamentis aucta, studio & opera Gerardi à Wassenaer. Accedunt ejusdem Pacii selecta Titt. Dig. & Decr. De verborum significatione & Regulis Juris, & alia. Ultrajecti 1663 in-80.* It. *Lugduni 1670. in 80.*

21. *Commentarius in L. Transigere C. de Transactionibus. Lugduni 1604. in-12.*

22. *Julii Pacii Artis Lullianæ emendata libri IV. Neapoli 1631. in-40.* pp. 43. L'Epître de *Pacius* est datée de *Valence* le 13. Août 1617. Ainsi l'ou-

vrage a dû paroître dans ce tems la J. PA-
pour la premiere fois. Il a été traduit cius.
en François par *Ithier Hobier.* L'*Art
de Raymond Lullius*, *éclairci par Julius Pacius. Paris* 1619. *in*-12.
Feuill. 54.

23. *De Dominio maris Adriatici
disceptatio inter Regem Hispaniæ ob
Regnum Neapolitanum*, & *Rempu-
blicam Venetam. Lugduni* 1619. *in*-8°.

24. *Theses ex prioribus Pandecta-
rum Juris civilis libris confecta. Spiræ
Nemetum* 1598. *in*-12.

25. *Methodicorum ad Justinianeum
Codicem libri tres*; & *de contractibus
libri sex. Lugduni* 1606. *in-fol.*

26. *Definitionum Juris Civilis* &
Canonici libri decem. Paris. 1639.
in-80.

27. *Synopsis*, *seu Oeconomia Juris
utriusque Tabulis* & *annotationibus illustrata. Lugd.* 1616. *in-fol.* It. *Argentorati* 1620. *in-fol.*

28. *Selecta ex Institutionibus Impe-
rialibus*, *cum Anacephalæosi. Lugd.*
1638 *in* 80.

29. *Posthumus Pacianus*, *seu defi-
nitionis Juris utriusque posthuma aucta à
Joan. Arn. Corvino. Amstælod.* 1659.
in 80.

J. PA-
CIUS.

V. *Les Prefaces de ses Ouvrages.*
Elles servent à redresser tous les Auteurs qui ont parlé de lui. *Jacobi
Philippi Tomasini Elogia tom. 2. p.
169.* Il y a bien des fautes dans ce
qu'il en dit, cependant il a été copié par ceux qui ont parlé depuis
de *Pacius. Nicolai Comneni Papadoli Historia Gymnasii Patavini.* Il a
suivi entierement *Tomasini. Freher,
Theatrum virorum Doctorum tom. 2.
p. 1070. Lorenzo Crasso, Elogii d'Huomini Letterati tom. 2. p. 86.* Ce que
cet Auteur en dit n'est presque qu'u-
ne suite de fautes.

NICOLAS DE NANCEL.

N. NAN-
CIUS.

Nicolas de Nancel, naquit à *Nancel,* village situé entre *Noyon
& Soissons,* d'où il a pris son nom,
l'an 1539. puisque dans le catalogue
de ses ouvrages daté du premier Janvier 1600. il dit qu'il passoit sa 60e.
année ; *sexagesimum annum ago, vel
etiam supergredior.*

Comme ses parens étoient pauvres, & qu'on vouloit l'appliquer à
l'étude

l'étude, on l'envoya à *Paris*, pour N. DE profiter d'une bourse qu'on lui avoit NANCEL. donnée dans le College de *Presle*. Il y entra vers l'an 1548. & y gagna l'affection de *Pierre Ramus*, qui en étoit Principal. Après six années d'étude, il y reçut le dégré de Maître-ès Arts. *Ramus*, qui le trouva alors assez avancé pour instruire les autres, l'employa en qualité de Precepteur jusqu'à la dixhuitiéme année de son âge, qu'il lui donna une Chaire, & le chargea d'enseigner publiquement les Langues Latine & Greque.

Après avoir rempli ce poste pendant quelques années, *Nancel*, qui avoit toujours eu en vûe de s'appliquer à la Medecine, commença à s'y donner tout de bon; mais à peine commençoit-il à y faire quelques progrès, que les Guerres & les troubles vinrent le retirer de cette étude, & l'obligerent de se retirer ailleurs.

Il se retira en Flandre en 1562. & accepta une Chaire de Professeur en Langue Latine & Grecque, qui lui fut offerte dans l'Université de *Douay*, que le Roy d'Espagne établit vers ce temps-là. Il y prononça le 5. Janvier

N. DE
NANCEL.
un difcours *de præftantia & neceffaria Græcarum Litterarum cognitione* ; & le 3. Octobre de l'année fuivante 1564. il en recita un autre *de linguâ Latinâ*.

Comme fes amis le rappelloient en France, il répondit à leurs defirs, & prit publiquement congé de l'Univerfité de *Douay* par un difcours, qu'il prononça le premier Janvier 1565.

De retour à *Paris* après deux années d'abfence, il fe vit obligé par la neceffité où il fe trouva, de profeffer de nouveau ; ce qu'il fit encore dans le College de *Prefle*, où il demeura en tout 20 ans avec *Ramus*.

Il reprit pendant ce temps l'étude de la Medecine, en laquelle il fe fit recevoir Docteur à *Paris*. Orné de ce titre, il alla s'établir à *Soiffons* dans le deffein d'y gagner quelque chofe par la pratique. Mais les effets ne répondirent point à fes efperances ; il dit lui meme que l'air y eft fi fain, & que les Habitans y font en fi petit nombre, qu'un Medecin ne peut y trouver dequoi s'occuper utilement.

Il fe hâta d'en fortir, & partit en 1569. pour aller à *Angers* trouver *Mazile*, premier Medecin du Roy,

qui étoit son ami, & voir s'il ne pourroit point par son moyen trouver
quelque place à la Cour.

En passant à *Tours*, il fut sollicité
si fortement de s'arrêter dans cette
ville, qu'il y consentit, & il n'eut
pas lieu de s'en repentir. Car dès l'année suivante 1570. on lui procura
un mariage avantageux, en lui faisant
épouser *Catherine Loiac*, âgée d'environ 27 ans, qui étoit veuve de *Paul
Cay* Medecin d'*Arras*, & qui lui ap-
porta deux mille écus, avec l'esperance d'une pareille somme, qu'elle
devoit avoir après la mort de ses pere, & mere.

Le Medecin de la Princesse *Eleo-
nor de Bourbon*, Abbesse de *Fontevrault*, étant mort en 1587. il sollicita sa place, qu'il obtint aisément.
Il quitta alors la ville de *Tours*, où il
avoit demeuré dix huit ans, & alla
s'établir à *Fontevrault*, où il passa le
reste de sa vie.

Il y mourut l'an 1610. suivant M.
de Sainte Marthe, qui quoi qu'il ne
marque pas précisément cette année,
fait assez entendre que c'est la date
de sa mort, lorsqu'il dit, que *Pierre*

B b ij

N. DE
NANCEL.

de Nancel, son fils, publia aussi-tôt
après son *Analogia Microcosmi ad
Macrocosmum*; livre qui parut en
1611. Mais cet Auteur s'est trompé
en lui donnant alors 80 ans, il ne
devoit en avoir qu'environ 71. suivant ce que j'en ai dit ci-dessus.

De Nancel avoit composé un grand
nombre d'ouvrages; & il en auroit
inondé le Public, si les Libraires
avoient été aussi ardens à les imprimer, qu'il l'étoit à les publier. Mais
il se plaint en mille endroits de leur
froideur pour ses productions, & les
accuse de mauvais goût, parce qu'ils
n'en pensoient pas comme lui. Il faut
avouer cependant que ce que nous
avons de sa façon justifie assez leur peu
d'empressement.

Catalogue de ses Ouvrages.

1. *Stichologia Græca Latinaque in-
formanda & reformanda. Paris. Diony-
sius Du Val* 1579. *in-*80. Cet Auteur
vouloit assujettir la Poësie Françoise
à des regles semblables à celles de la
Grecque & de la Latine pour la rendre plus difficile & moins commune,
mais ses idées n'ont pas fait fortune.
Il ignoroit le genie de notre langue,

dans laquelle il avoue qu'il étoit N. DE
moins versé que dans la Latine & la NANCEL.
Grecque.

2. *Discours très-ample de la Peste,
divisé en trois livres. Paris, Denys Du
Val* 1581. *in-*8°. pp. 367. Il donne à
la fin une grande liste des Ouvrages qu'il avoit composés, mais dont
peu ont vu le jour. Il traduisit dans la
suite en latin cet ouvrage de la peste,
cependant cette traduction n'a point
été imprimée.

3. *Le miroir des Rois & des Princes,
écrit en Grec par Agapetus, & envoyé
à l'Empereur Justinien. Tours* 1582.
*in-*12. Il fit cette traduction pour le
Roy de Portugal *D. Antoine* qui
étoit alors à *Tours.* On n'en au-
ra pas une grande idée, quand
on sçaura qu'elle ne lui a coûté que
trois jours de travail, comme il le
marque dans ses Lettres.

4. *Nicolai Nancelii Trachyeni No-
viodunensis, de Immortalitate Animæ
velitatio adversus Galenum, desumpta
ex ejusdem Nancelii opere, cui titulum
fecit: Analogia Microcosmi ad Macrocosmum. Paris. Joannes Richer*
1587. *in-*80. Feuill. 158. suivis pour

N.
NANCEL.

DE cet ouvrage & les trois suivans qui l'accompagnent.

Problema an sedes Animæ in corde? an in cerebro? aut ubi denique est? ex eodem suo opere desumptum. Avec une Epître datée du dernier Decembre 1582.

De Risu libellus ex eodem opere. Daté du 1. Janvier 1563.

De legitimo partus tempore 7. 8. 9. 10. 11. Mensium Problema, seu liber unus. Ubi & de Anni Gregoriani per Aloisum & Antonium Lilium Fratres correctione ac restitutione per longam digressionem multa disceptantur. L'Epître est du 1. Août 1584. & l'ouvrage est précedé d'un titre qui porte l'an 1586.

5 *Parecbasis de mirabili Nativitate D. N. Jesu Christi ex B. Maria aïpartheno, & Theotoco, desumpta ex commentariis Nic. Nancelli in Strabum Gallum. Ubi rara quædam & præclara referuntur. Andegavii, Ant. Hernault.* 1593. in-8o. pp. 133. Daté du 1. Octobre 1592.

6. *Libellus Precum vario carminis genere.* Il marque dans le catalogue de ses ouvrages qu'il publia celui ci

à *Tours* peu de temps après le préce- N. DE
dent, & le dédia au Roy Henri IV. NANCEL.

7. Il fit dans le même temps imprimer chez lui par *Jamet Mettaier*
une traduction Francoise de ses trois
livres latins. 1. *De Deo.* 2. *De immortalitate Animæ.* 3. *De Sede animæ in
corpore.*

8. *Declamationum liber, eas complectens orationes, quas vel ipse juvenis habuit ad populum, vel per disci-
pulos recitavit, tum Lutetiæ olim docens, tum in Academia Duacensi Regius Professor institutus. In quibus præ-
cipua est Medicinæ amplissima Apologia, & Jurisprudentiæ encomium,
festivaque ambarum inter se concertatio.
Addita est P. Rami vita ab eodem Nancelio ejus discipulo conscripta. Paris.
Claud. Morel 1600. in 8o. pp. 143.*
pour la premiere section, qui contient sept discours prononcés par
lui-même, à l'exception du premier. pp. 449. pour la seconde
section qui renferme les discours qu'il
avoit fait reciter par ses Ecoliers, &
ausquels il a donné le nom de Theses, parce qu'il y en a deux sur chaque sujet, dans lesquels il soutient

N. DE
NANCEL.

les deux propositions contradictoires. *Morhof* assure que dans tous ses discours il est purement déclamateur, & que son stile est même quelquefois barbare.

9. *Petri Rami, Veromandui, Eloquentiæ & Philosophiæ apud Parisios Professoris Regii, vita à Nicolao Nancælio Trachieno descripta. Paris. Claud. Morel* 1599. *in* 80. pp. 85. Cette vie, qui est imprimée à la fin de l'ouvrage précedent, quoiqu'elle porte une date anterieure, renferme plusieurs faits curieux & singuliers, & doit être regardée comme la meilleure & la plus utile de ses productions. Au reste j'ignore l'origine du surnom de *Trachyenus*, qu'il a pris à la tête de tous les Livres qu'il a donnés au Public.

10. *Nic. Nancelii Epistolarum de pluribus reliquarum tomus prior. Ejusdem Præfationes in Davidis Psalterium & in Novum Testamentum; utrumque opus ab eodem Nancelio, cum Græcis Archetypis fideliter & accurate ad Latinam vulgatam versionem collatum; cum Epistolis ad SS. PP. & DD. Legatum & Cardinales pro impetrando*

privilegio. Paris. Claud. Morel 1603.
in-8o. pp. 256. pour les Lettres qui
font le premier tome & 155 pour les
autres piéces qui font le second. Il
avoit fort à cœur de donner au Public
le Pfeautier & le Nouveau Teftament
revûs fur le grec , & écrivit deux ou
trois fois au Pape, & à quelques Car-
dinaux pour avoir leur approbation,
mais n'en ayant point reçu de re-
ponfe , fon travail eft demeuré dans
l'obfcurité , & il s'eft contenté d'en
faire imprimer ici les Prefaces. Elles
font fuivies d'un catalogue de fes
ouvrages , dans lequel il parle fort
au long tant de ceux qu'il avoit publiés , que de ceux qu'il gardoit dans
fon cabinet.

11. *Analogia Microcofmi ad Ma-*
crocofmum , id eft , relatio & propofi-
tio Univerfi ad Hominem , in qua quid
in utroque difpici queat , Theologicè ,
Phyficè, Medicè , Hiftoricè & Mathe-
maticè difceptatur; unum ad aliud refer-
tur , confertur , & figillatim & univer-
fe explicatur. Rurfus problematicè &
demonftrativè adftruitur , ut vix quid-
quam quod ad alterutrum fpectet , pra-
teritum arguatur , fic jam ut Promptua-

N. DE *rium universi non indecore appelletur,*
NANCEL. *omnigenis hominibus cum primis appo-*
situm, & ad omnes litterariam suppel-
lectilem accommodum. Parif. Claud.
Morel 1611. *in fol.*Col. 2232. fans
la Table, qui est fort ample. Cet ouvrage a été publié par *Pierre Nancel,*
son fils, auffitôt après fa mort.

V. *Ses Ouvrages.* C'est de là que
j'ai tiré toutes les particularités de fa
vie. *Sammarthana Elogia, lib.* 5.

BENJAMIN PRIOLO.

B.
PRIOLO.

BEnjamin *Priolo* naquit à *S. Jean*
d'Angely, ville de Saintonge, le
1. Janvier 1602. de *Julien Priolo,*
originaire de *Venise,* & forti de l'il-
luftre famille de ce nom, qui a donné quelques Doges à cette Republique.

Antoine Prioli, ou *Priuli* neveu de
Laurent & de *Jerome Priuli,* freres,
& fucceffivement Doges de *Venise,*
étoit venu fort jeune en France fous
le Regne de *Henri II.* avec un Am-
baffadeur de la famille *Lauredano,*
son oncle maternel: il y devint amou-

reux de la fille d'un Gentilhomme **N.**
de Saintonge, qui étoit à *Paris* pour **PRIOLO.**
un procès, & l'époufa. Etant depuis
retourné à *Venife*, ils furent tous
deux si mal reçus de la Republique
& de leur parenté, qu'on fongea à
faire caffer leur mariage. On l'eût
fait caffer effectivement, conformément aux loix du pays, si l'Ambaf-
fadeur de *Venife*, qui reprefentoit
en France le corps de la Republique
n'eût pas figné le contrat; dequoi
il fut cenfuré par un Decret de l'an
1554. & l'on prononça qu'Antoine
& fa pofterité feroient exclus de toutes les charges du Senat. Cette dif-
grace le porta à quitter *Venife* & à
retourner en France. Il s'établit dans
le pays de fa femme à S. Jean d'Angely, & y eut beaucoup d'enfans,
dont l'aîné, nommé *Marc*, fut pere
de *Julien*, de qui fortit notre Auteur. *Julien* fe ruina par les dépenfes
qu'il fit à la guerre, étant premier
Officier du Regiment de *la Force*,
& par quatre mariages. Auffi *Benja-*
min, qui étoit forti du quatriéme,
eut-il toute fa vie à lutter contre la
pauvreté.

B.
PRIOLO.

Il n'étoit âgé que de quinze ans, lorsqu'il perdit son pere & sa mere ; & cette fâcheuse circonstance augmenta les difficultés qu'il eut à essuyer dans le cours de ses études, sans rien rallentir de l'ardente passion qu'il avoit de devenir sçavant.

Il commença ses études à *Orthés* dans le Bearn, & se livra dès lors au travail avec une avidité si excessive, qu'il passoit souvent les jours & les nuits sans interruption à lire les Auteurs grecs & latins.

Il alla ensuite à *Montauban*, où regnoit le Calvinisme qu'il professoit; car son pere s'étoit laissé séduire aux nouvelles opinions, & il avoit succé l'erreur avec le lait.

La réputation de l'Université de *Leyde* l'engagea depuis à s'y rendre, & il y profita des leçons de *Daniel Heinsius* & de *Gerard Jean Vossius.* Une application de trois années l'y remplit de la connoissance de tous les Historiens & de tous les Poëtes Grecs & Latins.

L'envie de voir & de consulter *Grotius* fut cause qu'il fit un voyage à *Paris*, où ce grand homme étoit

alors ; & il s'en alla de là à *Padoue*, B.
attiré par la grande réputation de *Ce-*PRIOLO.
sar Cremonin, & de *Fortunio Liceti.*
Il lut sous leur direction les écrits
d'*Aristote*, & ceux des autres Philosophes de l'Antiquité.

Etant revenu en France, il alla
faire un tour dans sa patrie, pour y
ramasser quelque argent, & repassa ensuite en Italie, pour s'y faire reconnoître parent légitime de la famille
des *Prioli.* Le Senat de *Venise* le traita
fort bien, & le fit Chevalier, mais
il ne put obtenir d'être rétabli dans
les prérogatives de sa Famille.

Priolo s'attacha au Duc *de Rohan*,
qui étoit alors au service des Veni-
tiens, & il se mit si bien dans ses
bonnes graces, que ce Duc n'eut point
de confident plus intime de ses secrets que lui pendant tout le reste de
sa vie. Il l'envoya deux fois en Espagne pour des négotiations importantes, & il lui laissa le soin de toutes sortes de détails, pendant qu'il
commandoit les troupes de France
dans la Valteline, & dans le pays des
Grisons. *Priolo* se trouva dans tous les
combats, & y paya de sa personne
tant à pied qu'à cheval.

B.
PRIOLO.

Après la mort du Duc de *Rohan* arrivée au mois de Mai de l'an 1638. *Priolo*, qui s'étoit marié trois mois auparavant, & avoit épousé *Elizabeth Michaëli* d'une famille noble de *Lucque*, incertain de sa destinée, se retira à *Geneve*, ou plutôt à *Saconnet* dans le voisinage, où il avoit acheté une petite Terre, pour s'y reposer des fatigues & des agitations de sa vie précedente.

Le Duc de *Longueville* le tira de ce lieu de repos en 1648. lorsqu'il fut nommé Plenipotentiaire de France pour la paix de *Munster*. Car il voulut le mener avec lui, comme un homme dont l'esprit & le conseil pourroient lui être d'un grand usage.

Priolo demeura un an à *Munster*, & ayant fait ensuite un tour à *Geneve* pour mettre ordre à ses affaires, il repassa en France dans le dessein de s'établir à *Paris*.

Il s'arrêta six mois à *Lyon*, & y confera souvent sur la controverse avec le Cardinal *François Barberin*, qui s'y trouvoit alors. L'effet de ces conferences fut que lui, sa femme, ses enfans, & ses domestiques abjure-

rent la Religion Proteſtante pour embraſſer la Catholique , & communie-
rent de la main de ce Cardinal en même temps.

Arrivé à *Paris* , il reſſentit des effets de la liberalité du Duc de *Longueville*, qui content des ſervices qu'il
lui avoit rendus à *Munſter*, lui aſſigna
une penſion de douze cens livres ſur
la Principauté de *Neufchâtel* , & lui
donna même peu de temps avant ſa
mort une Ordonnance de douze cens
écus , comme le dernier gage de ſon
affection.

Il ne jouit pas à *Paris* d'une longue
tranquillité ; car les Guerres Civiles
ayant commencé quelque temps
après , il s'engagea dans la faction des
Mécontens , & ce fut là la ruine de
ſa fortune. Ebloui par les grandes
actions de M. le Prince, dont il avoit
pris le parti , il ne voulut point répondre aux bontés dont la Reine
Mere le combloit , ni tenir compte
des grandes promeſſes du Cardinal
Mazarin. Il ſe vit par là obligé de
ſortir de France ; ſon bien fut con-
fiſqué & ſa famille exilée.

Rentré depuis dans les bonnes gra-

ces de son Souverain, il ne songea
plus qu'à vivre en homme privé des
débris de ce qu'il avoit sauvé. Ce fut
dans ce genre de vie & pour dissiper
ses chagrins, qu'il composa son Histoire, qui est le seul ouvrage qui
nous reste de lui.

On l'engagea encore dans la suite
dans les négociations : car il fut chargé en 1667. d'aller à *Venise* pour une
affaire secrete. C'est ce qu'on a sçu
par la Lettre de créance qui fut trou-
vée parmi ses papiers, & que M.
de Lionne lui avoit expediée. Il n'a-
cheva pas ce voyage, il étoit à *Lyon*
logé dans l'Archevêché, lorsqu'il fut
surpris d'une apoplexie, qui l'enleva
la même année 1667 âgé de 65
ans. *Bayle* avoit avancé dans les
premieres éditions de son Dictionnaire qu'il étoit mort à *l'Hôpital*,
parce qu'on le lui avoit assuré ainsi à
Geneve, mais il a reconnu depuis la
fausseté de ce prétendu fait, & s'est
retracté.

Priolo laissa sept enfans qui perdi-
rent par sa mort les pensions dont il
jouissoit, à sçavoir une de quinze cens
livres que le Cardinal *Mazarin* lui
avoit

avoit laissée & qui étoit affectée sur   **B.**
le legs universel du Duc *Mazarin* , Priolo.
& une de deux mille francs , que le
Roy lui avoit donnée en 1661. en lui
accordant le privilege de son histoire.
Si sa famille fut privée de cette res-
source , elle en trouva d'autres. La
Cour en prit soin ; l'aîné des deux fils
fut placé par M. *Colbert* dans les Fi-
nances , & s'y enrichit ; le cadet qui
fut reçu à l'âge de 20 ans dans les
Gardes du Corps , devint dans la
suite Exempt de la premiere Compagnie.

  Ce qu'on lit dans le *Sorberiana* sur
Priolo n'est qu'une suite de faussetez "
» *Benjamin Prauleau,* fils d'un Ministre
» de *S. Jean d'Angely* (qui avoit été
» Moine & étoit bâtard d'un noble
» Venitien) étudiant en Medecine à
» *Padoue* , il fut rencontré par M. *de*
» *Rohan* qui le prit à son service en
» qualité de Medecin , puis de Se-
» cretaire ; il se mêla dans l'intrigue
» & fit valoir son latin , menaçant
» les Ministres d'une histoire satyri-
,, que , dont il recitoit des fragmens
,, dans les Compagnies. Il accompa-
» gna M. *de Longueville* à *Munster* ,
  Tome XXXIX.   **C**

„ & transporta sa Famille de *Geneve,*
„ où il avoit épousé la fille de *Mi-*
„ *chaëli à Paris* & changea de religion.
„ Il fit à *Paris* bien des choses pour
„ excroquer de l'argent à *Tallemand,*
„ au Comte *de Tonnerre,* au Prince
„ *de Marsillac* &c. " Ce que i'ai dit
jusqu'ici suffit pour détruire tout ce
recit.

Son goût par rapport aux Ecrivains celebres de l'Antiquité étoit
singulier. Il n'étoit pas grand admi-
rateur de *Ciceron,* mais il étoit charmé de *Tite-Live,* qu'il trouvoit si in-
imitable, que desesperant de pouvoir
se conformer à ce modele, il prit le
parti d'imiter *Tacite.* Il étoit extrêmement passionné pour *Seneque,* &
préferoit *Lucain à Virgile,* & les ten-
dresses de Catule à la majesté d'*Ho-
race.*

Il disoit ordinairement que l'homme ne possedoit que trois choses,
l'ame, le corps, & les biens, qui
étoient exposées aux embuches de
trois sortes de personnes, des Theologiens, des Medecins & des Avocats. Voici la maniere dont *Rhodius*
s'exprime sur ce sujet. *Cum tribus tan-*

tum homo constei , anima , corpore , &
bonis , tres insidiatores illis perpetuo
imminere , adulterinos Theologos ani-
mæ per laqueos conscientiæ injectos , nihil
ad bonos mores & solidam pietatem ;
Medicos corpori per Pharmaca noxia ,
cum rusticatio , dieta , & mens hilaris
sola morbis opitulentur ; bonis Rabulas
forenses , per litium articulos & formu-
las , cum per arbitros idoneos amputan-
dæ sint radices crescentibus sine fine fa-
miliarum malis,

Il avoit une telle horreur pour le
mensonge , qu'il ne pouvoit en entendre faire mention, sans se mettre
en colere , & qu'il ne recommandoit
rien à ses enfans avec plus de soin
que la fuite de ce défaut & la
pieté.

Il a fait quelques ouvrages qui
n'ont point été imprimés, le seul qui
ait paru est son Histoire.

Benjamini Prioli ab excessu Ludovici
XIII. de rebus Gallicis Historiarum
libri quinque. Paris. Cramoisy 1662.
in 4o. C'est un essai de l'Ouvrage
qui parut depuis en entier. It. *Libri*
XII. Carolopoli (c'est-à dire à Paris)
1665. in 4o. It. *Lipsiæ* 1669. *in.* 8°.

It. *Ultrajecti, Elzevir* 1669. in-12.
It. *Amstelod.* 1677. *in-16.* It. *Cum
notis & indice Christophori Friderici
Franckenii, Professoris Historiæ Lip-
siensis. Lipsiæ* 1686. *in-8°.* C'est
la meilleure édition ; car on y
trouve quelques Lettres, que l'Auteur avoit supprimées dans l'édition
de 1665. & des notes curieuses &
instructives. It. *Traduit en Anglois par
Christophe Wase. Londres* 1670. *in 8°.*
Voici la maniere dont M. *Gallois*
s'exprime sur cet ouvrage dans le
Journal des Sçavans du 22. Fevrier
1666. ,, Cet Auteur, dit il, déclare
,, dans l'argument de son Ouvrage,
,, ce que l'on en doit attendre. Il dit
,, qu'on n'y trouvera rien de parti-
,, culier, rien qui ne soit commun,
,, & que tout le monde ne sçache.
,, L'élocution est la seule chose à la-
,, quelle il s'est attaché, & dont il
,, prétend tirer de la gloire ; encore
,, n'en donne t-il pas trop bonne
,, opinion dans l'Epître qu'il adresse
,, au Lecteur. Car que peut-on espe-
,, rer d'une histoire, que l'Auteur a
,, tellement negligée, qu'il l'a dictée
,, en se promenant, & sans y avoir

„ jamais rien changé ? mais ce qui B.
„ en pourroit encore faire concevoir Priolo.
„ une plus mauvaise opinion , c'est
„ que dans la même Epître au Lecteur , il reconnoît qu'il n'a jamais
„ appris ce que c'est que la pureté
„ de la Langue Latine. Il prétend
„ même que la latinité de *Ciceron*
„ n'est plus à la mode , & que le stile
„ enflé, qu'il dit être maintenant en
„ vogue , doit être préferé à tous les
„ autres , quoiqu'il soit le plus im-
„ parfait. Dans cette pensée. il se com-
„ pare à ce Lacedemonien , qui ne
„ vouloit pas que sa femme regardât
„ de beaux tableaux , de peur que
„ ses enfans ne fussent plus beaux
„ que lui. Car , disoit-il, mon grand-
„ pere étoit camus, mon pere l'étoit,
„ je le suis , & je veux que mes en-
„ fans le soient. Mais quoiqu'on doi-
„ ve croire les Auteurs , quand ils
„ en usent avec autant de bonne foi ,
„ que fait M. *Prioli* , néanmoins son
„ stile n'est pas tout-à-fait si mauvais
„ qu'il pense. Car son histoire n'est
„ presque qu'un tissu de phrases ti-
„ rées de *Tacite* , de *Seneque* , & d'au-
„ tres anciens Auteurs , & on y trou-

,, ve quelquefois des expressions in-
,, génieuses, dont cet Auteur n'est
,, redevable qu'à lui-même. De ma-
,, niere que si je ne m'étois proposé de
,, m'abstenir de dire mon sentiment
,, des Livres, le stile de cette histoire
,, seroit peut être la chose à laquelle
,, je trouverois le moins à redire.

Bayle a donné de grandes louanges à cette histoire, qu'il prétend
avoir été composée avec une liberté fort éloignée de la flatterie, mais il
n'en a parlé ainsi que sur les Memoires de ses enfans, à qui il étoit
fort naturel de relever le mérite de
l'ouvrage de leur pere. *Guy Patin*,
qui avant qu'il parût, avoit dit qu'il
y auroit *bien de la flatterie*, ne s'est
pas trompé dans sa conjecture. C'est
pourquoi *Boëcler* ayant eu d'abord
dessein de le faire réimprimer à *Strasbourg*, quelques sçavans François qu'il
consulta là dessus, lui répondirent
qu'ils ne le lui conseilloient pas, parce que cette réimpression ne feroit
point d'honneur à son goût ; comme *Chretien Gryphius* le témoigne
dans son *Apparatus de scriptoribus*

historiam saeculi XVII. illustrantibus. **B.**
p. 228. En effet son histoire n'a rien **PRIOLO.**
suivant *Morhof*, qui puisse plaire aux
Sçavans soit pour le stile, soit pour la
matiere.

V. *Joannes Rhodius de vita Bénja-
mini Prioli, Equitis Veneti.* 1672. *in-
fol. Bayle, Dictionnaire.*

FRANÇOIS FEU-ARDENT.

F Rançois *Feu-ardent* naquit à *Cou-* **F. FEU-**
tance, ville de la Basse Norman- **ARDENT.**
die, au mois de Decembre de l'an
1539. comme il paroît par une Lettre qu'il écrivit le 28. Novembre
1602. à Antoine Possevin, dans laquelle il marque, qu'au mois de Decembre suivant il acheveroit sa 63e.
année. Ainsi ceux qui l'ont fait naître en 1541. se sont trompés.

Il fit à *Bayeux* ses premieres études, après lesquelles il renonça aux
esperances d'une grosse succession,
qu'il pouvoit esperer, pour entrer
chez les Cordeliers de la même
ville.

Après sa profession on l'envoya à

F. Feu
Ardent.

Paris pour y achever ses études, &
il prit le degré de Docteur en Theologie le 5. May 1576.

Il se donna depuis avec beaucoup
d'ardeur à la prédication & à la controverse. Comme il avoit un tempe-
ramment tout de feu, conformément
à son nom, il combattit les heretiques
à toute outrance, & devint un
de leurs plus furieux adversaires.
Un zele mal entendu l'engagea dans
les interêts de la Ligue, qu'il soutint tant qu'il put par ses prédica-
tions violentes & séditieuses.

Il se lassa cependant dans la suite
de ses emportemens, & fut sur la fin
de sa vie aussi ardent à la concorde,
qu'il l'avoit eté auparavant à la dis-
corde, comme il est dit dans les Mémoires de *l'Etoille*.

Il mourut à *Paris* le 1. Janvier
1610. âgé de 70 ans.

On voit par ses ouvrages qu'il étoit
Gardien du Couvent de *Bayeux* en
1579.

Catalogue de ses Ouvrages.

1. *B. Hidelphonsi, Archiep. Toleta-*
ni, de Virginitate S. Mariæ liber,
Msti cujusdam veteris codicis collatio-
ne.

ne auctus & emendatus. Ejusdem auto- F. FEU-
ris liber contra eos qui disputant de ARDENT.
perpetua virginitate S. Mariæ, & de
ejus parturitione. Item sermones duode-
cim in præcipuis ejusdem B. Mariæ
feriis, ab Autore ante nongentos annos
conscripti, nunc autem primum in lu-
cem emissi. Accedit Præfatio ad Ill.
D. Bernardinum à B. Francisco, Baio-
censem Episcopum. Studio & Opera
Franc. Feu-Ardentii, Ordinis Mino-
rum. Paris. Seb. Nivellius. 1576. *in-*
8º. La longue Preface de *Feu-Ardent*
est contre les héretiques de son temps.

2. *S. Irenæi, Lugdunensis Episcopi,*
adversus Valentini & similium Gnos-
ticorum hæreses libri V. Opera & stu-
dio Fr. Feu-Ardentii. Paris. Nivellius
1576. *in-fol.* Feu-Ardent a revû l'ouvrage de *S. Irenée* sur un ancien manuscrit, & l'a augmenté de cinq chapitres entiers, qu'il a trouvé dans ce
manuscrit à la fin du 5e. Livre. Il a
ajoûté à la fin de chaque chapitre les
annotations qu'il a crû necessaires
pour l'intelligence de son Auteur :
elles sont pour la plûpart utiles &
sçavantes, mais il y en a qui exce-
dent les bornes que doit se prescrire

F. FEU-
ARDENT.
un Commentateur, & où il se livre
trop à la controverse. It. *Coloniæ*
1596. *in-fol.* Cette seconde édition
est meilleure que la premiere, parce
qu'elle contient les passages grecs
de *S. Irenée*, qui se sont trouvés dans
S. Epiphane, & dans d'autres anciens Auteurs. Elle a été renouvellée.
Coloniæ. 1625. *in-fol. Paris* 1639. &
1675. *in-fol. Jean Ernest Grabe* a fait
entrer plusieurs des annotations de
Feu Ardent dans la belle édition de *S.
Irenée*, qu'il a donnée à *Oxford* en
1702. *in-fol.* Le P. *Massuet*, Benedic-
tin, en a inseré aussi quelques-unes
dans celle qu'il a publiée à *Paris* en
1710. *in-fol.*

Feu-Ardent a fait une lourde faute
dans ses notes sur le chapitre 33. du
3e. Livre, où voulant prouver la
Conception immaculée de la Vierge,
il cite avec un air triomphant un passage du 6e. livre du commentaire de
S. Cyrille d'Alexandrie sur *S. Jean*,
sans faire reflexion que ce Livre avoit
été fait par *Josse Clichthoue*, avec trois
autres du même ouvrage, qui manquoient alors. Le Jesuite *Suarés* l'a-
vertit de cette faute, mais son aver-

tissement ne plût pas à *Feu-Ardent*,
seconde édition de *S. Irenée* toutes
les fautes de chiffres qu'il put trouver dans les œuvres de *Suarés*, comme si des fautes qu'on peut fort bien
attribuer aux Imprimeurs, avoient
quelque ressemblance avec celles qui
viennent de l'Auteur même.

3. *Michaëlis Pselli Dialogus de
Energia, seu operatione Dæmonum è
Græco translatus à P. Morello; cum
Præfatione Fr. Feu-Ardentii. Parif.*
1577. *in-8°. Feu-Ardent* fait daus cette Preface une comparaison des héretiques de son temps avec les dé-
mons & les magiciens.

4. *Appendix ad libros Alphonsi àCastro contra Hæreses, in tres libros distri-
buta, quibus quadraginta ab eodem
autore vel prætermissæ, vel ab ejus
obitu natæ & deprehensæ refelluntur.
Autore Francisco Feu-Ardentio.* A la
suite d'*Alphonsi àCastro, Ordinis Minorum opera omnia. Parif. MichaëlSon-
nius.* 1578 *in-fol.* depuis la p. 1031.
du premier volume jusqu'à la 1303.
On voit à la tête de cet Appendix
une longue Epître de Feu-Ardent,

F. FEU- datée du 15. Octobre 1577.

ARDENT.   5. *Divins opuscules & exercices spi-*
rituels de S. Ephrem, Archidiacre d'E-
desse en Mesopotamie, mis en François.
Avec un excellent Sermon de S. Cyrille
Alexandrin, de l'issue & sortie de l'ame
hors le corps humain. Plus une répon-
se aux Lettres & questions d'un Calvi-
niste touchant l'innocence, virginité, ex-
cellence & invocation de la glorieuse
Vierge Marie, Mere de Dieu. Par
Fr. Feu-Ardent. Paris. Seb. Nivelle
1579. *in-8o.* Feuill. 367. Il étoit
alors Gardien du Couvent de *Bayeux.*

6. *Liber Ruth, Franc. Feu-Ardentii*
commentariis explicatus, quibus ea co-
piose traduntur quæ ad historiam, fidei-
que Christianæ ac morum rationem per-
tinent. Paris. 1583. *in-8o.* Feuill. 312.
It. *Antuerpiæ* 1585. *in 8o.*

7. *Censura Orientalis Ecclesiæ de*
præcipuis nostri sæculi Hæreticorum
Dogmatibus Hieremiæ, Constantinopo-
litani Patriarchæ, judicii & mutuæ
communicationis causa, ab Orthodoxæ
Doctrinæ adversariis non ita pridem
oblatis; ab eodem Patriarcha C. P. ad
Germanos Græcè conscripta, à Stanislao
autem Socolovio, Ser. Stephani Poloniæ

Regis Theologo, ex Græco in Latinum   F. Feu-
conversa, ac quibusdam annotationibus   Ardent.
ad proprias Græcorum opiniones respon-
dentibus illustrata. Accessit ejusdem Ac-
toris concio de Eucharistiæ Sacramento
coram Poloniæ Rege habita. Omnia
post editionem primam diligenter recog-
nita & à mendis purgata, etiam no-
tis marginum illustrata per Fr. Feu-Ar-
dentium, Franciscanum. Paris. 1584.
in-8°.

8. *Semaine premiere des dialogues,*
ausquels sont examinées & confutées
cent soixante & quatorze erreurs des
Calvinistes, partie contre la très-sainte
Trinité & unité de Dieu en commun,
partie contre chacune des trois Person-
nes en particulier. Paris, Nivelle
1585. *in-8°.* It. 2e. *édition. Ibid.*
1589. *in 8o.* Feuill. 398. L'Epître de
l'Auteur au Roi *Henri III.* est datée
du Couvent des Cordeliers de *Paris*
le 20. Janvier 1585. *Feu-Ardent* a traduit lui-même cet Ouvrage en latin,
& y a encore multiplié les erreurs
des Calvinistes. Cette traduction a
paru sous ce titre. *Dialogi septem,*
quibus ducenti Calvinianorum errores
perspicue refelluntur & solide confutan-

F. FEU-*tur-Coloniæ Agripp.* p. 1594. *in-*80. pp.
ARDENI. 714. On lit à la fin ces mots : *Finis
primæ Hebdomadis dialogorum de sanc-
tissima Trinitate autor opus absolvit Coloniæ* 1594 *Nonis Augusti.* Cette premiere semaine a été suivie d'une seconde, dont je parlerai plus bas.

9. *Commentarius in Epistolam D.
Pauli ad Philemonem. Paris.* 1587.
in 80

10. *De sacrorum Bibliorum autoritate, veritate, utilitate, obscuritate,
ac interpretandi ratione F. Francisci
Feu-Ardentii in Glossam Ordinariam nuper editam Præfatio. Paris. Seb. Nivelle* 1589. *in-*40. pp. 22. datée de
cette ville le dernier Juillet de cette
année.

11. *Biblia sacra, cum Glossa Ordi-
naria, primum quidem à Strabo Ful-
densi collecta nunc vero novis Patrum,
cum Græcorum, tum Latinorum ex-
plicationibus locupletata annotatis etiam
iis quæ confuse antea citabantur locis;
& Postilla Nicolai Lyrani, Additionibus Pauli Burgensis, ac Matthiæ
Thoringi Replicis, ab infinitis mendis
purgatis, in commodioremque ordinem
digestis. Per F. Franc. Feu-Ardentium,*

Ordinis Minorum, Joannem Dadræum,   F. FEU-
& *Jacobum de Cuilly, Theologos Doc-* ARDENT.
tores Pariſienſes. Pariſ. 1590. *in-fol.ſix*
vol. La Preface dont j'ai parlé au no.
précedent, ne ſe trouve point dans
cette édition de la *Gloſe,* qui eſt proprement de l'an 1589. quoique le ti-
te porte 1590.

12. Il a eu part avec *Jean Dadré*
& *Gilbert Genebrard* à la nouvelle
édition de la Bibliothéque des Peres
de *Marguerin de la Bigne,* qui a été
donnée à *Paris* en 1589. en neuf volumes *in-fol.*

13. *In librum Eſter commentarii,*
concionibus Chriſtianis accommodati.
Coloniæ Agrip. 1595. *in-8o.* pp. 652.
L'Epître de *Feu-Ardent* eſt datée de
cette ville le 1. Octobre 1594. On
en cite une édition de cette année
1594. faite auſſi à *Cologne in-8o.* qui
n'eſt pas apparemment differente de
celle que j'ai vûe.

14. *In Jonam Prophetam commen-*
tarii, ex veterum Patrum Hebræorum,
Græcorum & Latinorum ſcriptis collec-
ti, & Chriſtianis Myſteriis ac conci-
nibus accomodati. Coloniæ. 1595. *in-8o.*
pp. 488.

D d iiij

F. FEU-
ARDENT.

15. *In B. Judæ Epistolam Catholi-*
cam, quâ cùm veterum, tum novorum
Hæresiarcharum mores, fraudes, sce-
lera, blasphemiæ, graphice describun-
tur & refelluntur, commentarii, Chris-
tianis concionibus accommodati.Coloniæ
1595 *in*·8°. pp. 392.

16. *Arnobii catholici, & Serapionis*
Ægyptii conflictus de Deo Trino & uno,
& de duabus in Christo naturis. Feu-
Ardent a publié le premier cet ouvrage à la suite des œuvres de *S. Ire-*
née, dans la seconde édition qu'il en
donna à *Cologne* en 1596. *in·fol.* & il
se trouve dans les suivantes, qui ont
été faites sur celle-ci.

17. *Réponses aux doutes d'un héré-*
tique converti. Paris 1597. *in*-8°.

18. *Seconde semaine de dialogues ;*
ausquels entre un Docteur catholique
& un Ministre Calviniste sont paisi-
blement examinez & confutez quatre
cens soixante & cinq erreurs des here-
tiques, contre autant d'articles & points
de la foi chrétienne touchant Paradis,
Purgatoire & Enfer. Paris Guill. de
la Noue 1598. *in·* 8o. Deux tom. pp.
979. pour les quatre premiers dialogues & 668. pour les trois autres.

19. *D. Jacobi Epistola Christiano-* F. Feu-
rum justos ac integros mores exprimens Ardent.
oratione, commentariis ac variorum lo-
corum communium diligenti tractatione
explicata, & Christianis concionibus ac-
commodata. Parif. 1599. in-80. pp.
584.

20. *Brief examen des prieres ecclesia-*
stiques, administration des Sacremens, &
Catechisme des Calvinistes, par lequel
sont charitablement avertis de deux
cens tant contradictions, erreurs, que
blasphêmes des Ministres, contenus en
iceux. Pàrif. 1599. in-80. Feuill. 89.
It. Poitiers 1611. in-80.

21. *Avertissement aux Ministres sur*
les erreurs de leur confession de foy.
Paris 1599. in-80.

22. *Epistola prima D. Petri, sum-*
ma Christianæ Religionis Mysteria bre-
viter & absolute complectens, commen-
tariis ac variorum locorum communium
tractationo explicata. Parif. Seb. Ni-
vellus 1600. in 80. pp. 564.

23. *Epistola secunda D. Petri, præ-*
cipua fidei christianæ sacramenta præ-
sertim novissimi sæculi periculosa tem-
pora describens, commentariis & mul-
torum locorum communium disquisitione

F. Feu-*exposita*. *Paris*. Nivellus 1601. *in-*
Ardent. 8º. pp. 406.

24. *Examen des confessions, Prieres,*
Sacremens & Catechisme des Calvinis-
tes; avec refutation de la réponse d'un
Ministre; où ils sont convaincus de six
cent soixante & six, tant contradictions,
erreurs, que blasphêmes contenus en
iceux. Seconde édition revûe & ampli-
fiée par l'Auteur. Paris 1601. *in-*8º.
La prémiere édition de cet Ouvrage
a paru en 1599. sous le titre de *Brief*
éxamen, &c. & je l'ai rapportée ci-dessus au nº. 2º. Mais *Feu-Ardent* l'a
bien augmentée dans la seconde. On
y trouve par-tout l'emportement ordinaire à cet Auteur, qui y débite
outre cela d'une maniere fort indé-
cente, bien des historietes sur les
femmes & les servantes des Ministres,
qui n'ont d'autre fondement que son
imagination.

25. *Entremangeries ministrales; c'est-*
à dire, contradictions, injures, con-
damnations & execrations mutuelles
des Ministres & Prédicans de ce siè-
cle. Réponses modestes & chrétiennes
aux Aphorismes de J. Brouault, dit
Sainte-Barbe, & prétendues falsifica-

tions de Ministres anonymes. Caën. F. Feu
1601. *in-8o.* pp. 314. It. *Paris* 1601. Ardent.
in-12. pp. 429. It. 3e. *édition aug-*
mentée plus que de moitié. Paris 1604.
in 8o. pp. 389.

26. *Antidota adversus impias cri-*
minationes quibus antiquissimos & sa-
pientissimos Africanæ Ecclesiæ Doctores
Tertullianum & S. Cyprianum vexant
lacerantque Lutherani & Calviniani.
Cet ouvrage de *Feu-Ardent* se trouve
à la tête d'un Livre de *Theodore Pe-*
treius , Chartreux , intitulé : *Confessio*
Tertulliniana & Cyprianica. Paris.
1603. *in-8o.* qu'il prit soin de publier , & auquel il ajoûta encore une
piéce de 56 vers latins de sa façon à
la louange du Livre de *Petreius.*

27. *Theomachia Calvinistica , sede-*
cim libris profligata , quibus mille &
quadringenti hujus sectæ novissimæ er-
rores, quorum magna pars nunc primum
è suis latebris eruitur , diligenter excu-
tiuntur & refelluntur. In iis confessio
fidei Hugonosticæ , & Catechismus Cal-
vinianus , quæ hactenus intacta gloriari
solent Hæretici, divinis, Ecclesiasticis,
ac ipsorum & Hæresiarcharum scriptis
reprehenduntur & confutantur. Paris.

F. FEU-*Nivellius* 1604. *in*-4°. On voit par ce
ARDENT. nombre prodigieux d'erreurs que
Feu Ardent attribue aux Calvinistes,
qu'il prenoit plaisir à les multiplier.
Mais cela ne doit pas surprendre,
puisque sur l'article seul de la Trinité, sur lequel ils sont d'accord avec nous, il leur en trouve jusqu'à
174 & même jusqu'à deux cens, comme il paroît par sa premiere semaine
de dialogues.

28. *Histoire de la fondation de l'Eglise & Abbaye du Mont S. Michel
au peril de la mer, & des miracles, Reliques, & Indulgences données en icelle.* Constance 1604. *in*-12. It. *Ibid.*
1616. *in*-24. Cet Ouvrage a été traduit en Italien. *Historia della Fondazione della Chiesa e Badia del Monte
di S. Michele in Francia, detto in
tomba, o vero in pericolo del mare, e dé
Miracoli raccolti dagli Archivi di
detto luogho per Fra Francesco Focoardente, nuovamente tradotta dalla lingua Francese nell' Italiana. In Napoli.* 1620. *in* 8°.

29. *Homilia* 27. *in Conceptionem ac
Nativitatem Christi & S. Johannis
Præcursoris ejus. Paris.* 1605. *in*-8°.

30. *Homiliæ* 25. *in librum Job*, *cum* **F. Feu-**
notis in cenſuras S. *Ephræm de præci-* **Ardent.**
puis capitibus chriſtianæ fidei. Pariſ.
1606. *in-*80.

V. *Wading*, *ſcriptores Ordinis Mi-*
norum : ce qu'en dit cet Auteur eſt
fort imparfait , il faut y ſuppléer
par les Prefaces des Ouvrages de
Feu-Ardent. Antonii Poſſevini Appa-
ratus ſacer. tom. 1. p. 496. *Bayle* ,
Dictionnaire.

ANDRE' ARGOLI.

ANdré *Argoli* naquit l'an 1568. **A. Ar-**
à *Tagliacozzo*, ville du Royau- **goli.**
me de *Naples* dans l'Abruzze ulterieure , d'*Octave Argoli* Juriſconſulte
de cette ville , ſorti d'une famille
noble , originaire d'*Arles* en Pro-
vence , & de *Catherine Mathi.*

Il fit de bonne heure de grands
progrès dans l'étude de la Medécine
& des Mathématiques , & ſur tout
dans celle de l'Aſtrologie , qu'il cultiva toujours avec beaucoup de
ſoin.

Cette derniere ſcience lui attira
pluſieurs fois des affaires fâcheuſes ,

A. Ar-
GOLI.

qui lui furent suscitées par les ignorans de son pays ; & il fut obligé
d'en sortir pour se soustraire à leurs
persecutions.

Il se retira à *Venise*, où il ne demeura pas longtemps sans emploi ;
car la Republique, instruite de sa capacité, lui donna une Chaire de Professeur en Mathématiques à *Padoue*,
dont il prit possession le 23 Avril
1632. avec cinq cens florins d'appointemens. On y fut si content de
lui, qu'avant que la sixiéme année
de son emploi fût revolue, le Senat
de Venise l'honora du titre de Chevalier de *S. Marc*, lui fit present d'u-
ne chaine d'or, & augmenta considerablement ses appointemens.

Ils furent encore augmentés en
1651. jusqu'à onze cens florins, qui
lui furent payés jusqu'à la fin de sa
vie.

Il jouit toujours d'une santé parfaite; attaqué seulement dans sa vieil-
lesse d'une maladie fâcheuse, il en
guerit moins par les remedes que par
l'abstinence, à laquelle il attribua sa
convalescence, aussi-bien qu'au vœu
qu'il avoit fait à *S. Antoine de Pa-*

doue. Pour ſatisfaire à ce vœu, il ne A. AR-
porta plus le reſte de ſa vie, que des GOLI.
habits de couleur griſe, comme le
ſont ceux de l'Ordre de S. *François*
dont ce Saint étoit.

Il mourut à *Padoue* l'an 1657. âgé
de 89 ans, comme le marque la chronique de *Monteroſſi*, Auteur de ce
temps là. Ainſi *George Jerome Welſ-*
chius, & *Paul Freher*, qui l'a ſuivi,
ſe ſont trompés, en mettant ſa mort
en 1654. *Jacques Salomoni* a fait une
faute encore plus grande dans ſes *Inſ-*
criptiones Patavinæ, en le faiſant mourir en 1648. fondé ſur une inſcrip-
tion, qui ſe trouve dans une Chapelle de l'Egliſe de S. *Antoine*, laquelle cependant le ſuppoſe vivant,
puiſqu'elle marque qu'on lui accorde
cette année le droit de ſepulture dans
cette Chapelle. Il n'a pas fait attention à ce que *Tomaſini* rapporte dans
ſon *Gymnaſium Patavinum*, qu'on
augmenta les appointemens d'*Argoli*
en 1651. & qu'il vivoit encore,
lorſque cet Auteur publia cet ouvrage, c'eſt-à-dire en 1654. Il a ignoré auſſi ce fameux prognoſtic, qu'*Ar-*
goli fit cette année 1654. ſur une

A. AR-
GOLI.

Eclipfe de foleil, qu'il avoit prétendu devoir être fi grande, qu'on auroit befoin de bougies pour lire en
plein jour ; ce qui obligea le Senat de
Venife d'en faire apporter dans fon
affemblée le jour marqué, pour les
allumer, lorfqu'il en feroit befoin ;
précaution qui cependant fut inutile,
parce que la chofe n'arriva pas.

Argoli laiffa plufieurs enfans, entr'autres *Jean*, dont je parlerai plus
bas, *Profper & Sixte*, qui furent tous
deux Jurifconfultes, dont on voit
des vers latins à la tête de fes *Ephemerides.*

Catalogue de fes Ouvrages.

1. *Problemata Aftronomica, trian-
gulorum ope demonftrata, per finus,
tangentes & fecantes, & fola multipli-
catione, abfque divifione. Romæ* 1604.
*in-*4°.

2. *Tabulæ primi mobilis, quibus veterum rejectis prolixitatibus, direc-
tiones facillime componuntur. Romæ*
1610. *in* 4°. pp. 1429. A la fuite font
Tabulæ pofitionum. pp. 249. It. *Patavii* 1667. *in-*4°. Deux tomes.

3. *Ephemerides ad Longitudinem
Almæ Urbis Romæ ab anno* 1621. *ad*
1640.

1640. *ex Prutenicis Tabulis supputatæ. Accedunt Isagoge & Canones ab-
solutissimi, præcepta omnia Astrologiæ
complectentes. Romæ* 1621. *in-*4.

4. *Novæ cælestium motuum Ephemerides ad longitudinem Almæ Urbis
Romæ ab anno* 1620. *ad* 1640 *ex Prutenicis Tabulis supputatæ. Additi sunt
Astronomicorum libri tres in quibus plurima scitu necessaria & perjucunda
tractantur. Romæ* 1629. *in-*4o.

5. *Tabulæ secundorum mobilium,
juxta Tychonis Brahe & novas e cælo
deductas observationes. Patavii* 1634.
*in-*4o. *It. Ibid.* 1650. *in-*40.

6. *Ephemerides Annorum quinquaginta
ab anno* 1630. *ad* 1680. *Patavii* 1638.
*in-*4o. *It. Venetiis* 1638. *in-*4o.

7. *De diebus criticis & de ægrorum
decubitu libri duo. Patavii* 1639. *in-*4o.
*It. Ab auctore recogniti & altera parte
auctiores. Ibid.* 1652. *in* 4o.

8. *Pandosion sphæricum, in quo singula in elementaribus Regionibus atque
Ætherea Mathematice pertractantur.
Patavii* 1544. *in-*4o. *It. Editio secunda
auctior. Ibid.* 1653. *in-*40.

9. *Exactissimæ cælestium motuum
Ephemerides ad Longitudinem Almæ*

Tome XXXIX. E e

A. AR-
GOLI.

Urbis, & Tyonis Brahe chypotheses ac deductas è cælo accurate observationes ab anno 1641. *ad annum* 1700. *Præter stellarum fixarum catalogum, extat Tabula ortus & occasus præcipuarum ad Borealis Poli elevationem à gradu uno ad sexaginta. Item supputatæ singulis diebus in meridie Lunæ latitudines. Patavii.* 1648. *in-*4o. 3. vol. It. *Lugduni* 1677. *in-*4o. Trois tomes. Le premier volume renferme les trois livres des *Astronomica*, que j'ai marqués ci-dessus au no. 4.

10. *Ptolemæus parvus in Genethliacis junctus Arabibus. Lugduni* 1652. *in-*4o. It. *Ibid.* 1654. 1659. 1680. *in-*4o.

11. *Brevis Dissertatio de Cometa ann.* 1652. 1653. *& aliqua de Meteorologicis impressionibus Patavii* 1653. *in-*4o.

12. On trouve une de ses Lettres à *Gaspar Barlée*, datée du 29. Septembre 1637. à la page 149. du Recueil intitulé : *Clarorum virorum Epistolæ centum ineditæ è Musæo Joh. Brant. Amstel.* 1702. *in-*8o.

V. Ses Ouvrages. Ghilini, *Teatro d'Huomini Letterati*, part. 2. p. 15.

Lorenzo crasso, Elogi degli Huomini A. Ar-
Letterati tom. 2. *p.* 273. Ces deux GOLI.
Auteurs ne disent rien que de general. *Addizioni di Lionardo Nicodemo
alla Bibliotheca Napoletana Freneri
Theatrum virorum Doctorum tom.* 2.
p. 1543. *Leonis Allatii Apes Urbanæ
p.* 26. *Nicolai Comneni Papadoli Historia Gymnasii Patavini tom.* 1. *p.* 367.
C'est l'Auteur qui en parle le plus
exactement. *Petri Antonii Corsignani,
de viris illustribus Marsorum liber,
p.* 230.

JEAN ARGOLI.

JEan *Argoli* naquit à *Tagliacozze* J. Ar-
dans l'Abruzze ulterieure vers l'an GOLI.
1609. d'*André Argoli*, dont je viens
de parler.

Il réussit d'abord dans les Belles
Lettres, & composa dès l'âge de
17 ans un Poëme Italien, intitulé
Endimione, qui lui fit beaucoup
d'honneur.

Il se donna ensuite à la Jurisprudence, en laquelle il se fit recevoir
Docteur à *Padoue*; mais il fit aussi

J. AR-
GOLI.

tôt après divorce avec cette science, pour se rendre aux Belles-Lettres, qu'il professa pendant quelques années à *Boulogne* avec beaucoup de réputation.

Son inconstance naturelle ne lui permit pas de se fixer là ; il revint enfin à la Jurisprudence, & fut depuis Juge en plusieurs petites villes de l'Etat Ecclesiastique. Les fonctions de cette charge l'occuperent le reste de sa vie, sans lui faire cependant oublier les Belles-Lettres, qui lui servoient d'amusement.

On croit qu'il mourut vers l'an 1660. du moins il ne passa pas cette année.

Catalogue de ses Ouvrages.

1. *Della Bambace e Seta, Idillio, trasformationi Pastorali. In Roma* 1624. *in*-12. Il fit cette piéce à l'âge de 15. ans.

2. *L'Endimione, Poëma. In Terni.* 1626. *in*-12. Le Poëme de l'*Adone* de *Marino* faisoit alors beaucoup de bruit en Italie ; la réputation qu'il s'étoit acquise par là, frappa *Argoli*, qui quoiqu'âgé seulement de 17 ans, voulut entreprendre un ouvrage sem-

blable. Pour y mieux réussir, il se J. **AR-**
retira du monde, & se renferma dans GOLI.
son cabinet, dont l'entrée n'étoit
ouverte qu'à un domestique qui lui
apportoit à manger. Il composa ainsi
son *Endymion*, qui lui couta sept mois
de travail. Ce poëme, qui est divisé
en 12. chants fut reçu avec applau-
dissemens, & on le trouva si beau
qu'on ne put croire qu'il vint d'un
jeune homme de 17 ans, & qu'on
l'attribua à son pere; mais outre que
son pere n'avoit jamais cultivé la
poësie, le jeune *Argoli* fit depuis
d'autres piéces capables de soutenir
la réputation qu'il s'étoit acquise par
ce poëme, mais elles n'ont pas été
imprimées.

3. *Epithalamium in nuptiis DD.*
Thadæi Barberini, & Annæ Columnæ.
Romæ 1629. *in-8o.*

4. *Iatro Laurea Gabrielis Naudæi*
Parisini, Græco carmine in augurata
à Leone Allatio, Latinè reddita a Bar-
tholomæo Tortoletto, & Joanne Argolo.
Romæ 1633. *in-8o.*

5. *Onuphrii Panvinii Veronensis de*
Ludis Circensibus libri duo. De Trium-
phis liber unus. Quibus universa fere

J. AR-
GOLI

Romanorum veterum sacra ritusque de-
clarantur, ac figuris æneis illustrantur;
cum notis Joannis Argoli J. V. D. &
additamento Nicolai Pinelli. Patavii
1642. in-fol. It. *Ibid.* 1681. *in fol.*

6. On trouve une de ses Lettres à
Fortunio Liceti, datée de *Padoue* le 1.
Juin 1639. dans le premier vol. du
Recueil intitulé : *De quæsitis per Epis-*
tolas à claris viris Responsa Fortunii
Liceti. Bononiæ 1640 *in-4o.*

V. Toppi & Nicodemo, *Bibliotheca*
Napoletana. Leonis Allatii Apes Ur-
banæ. p. 144. *Glorie degli Incogniti* p.
192. *Petri Antonii Corsignani de viris*
illustribus Marsorum. p. 232. *Nicolai*
Comneni Papadoli Historia Gymnasii
Patavini. tom. 2. p. 140.

ADRIEN TURNEBE.

A. TUR-
NEBE.

ADrien Turnebe naquit l'an
1512. à *Andely*, petite ville de
Normandie, d'une famille noble,
mais peu aisée.

Les Auteurs varient extrêmement
sur son veritable nom *George Mac-*
kensie dans ses vies des Écrivains

d'Ecoſſe ; prétend qu'il étoit fils d'un
Gentilhomme Ecoſſois, nommé *Turn-*
bull, qui s'étoit marié en Normandie. Si cela eſt, il n'eſt pas étonnant
que quelques-uns l'ayent appellé
Tournebœuf, nom qui répond en
François à la ſignification du nom
Anglois. Ce nom s'étant depuis adou-
ci a été changé en celui de *Tournebu*,
qu'on lui donne aſſez communément.
Mais comme il avoit pris en latin le
nom de *Turnebus*, on s'eſt accoûtu-
mé à ne l'appeller que *Turnebe*.

Il vint à *Paris* à l'âge d'onze ans,
& il y fit en peu de temps de ſi
grands progrès dans les Belles-Lettres, qu'il ſurpaſſa non ſeulement ſes
Compagnons d'étude, mais encore
ſes Maîtres, qui furent *Jacques Tou-*
ſan, *Guillaume Groſſius*, & *Guillau-*
me du Cheſne. Ce qui lui fut d'autant plus facile, que la nature l'a-
voit doué de pluſieurs rares qualités.
En effet il avoit une mémoire ſi heu-
reuſe, qu'il n'oublioit jamais ce qu'il
avoit une fois appris, un eſprit ſub-
til, un Jugement admirable, & une
ſi grande pénétration, qu'il n'y avoit
point d'obſcurité dans les Auteurs,

qu'il ne sçût dissiper. D'ailleurs il étoit infatigable dans le travail, & surmontoit par une application continuelle toutes les difficultés. On remarque de lui, comme de *Guillaume Budé*, que le jour même de son mariage, il donna quelques heures à l'étude.

Il s'acquit bientôt une si grande réputation par son sçavoir, que les Italiens, les Espagnols, les Portugais, les Allemands, & les Anglois lui offrirent des avantages très considerables pour l'attirer chez eux; mais il aima mieux vivre pauvrement dans son pays, que d'être riche ailleurs,

Il enseigna d'abord les Belles-Lettres à *Toulouse*, mais après la mort de *Jacques Tousan*, arrivée en 1547. il fut rappellé à *Paris* pour être à sa place Professeur en Langue grecque, & il remplit cette Chaire avec une si grande reputation, qu'il lui vint des disciples de toutes les parties de l'Europe.

En 1552. il se chargea du soin de l'Imprimerie Royale pour les Livres Grecs, & s'associa *Guillaume Morel*,

Morel; mais il ne conserva cet em- A. Tur-
ploi que pendant quatre ans; car nebe.
ayant été reçu à la fin de l'an 1555.
au nombre des Profeſſeurs Royaux,
il l'abandonna entierement à *Morel.*

Il mourut le 12. Iuin 1565. âgé
de 53 ans, & fut porté le ſoir du
même jour ſans aucune ceremonie,
ſuivi ſeulement d'un petit nombre
de ſes amis, dans le Cimetiere des
Ecoliers près du College de *Mon-
taigu*; comme il l'avoit ordonné par
ſon teſtament.

Comme tous les gens de bien &
les Sçavans l'avoient aimé pendant
ſa vie, ils diſputerent après ſa mort
avec beaucoup d'émulation à qui lui
donneroit plus de loüanges. En effet
Jean Dorat, *Denis Lambin*, *Pierre
Ronſard*, *Germain Vaillant*, Seigneur
de *Pimpont*, *Jean Paſſerat*, *Alfonſe
d'Elbene*, qui fut depuis Evêque d'*Al-
by*, *Nicolas Vergerio*, fils d'*Angelo*,
l'inventeur des beaux caracteres
grecs, *Jean Mercier*, *Luc Fruter*,
& pluſieurs autres, lui firent des
Epitaphes en vers.

Mais les eſprits étant alors divi-
ſés àcauſe des diſputes de religion
Tome XXXIX.   F f

A. Tur-
NEBE.

chacun vouloit qu'il eût été de son parti ; & ceux qui avoient conservé l'ancienne, & ceux qui professoient la nouvelle, croyoient beaucoup fortifier leur cause, en disant qu'il s'étoit déclaré pour eux en mourant.

Les Protestans vouloient, que l'ordre qu'il avoit donné dans son testament de l'enterrer sans céremonie, fût une preuve qu'il étoit de leur créance. A quoi ils ajoûtoient qu'il n'avoit point reçu le Viatique dans sa derniere maladie, & qu'il n'alloit point à la Messe ordinairement. Mais *Leger du Chesne* traite ce dernier article d'imposture, que ceux chez qui il alloit non seulement à la Messe, mais encore aux autres Offices de l'Eglise, pouvoient facilement détruire. Pour ce qui est du Viatique, il est vrai qu'il ne le reçut point, mais on ne put le lui donner à cause d'un vomissement continuel qui le tourmentoit. S'il ordonna que son enterrement se fît sans céremonie, c'est, ajoûte-t'il, que content des prieres de l'Eglise, il regarda tout le reste comme inutile.

Auſſi *Genebrard*, qui avoit été ſon diſciple, & qui le connoiſſoit particulierement, dit-il, auſſi bien que quelques autres Auteurs du tems, qu'il etoit mort catholique.

La douceur de ſon viſage faiſoit connoître celle de ſon ame. Ses mœurs étoient irréprehenſibles, & ſes vertus étoient accompagnées d'une modeſtie ſans exemple. Mais il étoit violent & ſatyrique à l'égard de ceux qui l'attaquoient.

Il avoit épouſé *Madeleine Clement*, qu'il laiſſa groſſe, avec cinq enfans, dont les principaux furent, *Odet*, *Adrien* & *Etienne*. Il faut en dire quelque choſe.

Odet Turnebe fut d'abord Avocat au Parlement de *Paris*, enſuite il fut pourvû d'une Charge de Premier-Préſident de la Cour des Monnoyes, dans laquelle il ne fut pas cependant reçu, ayant été prévenu de la mort en 1581. âgé de 28 ans, 8 mois, & 28 jours ſuivant *la Croix du Maine*. On a quelques Poëſies de ſa façon dans le Recueil ſur la Puce de Madame *des Roches* de *Poitiers*, & il a mis des Epîtres dédicatoires à la

F f ij

A. Tur-tête de quelques ouvrages de son
NEBE. pere, qu'il a pris soin de publier,
comme on le verra plus bas.

Adrien Turnebe a dédié le troisiéme tome de *Adversaria* de son
pere, à *Christophe de Thou* Premier-
Président du Parlement de *Paris*,
qu'il appelle *Tuthæus*, & a fait
quelques vers Latins & François sur
la mort de son frere *Odet*, qui se
trouvent dans un Recueil publié en
1581. sur cette mort. Il mourut en
1598 comme nous l'apprenons d'u-
ne Lettre de Lipse.

Etienne Turnebe fut reçu Conseiller au Parlement de *Paris* le 16.
Mars 1583.

Turnebe s'est fait autant d'admi-
rateurs qu'il a eu de Lecteurs, & il
est presque le seul critique que l'envie n'ait point déchiré. *Scaliger* dit
qu'il étoit le plus grand homme &
le plus sçavant de son siécle, & *Vossius* en parle de même toutes les
fois qu'il trouve l'occasion de le ci-
ter. *Scioppius* même, le plus satyri-
que de tous les critiques, assure que
son siécle, quelque fertile qu'il soit
en grands hommes, n'en a pas pro-
duit un plus sçavant.

Lambin l'a accusé d'avoir pillé ses A. Tur-
Commentaires sur *Ciceron* : *Muret* nebe.
en a fait de même ; mais il a été plei-
nement justifié par *Lipse* de ces ac-
cusations , qui paroissent venir uniquement d'une secrete jalousie , que
son mérite avoit inspiré à ces deux
Auteurs.

Quant à sa Poësie, le peu qu'on en a
imprimé a suffi pour faire dire à *Scaliger* , qu'il étoit laborieux & exact
dans sa composition , & à M. *de
Sainte Marthe* qu'il y avoit du su-
blime & de l'esprit dans ses vers.

J'ajoûte enfin ce qu'*Etienne Pasquier* nous apprend dans ses *Recherches* liv. 7. ch. 8. qu'en plusieurs
endroits d'Allemagne , lorsque ceux
qui professoient alleguoient *Turnebe*
& *Cujas* , ils mettoient aussitôt la
main au bonnet , par respect pour la
mémoire de ces grands hommes.

Catalogue de ses Ouvrages.

*Viri Clar. Adriani Turnebi , Regii
quendam Lutetiæ Professoris , Opera :
nunc primum ex Bibliotheca Stephani
Adriani F. Turnebi , Senatoris Regii ,
in unum collecta , emendata , aucta , &
tributa in tomos III. Argentorati* 1600.

A. Tur-
nebe.

in fol. Trois tomes qui ne font qu'un petit volume.

Tom. I. pp. 397. Il renferme les commentaires, qui font les suivans.

1. *M. T. Ciceronis pro C. Rabirio perduellionis reo ad Quirites Oratio , & in eandem Commentarius.* Imprimé séparément. *Paris* 1553. *in-*40.

2. *Commentarius in Ciceronis Orationes tres de lege Agraria. Parif.* 1666. *in-*40. Avec une Epître dédicatoire, d'*Odet Turnebe*, fils de l'Auteur, adressée à *Etienne Pasquier.*

3. *Animadversiones in Rullianos Petri Rami commentarios. Parif. in-*40. Turnebe a donné cet Ouvrage sous le nom de *Leodegarius à Quercu.* Il y attaque le commentaire de *Ramus* sur les Oraisons de *Ciceron de Lege Agraria , contra P. Servilium Rullum , Tribunum plebis.*

4. *Commentarius in Ciceronis Academicarum quæstionum librum I. Parif.* 1553. *in-*40.

5. *In Ciceronis de Legibus libros tres Commentarii. Parif.* 1552. & 557. *in-*4°.

6. *Apologia adversus quorumdam*

calumnias ad librum primum Ciceronis A. TUR-
de Legibus. Parif. 1554. *in*-40. *Tur-* NEBE.
nebe fe défend ici fur plufieurs arti-
eles , qu'on avoit cenfurés dans fon
commentaire.

7. *Explicatio loci Ciceroniani , in
quo tractantur Joci , libro* 2. *de Ora-
tore. Parif.* 1555. *in* 40. It. 2a. *Editio
Ibid.* 1594. *in*-80.

8. *Ciceronis liber de fato , & in eundem commentarius. Parif.* 1552. *in* 40.

9. *Difputatio ad librum Ciceronis de
fato , adverfus quemdam , qui non folum
Logicus effe , verum etiam Dialecticus
haberi vult. Parif.* 1556. *in*-40. Cet
Ouvrage eft contre *Ramus* , qui at-
taquoit *Ciceron* en toute occafion , &
s'attachoit à le décrier. Celui-ci trouva un défenfeur dans la perfonne
d'*Omer Talon* , qui publia , pour y
répondre à *Turnebe* , un Ouvrage
qu'il intitula : *Audomari Talæi Ad-
monitio ad Adrianum Turnebum. Parif.* 1556. *in*-40. Ou plutôt *Ramus*
lui même compofa cette défenfe
fous le nom de fon ami , comme
tout le monde en eft perfuadé &
comme *Turnebe* le croyoit auffi. Celui-ci repliqua de même fous un nom

A. Tur-étranger, dont il s'étoit déja servi
Nebe. auparavant, dans l'ouvrage qui suit.

10. *Leodegarii à Quercu responsio ad Audomari Talæi admonitionem.* Paris. *Vascosan.* 1556. in-40. On rend ici cet Ouvrage à *Turnebe*, comme à son veritable auteur.

11. *Commentarii & emendationes in libros M. Varronis de lingua Latina.* Paris. *Wechel* 1556. in 80. Avec une Epître dédicatoire d'*Odet Turnebe* au Chancelier *Michel de l'Hospital* datée de cette année. It. Dans quelques éditions de *Varron.*

12. *Commentarius in librum primum Carminum Horatii, nec non Commentarius in locos obscuriores Horatii, ex ejus adversariorum libris excerptus. M. Antonii Mureti & Aldi Manutii in eumdem Horatium Annotationes.* Paris. 1577. in-80. *Odet Turnebe,* qui a publié ceci, a mis à la tête un Epître au Lecteur de sa façon. On a inseré dans le Recueil, dont il s'agit ici, les remarques de *Muret* & de *Manuce*, quoi qu'elles lui soient étrangeres.

13. *C. Plinii Historiæ Naturalis Præfatio emendata, & annotationibus il-*

lustrata. Commelin 1597. *in-*8o. *Tur-*
nebe avoue dans son Epître à *Guil-*
laume Pellicier, Evêque de *Mont-*
pellier, qu'il lui étoit redevable de
ces remarques. On a mis ici à la suite. *Leodegarii à Quercu Rhotomagæi*,
in Præfationem C. Plinii secundi race-
matio.

Tom. II. pp. 175. Il contient les
traductions faites par *Turnebe.*

14. *Aristotelis libellus de his quæ*
auditu percipiuntur, *ab Adriano Tur-*
nebo Latinitate donatus. Parif. 1600.
*in-*8o. *Guillaume du Val* a fait entrer
cette traduction dans ses éditions
d'*Aristote.*

16. *Theophrasti libellus de odoribus*;
ab Ad. Turnebo Latinitate donatus,
& scholiis atque annotationibus illus-
tratus. Parif. 1556. *in-*40.

17. *Theophrasti de Lapidibus libel-*
lus ab eodem Latinitate donatus. Parif.
1557. *in* 4o.

18. *Theophrasti de Igne libellus*,
Adr. Turnebo Interprete. Ejusdem in
eundem annotatiuncula. Ibid. 1552.
*in-*40.

19. *Theophrasti de Ventis libellus*,
eodem Interprete.

A. Tur
nebe.

20. *Plutarchi de Fato, & convivium septem sapientum ; Adr Turnebo Interprete.* L'Epître dédicatoire d'*Odet Turnebe* est du 1. Avril 1566.

21. *Plutarchi Commentarius de primo frigido, Latinè ; Ad. Turnebo Interprete. Paris.* 1552. *in* 40.

22. *Plutarchi de procreatione Animi in Timæo Platonis, eodem Interprete. Paris.* 1552. *in* 40.

23. *Plutarchi de Oraculorum defectu liber Latinitate donatus, & Annotationibus quibusdam illustratus. Paris.* 1556. *in*-40.

24. *Plutarchi libellus de Fluviorum & montium nominibus, & quæ in iis reperiuntur, è Græco in Latinum ab Adr. Turnebo conversus.* Cette traduction & les précédentes se trouvent dans une édition des Morales de *Plutarque* faite à *Geneve en* 1572. *in*-8o.

25. *Philonis Judæi de vita Mosis libri tres. Ad. Turnebo Interprete. Paris.* 1554. *in*-8o.

26. *Demetrii Pepagomeni liber de Podagra & id genus morbis ; ad Imperatorem Michaëlem Palæologum; Ad. Turnebo Interprete. Paris.* 1558. *in*-8o.

27. *Arriani Periplus Ponti Euxini* ; A. Tur-
Adr. Turnebo Interprete. NEBE.

28. *Oppiani de Venatione libri qua-*
tuor, ita conversi ab Adr. Turnebo,
ut singula verba singulis respondeant.
Pariſ. 1555. *in-*40. M. Huet aſſure
dans ſon livre *de Claris interpretibus,*
qu'il ne lui manquoit rien de tout ce
qui fait la gloire d'un Interprete ac-
compli, parce qu'il ſçavoit les deux
langues en perfection, & qu'il écrivoit avec juſteſſe & avec exactitude.
Son ſtile eſt ſerré, concis, & ſans
inutilités. Il ne s'écarte jamais de ſon
Auteur, & ſon diſcours eſt toujours
d'une grande netteté ; accompagné
d'agremens & de beautés naturelles.

29. *M. Tullii Ciceronis Paradoxa*
quatuor in Græcam linguam converſa.

Tomus III. pp. 112. Les petits
ouvrages contenus dans ce tome ſont
les ſuivans.

30. *Libellus de methodo. Pariſ.* 1600.
*in-*80. Avec les deux Ouvrages ſuivans.

31. *De calore libellus. Ibid.*

32. *De Vino libellus Ibid.* It. *Cum*
Prœmio Joannis Caſelii. Helmſtad
1619. *in-*4°. It. Avec Joan. Henr.

*Meibomii de cervisiis, potibusque &
ebriaminibus extra vinum aliis Commentarius Helmstad.* 1668. *in-*40.

33. *Oratio habita post J. Tusani
mortem, cum in ejus locum suffectus est.*

34. *Præfatio in Thucydidem.* C'est
un discours qu'il prononça au commencement de ses leçons sur *Thu-
cydide.*

35. *Præfatio in Dionysium Alexan-
drinum.* Autre discours semblable.

36. *Oratio habita cum Philosophiam
profiteri cœpit.*

37. *Præfatio in Timæum Platonis.*

38. *Præfatio in Phædonem Platonis
de Animorum immortalitate.* Parisf.
1595. *in-*80.

39. *Epistola ad Carolum Maximi-
lianum, Francorum Regem.*

40. *Epistola Græca ad Michaëlem
Hospitalium.* Il l'avoit mise à la tête
d'*Æschyli Tragediæ sex, Græcè editæ.
Paris.* 1552. *in-*8.

41. *Epistola Græca ad Aimarum Ran-
conetum.* Tirée d'une édition Grecque de *Sophocle*, qu'il avoit donnée
avec des scholies Grecques à *Paris*
en 1553. in 40.

42. *Epistola Græca ad Cardinalem*

Lotharingium. Il l'avoit mise devant A. Tur-
une édition Grecque de *Philon* , qu'il NEBE.
publia à *Paris* en 1552. *in-fol.*

43. *Epistola Græca ad Lancilotum
Carlum , Episcopum.* C'est l'Epitre dédicatoire de son Edition Grecque de
Synesius , qui parut à *Paris* en 1553.
in-fol.

44. *Epistola Græca ad Nicolaum
Mallarium Theologum.* A la tête de
*S. Clementis Romani de gestis S. Pe-
tri Epitome , Græcè & Latinè.* Paris.
1555. *in-40.*

45. *Epistola Græca ad Joachimum
Camerarium.*

46. *Poëmata. Paris* 1580. *in-8°.* Ils
avoient déja paru du moins en partie
dans *Leodegarii à QuercuFarrago Poë-
matum.Paris.* 1560. *in-16.* It. A la suite
des Poësies de *Bucanan* dans une édition de l'an 1568- *in-80. Gruter* les a
aussi inserés dans les *Deliciæ Poëtarum Gallorum.* Il en a paru séparément
quelques piéces , dont il faut faire ici
une mention particuliere.

47. *Panegyricus de Calisio capto.
Paris.* 1558. *in-80.* pp. 23. It. Dans
le 3e. volume de *Schardii scriptores
rerum Germanicarum.*

48. *Epithalamium Francisci Valesii,
Franciæ Delphini, & Mariæ Stuartæ
Scotorum Reginæ. Parif.* 1558. *iu-8o.*

49. *De nova captandæ utilitatis e Litteris ratione Epistola ad Leoquernum.
Parif.* 1559. *in-8o.* en vers.

Cette piéce, qui a été traduite en
vers François par *Joachim du Bellay*,
& se trouve dans le Recueil de ses œuvres sous le titre de *Nouvelle maniere
de faire son profit des Lettres*, est une
satyre contre *Pierre Paschal*, pauvre
Auteur de ce temps là, qui promettoit bien des choses, & n'en a publié
que fort peu.

50 *Ad Michaëlem Hospitalem Epistola
de Minimorum Judicum Jurisdictione
tollenda. Parif.* 1560. *in-8o.* en vers.

51. *Ad Sotericum gratis docentem.*
C'est une satyre contre les Jesuites en
72 vers, qu'*Etienne Pasquier* traduisit
en autant de François, & publia sous
ce titre. *Contre le Soterique enseignant
gratis. Paris in-4o.* Turnebe, qui, à
l'exemple des autres Professeurs de
l'Université de *Paris*, regardoit les
Jesuites comme des concurrens in-
commodes, d'autant plus redoutables
qu'ils s'offroient à enseigner gratui-

tement , fit contre eux cette fatyre , A. Tur-
qu'il adreſſa au *Sotericus*, nom tiré NEBE,
de *Soter*, ſynonime Grec de l'Hebreu
Jeſus , pour donner à entendre que
Sotericus eſt le même que *Jeſuita*.

52. *Franciſci Duareni funebre Carmen.* Dans un Recueil publié par
Louis Ruſſard ſous ce titre : *Adriani
Turnebi , Joannis Aurati , & Doctorum aliquot Virorum Epitaphia in
Franc. Duarenum , Juriſconſultorum
hujus memoriæ facile principem.* Pariſ. 1559. *in-*40.

53. *Joachimi Bellaii , Andini Poë-
tæ , Tumulus.* A la ſuite de ſes œuvres.

Le Recueil des œuvres de *Turnebe*
eſt terminé par diverſes piéces faites
ſur ſa mort. Il ne faut pas les oublier ici.

*Epiſtola quæ vere exponit obitum
Adriani Turnebi , Regii Profeſſoris.
Adjecta ſunt nonnulla Epitaphia in
memoriam tanti viri ab amicis piis ,
iiſdemque doctiſſimis conſcripta.* Pariſ.
1565. *in-*40. pp. 36. Cette Lettre
tend à montrer qu'il eſt mort dans
les ſentimens des Proteſtans.

*Oratio funebris de vita & interit*u

Adriani Turnebi; Habita Lutetiæ in Regio Auditorio anno Domini 1565. *mense Decembri per Leodegarium à Quercu.*

In Adr. Turnebi obitum Nænia, D. Lambino ejus Collega Autore. Parif. 1565. *in* 4°. pp. 7.

In ejufdem obitum Joannis Pafferatii Elegia. Parif. 1565. *in*-4°. pp. 7.

Il y a encore quelques autres ouvrages qui ne font point dans le Recueil, dont je viens de parler, entr'autres fes *Adverfaria*, qu'il faut joindre aux précedens.

54. *Adriani Turnebi Adverfariorum Tomus* 1. & 2. *Libri* 24. *Parif. in*-4°. le premier en 1564. & le 2e en 1565. Avec une Epître dédicatoire au Chancelier de *l'Hôpital*, datée du 15. Juillet 1564. *Tomus tertius libros fex continens. Parif.* 1573. *in-fol.* Cette troifiéme partie a été tirée de fes papiers après fa mort par *Adrien Turnebe* fon fils, qui l'a donnée au Public avec une Epître de fa façon à la tête. L'Ouvrage a été depuis réimprimé avec quelques ameliorations fous ce titre. *Adverfariorum tomi tres. Autorum loci, qui in his fine certa nota appellabantur, fuis locis inferti, auctoribufque fuis adfcripti*

A. Tur-
NEBE.

cripti funt. *Additi funt indices tres. Pa-*
rif. 1580. *in-fol.* En un seul vol. It.
Bafileæ. 1581. *in-fol.* It. *Argentarati*
1599. *in-fol.* Ce livre a merité l'estime des Sçavans. En effet l'Auteur y corrige & y explique tant d'endroits difficiles de toutes sortes d'Ecrivains Grecs & Latins, qu'on ne peut qu'y admirer sa sagacité, & son érudition. Ce qu'il y a de louable en lui, est qu'il ne lui arrive jamais de relever durement, ni de reprendre les Sçavans, à qui il donne au contraire les louanges qu'ils méritent, contre l'ordinaire des critiques, qui se deshonorent souvent & se rendent méprisables par la maniere dont ils traitent ceux qui courent la même carriere qu'eux.

55. *Præfatio Aristotelis Librorum*
X. de Moribus ad Nicomachum Græcè
& Latinè. Heidelbergæ 1560. *in-8o.*
Cette édition est marquée dans le catalogue de la Bibliothéque d'*Aus-*
bourg.

56. *Gregorii Palamæ Prosopopæia;*
sive Orationes duæ Judiciales, Mentis cor-
pus accusantis, & corporis se defenden-
tis, unà cum Judicum sententia. Græcè.

Tome XXXIX. G g

*Edenie Adr. Turnebo. Pariſ. 1553.
in-4⁰.*

57. *Commentarii in Quintiliani 12.
libros Inſtitutionum Oratoriarum. Pariſ.
1556. in-4⁰.* On prétend que ces
commentaires ſont de *Turnebe,* quoi
qu'ils n'en portent point le nom.

58. *Guillelmi Morelii obſervationes in
Ciceronis libros V. de Finibus bonorum
& malorum. Pariſ. 1545. in 4⁰.* On
aſſure dans le *Pithæana* que ces ob-
ſervations ſont de *Turnebe.*

59. *Annotationes in Epiſtolas Ciceronis ad familiares.* Dans l'édition de
ces Epîtres donnée par *Henri Etienne*
en 1577. *in-8⁰.*

60. *Notæ in Martialis Epigrammata.* Dans l'édition de cet Auteur faite
à *Leyde* en 1619. *in-12.*

61. *Annotationes in Plautum.* Dans
les éditions de cet Auteur faites à
Anvers en 1566. *in 12.* à *Baſle* en
1568. *in-8⁰.* & en quelques autres.

62. *Notæ in T. Livium.* Dans l'édition de cet Auteur faite à *Francfort*
en 1612. *in-8⁰.*

63. *Pontis Ceſareani , & Machina-
rum ad Maſſiliam explicatio.* Dans l'é-
dition de Ceſar donnée par *Jungera*

man à Francfort en 1606. *in-*40. Cette A. Tur-
explication & les autres dont je viens NEBE.
de parler ci-deſſus , ſont tirées de ſes
Adverſaria.

64. *Polirotus Meræus Adriani Tur-*
nebi. Genevæ 1567. *in-*40. pp. 11.
Cette piéce de vers avoit été imprimée auparavant à *Baſle* auſſi tôt après
la mort de *Turnebe* ; mais on en avoit
tiré peu d'exemplaires, qui d'ailleurs
n'étoient pas exacts. *Le Laboureur* l'a
inſerée dans ſes notes ſur *Caſtelnau.*
C'eſt l'éloge de *Poltrot* , qui tua en
1563. le Duc de *Guiſe.* Il n'eſt pas
ſûr que cet ouvrage ſoit de *Turnebe* ,
quoi qu'on ait mis ſon nom à la tête , & que le ſtile ſoit ſemblable au
ſien. L'omiſſion qui en a été faite dans
le Recueil de ſes œuvres, eſt du moins
un motif d'en douter.

V. Son éloge par Leger du Cheſne.
Remarques de Menage ſur la vie de
Pierre Ayrault. p. 188. *Maittaire ,*
Hiſtoria Typographorum aliquot Pari-
ſienſium p. 47. *Les éloges de M. de*
Thou & les additions de Teiſſier.

BERNARDIN BALDI.

Bernardin Baldi naquit à *Urbin* le 6 Juin 1553. de *François Baldi*, & de *Virginie Montanari*. Son ayeul avoit quitté le nom de *Cantagallina*, famille illustre de *Perouse*, dont il descendoit, pour prendre celui de *Baldi*, qui lui plaisoit davantage.

Il eut pour maîtres dans sa premiere jeunesse *Jean-André Palazzi* de *Fano*, & *Jean Antoine Turonei* d'*Urbin*, deux fameux humanistes de ce tems là, & il fit sous eux de si grands progrès dans les Langues Latine & Grecque, qu'il se trouva capable de traduire en vers Italiens les Phenomenes d'*Aratus*, lorsqu'il n'étoit encore qu'un jeune Ecolier. Cette circonstance auroit dû lui faire trouver place parmi les enfans sçavans, qu'on ne lui a pas cependant donnée.

Son pere ayant connu par ce coup d'essai ses heureuses dispositions pour les sciences, l'envoya en 1573. à *Padoue*, où il étudia en philosophie, & s'appliqua avec beaucoup d'ardeur

à se perfectionner dans la Langue Grecque. Il y lut *Homere* avec *Emma-*Baldi,
nuel Margunius, qui lui expliquoit
les endroits difficiles, & la plûpart
des autres Poëtes Grecs en particulier.

Ayant fait amitié avec quelques
Etrangers qui étudioient à *Padoue*,
il crut qu'il lui étoit honteux de ne
pouvoir les entendre, lorsqu'ils parloient leur langue, & se donna à
l'étude de l'Allemand & du François avec tant d'application, qu'il
apprit ces deux langues en peu de
temps.

La peste qui affligea la ville de *Padoue* & tout le pays voisin en 1576.
l'ayant obligé de sortir de cette ville,
il se retira dans sa patrie.

Battiferri qui a fait son Oraison funebre & *Scharloncini*, qui a écrit sa
vie, disent qu'à son retour à *Urbin*,
il s'attacha pendant cinq années à *Federic Commandino*, dont il apprit
toutes les parties des Mathematiques,
& pour lequel il traça les figures de
ses ouvrages sur *Euclide*, *Papus*, &
Heron; mais ils n'ont pas fait d'attention, non plus que *Bayle*, qui a

fidelement copié le dernier, que *Commandino* étoit mort dès l'an 1575. c'est-à dire une année avant que *Baldi* retournât à *Urbin*, & qu'ainsi il ne peut avoir été son Maître de Mathématiques, du moins depuis ce temps là : car il est sûr d'ailleurs que *Baldi*, avant que d'aller à *Padoue*, & étant extrêmement jeune, se faisoit un plaisir de l'aller entendre chez lui parler sur les Mathematiques, qu'il aimoit dès-lors, & qu'ainsi il a appris quelque chose de ce sçavant homme, comme il le témoigne dans sa chronique des Mathématiciens.

De retour à *Urbin*, il se donna tout entier aux Mathématiques, qu'il n'avoit fait jusques là qu'essleurer, & s'y rendit très habile : en quoi il fut aidé par *Gui Ubaldo*, Marquis *del Monte*, un des grands Mathématiciens de son temps.

Cette sorte d'étude eut cependant de temps en temps des interruptions. Pour se delasser de ses méditations profondes, il se tournoit quelquefois vers la Poësie, & il composa dans ce temps-là un Poëme Italien sur l'*Art de naviger*.

Ferdinand de Gonzague, Prince de B.
Molfetta, & Seigneur de *Guastalla,* BALDI.
qui aimoit beaucoup les Mathématiques, souhaita l'avoir auprès de lui,
& le fit venir à sa Cour. Pendant
qu'il y étoit, *Vespasien de Gonzague*
Duc de *Sabioneta,* l'engagea à lui expliquer les endroits les plus difficiles
de *Vitruve*; & cela lui donna occasion
de composer quelques ouvrages sur
cet Auteur.

Ferdinand de Gonzague ayant un
voyage à faire en Espagne, voulut
que *Baldi* l'y accompagnât, tant pour
jouir de sa conversation, que pour
s'aider de ses conseils. Mais à peine
Baldi fut-il en chemin, qu'il tomba
malade, & se vit obligé de s'arrêter
à *Milan,* où S. *Charles Borromée* prit
un soin particulier de lui, & le retint
jusqu'à ce qu'il fût parfaitement rétabli.

Revenu en santé, il retourna à
Guastalla, & y profita du loisir que
lui laissoit l'absence de *Ferdinand de
Gonzague,* pour composer quelques
ouvrages.

L'Abbaye de *Guastalla* ayant vaqué
l'an 1586. ce Prince la donna à *Bal-*

di, sans qu'il eût fait aucune démarche pour cela. Il reçut alors l'Ordre de Prêtrise , & s'appliqua tout entier pendant trois ans à l'étude du Droit Canon , des Peres & des Conciles , & à celle des Langues Hebraïque & Chaldaïque.

Je ne sçai quand il a été fait Protonotaire Apostolique; on lui en donne du moins la qualité dans son Oraison funebre.

J'ignore aussi le temps de son séjour à *Rome* , où l'Auteur de sa vie marque que sans s'embarrasser de ce qui se passoit à la Cour du Pape , il se donna entierement à l'étude de la Langue Arabe avec *Jean-Baptiste Raimond*.

Les occupations attachées à la qualité d'Abbé de *Guastalla* qui sont fort considerables, ne l'empêcherent point de composer un grand nombre d'Ouvrages, qui au rapport de *Crescimbeni*, qui les a toutes vûes , vont à près de cent : mais la plûpart sont demeurés en manuscrit. *Marc Velser* en a fait imprimer quelques-uns par amitié pour l'Auteur , & en auroit fait imprimer davantage, si sa mort arrivée

en

en 1614. n'en avoit privé le Public.

Baldi mourut le 12. Octobre 1617. BALDI.
après un gros rume, qui l'avoit tour-
menté pendant 40. jours. Il étoit
alors âgé de 64 ans. *Crescimbeni* a mis
sa mort le 10. Octobre ; mais il paroît qu'il s'est trompé au *IV. Idus
Octobris*, qui est marqué dans sa vie.

Il fut enterré avec cette Epitaphe,
qui n'est point exacte.

D. O. M.

*Bernardino Baldo, Urbinati, Guas-
tallæ Abbati, XII. linguarum peritia,
Encyclopædia & Euthymia insignito,
Principibus quos coluit, Orbi quem des-
cripsit, æque caro, æque claro, ingenii
Monumentis* 48. *reliĉtis* ; *ætatis suæ anno* 65. *Salutis* M. D. XCVII. *Heu su-
blato.*

*Ex Fratre Nepotes, ex corde ami-
cus P. P.*

Il est dit ici qu'il sçavoit douze
langues, *Crescimbeni* lui donne une
connoissance plus étendue, puisqu'il
assure qu'il en possedoit seize ; l'Hé-
braïque, la Chaldaïque, l'Etrusque,
la Grecque, la Latine, l'Arabe, la
Persane, l'Esclavone, la Turque,
l'Allemande, l'Hongroise, l'Espagno-

le , la Françoise , l'ancienne Proven-
çale , l'ancienne Sicilienne , & l'Italienne.

On marque qu'il avoit composé
48 ouvrages ; mais on a vû plus haut
qu'il faut doubler ce nombre.

D'ailleurs il y a dans la date de
sa mort une faute grossiere qui s'est
faite par la faute du Sculpteur, lequel
a transposé deux lettres en mettant
M.D.XCVII. au lieu de M.DCXVII.
Ghilini n'a pas été assez habile pour
appercevoir cette faute , & a écrit
hardiment que *Baldi* étoit mort en
1597.

C'étoit un homme extrêmement
laborieux, qui se levoit à minuit pour
étudier , & qui en mangeant même
lisoit toujours quelque chose.

Il ignoroit l'ambition & la vanité,
& compatissant pour les autres , il
étoit toujours prêt à excuser leurs
fautes.

Il disoit la Messe tous les jours de
Fêtes , jeunoit deux fois la semaine ,
& étoit fort charitable à l'égard des
pauvres.

Il étoit de l'Academie des *Affida-
ti de Pavie* , où il avoit pris le nom

d'*Hileo* , & de celle des *Innominati* B.
de *Parme* , où il portoit celui de *Sel-* BALDI.
vaggio.

Il a cultivé toutes sortes de genres
de Litterature , & il a été Philosophe , Mathématicien , Theologien ,
Historien , Orateur , Poëte & Ca-
noniste. Il avoit commencé en 1603.
un ouvrage très-considerable ; c'étoit
une description du monde également
geographique & historique , qui s'é-
tendoit jusques sur les moindres
Bourgs , dont lesEcrivains modernes
ont fait quelque mention. Il en avoit
amassé tous les materiaux , lorsqu'il
mourut ; mais il n'en avoit mis en
ordre qu'une partie. Ainsi l'ouvrage
est demeuré dans les tenebres.

Catalogue de ses Ouvrages.

1°. *La Corona dell' Anno in Vicenza.*
1589. *in-*4o. Ce sont 106 sonnets
sur les principales Fêtes de l'année.

2. *Di Herone Alessandrino de gli
Automati , o vero machine se moventi
libri due , tradotti dal Greco , da Bern.
Baldi. In Venetia* 1589. *in* 4o. Avec
figures. It. *Nuovamente ristampato. In
Venetia.* 1601. *in-*4o. Feuil. 47. It.
Ibid. 1661. *in-*4o.

H h ij

3. *Versi & prose de M. Bernardino Baldi. In Venetia.* 1590. *in-4°.* Les poësies contenues dans ce Recueil, consistent dans les pieces suivantes.

La Nautica. Poëme en vers non rimés, qu'il presenta à *Ferdinand de Gonzague* en 1585. *Crescimbeni* en fait beaucoup de cas, & croit qu'on peut le comparer aux meilleurs ouvrages de ce genre.

　　L'Eglogue miste.
　　Li Sonetti Romani.
　　Le Rime Varie.
　　La favola di Leandro e di Museo.
　　Les pieces en prose sont celles-ci.
　　Dialogo della dignita.
　　L'Arciero, o vero della felicita del Principe.

　　La descrittione del Pallazo d'Urbino. Cet Ouvrage a été réimprimé dans un Recueil intitulé : *Memorie concernenti la Citta di Urbino. In Roma* 1724. *in-fol.*

　　Cento Apologi. Ces Apologues sont peu de chose pour la plûpart : cependant *Crescimbeni* a pris la peine de les mettre en vers, & de les publier sous ce titre : *I cento Apologi di M. Bern. Baldi, portati in versi da Gio. Ma-*

rio de' Crescimbeni, colle moralità di B.
Malatesta Strinati. In Roma 1702. BALDI.
in 12.

4. *Concetti Morali. In Parma* 1607.
in-40.

5. *Scamilli impares Vitruviani à
Bernardino Baldo nova ratione expli-
cati, refutatis priorum Interpretum,
Gulielmi Philandri, Danielis Barba-
ri, Baptistæ Bertani sententiis. Augustæ Vind.* 1612. *in*-40. pp. 54. Avec
fig. Il s'agit ici de l'explication d'un
passage de *Vitruve.*

6. *De Verborum Vitruvianorum significatione, sive perpetuus in M. Vitru-
vium Pollionem commentarius. Auctore*
B. *Baldo. Accedit vita Vitruvii,
eodem Autore. Aug. Vind.* 1612. *i n*-4°.
pp. 207. Cet ouvrage & le précédent ont été insérés dans une édition
de *Vitruve* faite à *Amsterdam,* chez
Elzevir en 1649. *in-fol.* Celui-ci y
porte le titre de *Lexicon Vitruvia-
num.*

7. *Orazione de B. Baldi, Amba-
sciadore del Ser. Duca d'Urbino alla Se-
renita del Nuovo Duca di Venetia M.
Antonio Memmio. In Venetia* 1613.
in-4°. *Memmio* avoit été élû en 1612.

8. *In Tabulam Æneam Eugubinam, lingua Etrusca veteri perscriptam, divinatio. Augustæ Vind.* 1613. *in-*40.

9. *Heronis Ctesibii Belopoëca, seu Telifactiva, Græcè & Latinè. Interprete & scholiaste Bern. Baldo, qui vitam Heronis addidit. Augustæ Vind.* 1616. *in* 40. La traduction & les notes de *Baldi* ont été insérées parmi les *Mathematici Veteres. Paris. Typog. Reg.* 1693. *in-fol.*

10. *In Mechanica Aristotelis problemata exercitationes. Adjecta succincta narratio de Autoris vita & scriptis. Moguntiæ* 1621. *in-*40. pp. 194. La vie qui est à la tête, est de *Fabrice Scharloncini*, qui avoit connu *Baldi.*

11. *La difesa di Procopio contro le calumnie di Flavio Biondo, con alcune considerationi intorno al luogo, ove segui la giornata tra Totila e Narsete. In Urbino* 1627. *in-*40.

12. *Encomio della Patria de M. Bernardino Baldi, da Urbino. In Urbino* 1706. *in-*8o. pp. 138. It. A la tête d'un Recueil intitulé : *Memorie concernenti la citta di Urbino. In Roma* 1724. *in-fol.*

13. *Cronica de Matematici, o vero*

Épitome dell' Istoria delle vite loro. B.
In Urbino. 1707. *in*-40. pp. 156.BALDI;
Ce n'est qu'un petit abregé d'un
grand Ouvrage, auquel *Baldi* a travaillé pendant douze ans, & qui
contient les vies de tous les Mathématiciens tant anciens que nouveaux.

14. *Epistola de Asse sive pondere
Etrusco.* Elle se trouve dans le pre-
mier livre ch. 7. de l'ouvrage de
*Juste Fontanini, de Antiquitatibus
Hortæ. Roma* 1708. *in*-40.

15. *Vita de Federico Commandino.*
Inserée dans le 19e. vol. du Journal
de *Venise* p. 140. Elle est fort bien
faite, sçavante & curieuse.

V. *Oratione funebre in lode de M.
Bernardino Baldi, di Marc' Antonio
Vergilii Batti ferri in Urbino* 1617.
in-4°. pp. 27. Il y a quelques particularités parmi bien du verbiage. *De
vita & scriptis Bern. Baldi, ex litteris Fabricii Scharloncini.* A la tête des
*Exercitationes in Mechanica Aristote-
lis problemata.* Elle est assez particula-
risée & remplie de dates. *Jani Nicii
Erythræi Pinacotheca. I. Ghilini Teatro d'Huomini Letterati. tom.* 2. p. 43.
Crescimbeni Commentarii intorno all'
H h iiij

**B.
BALDI.**

historia della volgar Poësia. Chacun de
ces Auteurs renferme des particularités qui ne sont point dans les autres. Le dernier promettoit une vie
fort ample de *Baldi*, mais elle n'a
point paru. *Colomesii Italia Orientalis. p. 169. Bayle*, *Dictionnaire. Bal-
dus redivivus, sive clarissimi Viri Ber-
nardini Baldi vita, ab Isidoro Grassi
Presbytero Augustiniano Parmensi exa-
rata, cum censura chronologica de Baldi Epigrapho, & recensione operum
Auctoris, & Virorum illustrium judiciis,
elogiis, & testimoniis, quæque inveniri
potuerunt. Paris. 1717. in-8°.* pp. 55.

CHARLES DE LA SAUSSAYE.

**C. DE LA
SAUSSAYE**

*C*Harles *de la Saussaye* naquit à
Orleans l'an 1565. d'*Olivier de
la Saussaye*, neveu de *Mathurin de
la Saussaye*, Evêque de cette ville,
& de *Madeleine Alleaume.*

Il perdit son pere à l'âge de deux
ans ; mais sa mere prit un soin particulier de son éducation, & l'envoya
à l'âge de 14 ans à *Paris*, pour y faire
ses études.

Après sa Philosophie, il se donna C. DE LA
à la Jurisprudence, pour satisfaire SAUSSAYE
aux desirs de ses parens, qui vouloient le mettre dans la Robbe, &
se fit recevoir Docteur en Droit civil & canonique.

Quelque temps après on lui acheta une Charge de Conseiller au Grand
Conseil, pour le fixer dans un état,
pour lequel il ne paroissoit pas avoir
beaucoup d'inclination.

On l'engagea aussi à faire un voyage
en Italie, pour le distraire du dessein
qu'il paroissoit avoir d'embrasser l'é-
tat Ecclesiastique. Il partit au mois
de Mars de l'an 1586. & employa
trois ans & demi à ce voyage.

A son retour à *Orleans*, il se mon-
tra entierement déterminé à prendre
le parti de l'Eglise, & vint à *Paris*
pour y étudier en Theologie, &
prendre des degrés en Sorbonne. Il
y reçut le bonnet de Docteur, après
avoir été ordonné Prêtre par M. *de*
l'Aubespine, Evêque d'*Orleans*.

Il se donna depuis avec ardeur aux
fonctions Ecclesiastiques, & principalement à la Prédication; & l'Auteur de sa vie dit qu'il prêcha dix-

C. DE LA
SAUSSAYE
huit Avens & autant de Carêmes à
Paris , à *Orleans*, à *Reims* , à *Amiens* ,
à *Beauvais* , à *Bourges* & dans d'autres grandes villes , avec beaucoup
de succès.

Le Curé de *S. Pierre en Sentelle* à
Orleans , nommé *Mouton* , qui lui
avoit enseigné les premiers élemens
de la langue Latine , & qui connoissoit sa capacité & son mérite , se
voyant attaqué de la maladie dont il
mourut , jetta les yeux sur lui pour
être son successeur , & employa l'autorité de l'Evêque d'*Orleans* , pour
l'engager à se charger de cete dignité.

La Saussaye ne songeoit qu'à en
remplir les fonctions , lorsqu'un de
ses freres uterins , qui étoit Chanoine de la Cathédrale d'*Orleans* , s'é-
tant retiré dans la Chartreuse de
Bourgfontaine, lui resigna sa Prebende.
Il fut plus de deux ans à se resoudre
à l'accepter ; mais s'y étant enfin déterminé , l'Evêque d'*Orleans* y ajouta la dignité de Scholastique & de
Chancelier de l'Université.

Deux ans après , c'est-à-dire le 10.
Août 1598. le Chapitre l'élut Doyen;
dignité qu'il conserva jusqu'en 1614.

qu'il accepta la Cure de *S. Jacques de* C. DE LA
la Boucherie de *Paris*, qui lui fut SAUSSAYE
offerte, & dans laquelle il croyoit
avoir plus d'occafion de travailler.

Sur la fin de fa vie, M. le Cardinal *de Retz* le nomma Chanoine de
l'Eglife de *Paris* : ce qui ne l'empêcha pas de conferver toujours fa
Cure.

Il mourut le 21. Septembre 1621.
âgé de 56 ans dans fa Maifon du
Cloître de Nôtre-Dame, & après
que fes obfeques eurent été faites
dans l'Eglife Cathedrale, on le porta en l'Eglife de *S. Jacques*, où il
fut enterré dans la Chapelle de *S.
Charles.*

Le feul Ouvrage qu'on ait de lui ;
eft le fuivant.

*Annales Ecclefiæ Aurelianenfis, faculis & libris fexdecim. Addito tractatu
accuratiffimo de veritate Tranflationis
Corporis S. Benedicti ex Italia in Gallias ad Monafterium Floriacenfe Diæcefis Aurelianenfis. Auctore Carolo
Sauffeyo, Aureliano, S. Theologiæ &
J. V. Doctore, Socio Sorbonico, Decano Ecclefiæ Aurelianenfis. Parif.* 1615.
in-4°. pp. 842. Le traité fur le corps

C. DE LA
SAUSSAYE

de *S. Benoist*, marqué dans ce titre, se trouve à la p. 153. de l'Histoire sous le titre de *Gloria Floriacensis Cænobii.* On voit à la fin du Livre les piéces suivantes. *Vita S. Gregorii Archiepiscopi Nicopolis in Armenia, Eremitæ in Pago Aurelianensi.* p. 747. *Martyrium SS. Agoardi & Gliberti, seu Agliberti, ex Manuscriptis Ecclesiæ Parœchialis Cristoliensis, Diœcesis Parisiensis.* p. 771. *Notitia Beneficiorum Diœcesis Aurelianensis.* p. 779.

V. *Abregé de la vie & de la mort de Messire Charles de la Saussaye, Docteur en Theologie, Chanoine de l'Eglise de Paris, & Curé de S. Jacques de la Boucherie. Par le sieur de la Saullaye. Paris* 1622. *in-*12. pp. 120.

ALBERT PIGHIUS.

A.
PIGHIUS.

Albert *Pighius* naquit à *Campen* dans l'*Over-Issel*, d'une bonne famille. Il fit une partie de ses études à *Louvain*, & y reçut le dégré de Maître-ès-Arts l'an 1509.

Il s'appliqua ensuite à la Théologie, en laquelle il fut reçu Docteur

à *Cologne.* L'application avec laquelle **A**
il s'y donna , ne l'empêcha point de **Pighius.**
cultiver les Mathématiques , pour
leſquelles il avoit une inclination
particuliere , & ſur leſquelles il publia d'abord quelques Ouvrages. Il y
renonça cependant dans la ſuite, pour
s'occuper uniquement de la contro-
verſe.

Sa laideur , qui étoit ſi extraordinaire, que *Paul Jove* aſſure que la nature s'étoit jouée de lui , en cou-
vrant d'un viſage affreux le ſçavoir &
l'éloquence dont elle l'avoit orné ,
& ſa voix déſagreable , ne l'empêcherent point de ſe faire connoître
dans le monde d'une maniere avan-
tageuſe. La réputation qu'il acquit
alors s'étendit juſqu'à *Rome* , où le
Pape *Adrien VI.* le fit venir en 1522.
ou au commencement de l'année ſuivante 1523. Ce Pontife devoit déja
le connoître , ſi ce que dit *Valere André* eſt vrai, qu'il l'avoit auparavant
accompagné dans ſon voyage d'Eſpagne.

Clement VII. & *Paul III.* ſes ſuc-
ceſſeurs l'appellerent depuis pluſieurs
fois à *Rome* , & le chargerent de dif-

A.
Pighius.

ferentes négotiations importantes pour le bien de la Religion, tant en Allemagne qu'en d'autres endroits. Ceux qui ont dit que depuis son premier voyage en cette ville, il y fit sa demeure ordinaire, se sont trompés; car il est sûr qu'il fut plusieurs années Curé de *S. Nicolas* de *Campen*, comme *Lindeborn* nous l'apprend dans son Histoire de l'Evêché de *Deventer*, & qu'il ne se démit de ce Benefice qu'en 1539.

Quatre ans auparavant, c'est-à-dire, en 1535. le Pape *Paul III.* lui avoit donné la Prevôté de *S. Jean* d'*Utrecht*, & avoit accompagné sa nomination d'un present de deux mille ducats. Il se retira en cette ville en 1539. & y passa le reste de ses jours.

Il y mourut le 29. Decembre 1542. & fut enterré dans l'Eglise de *S. Jean*, dont il étoit Prevôt.

Valere André, *Aubert le Mire*, & d'autres disent qu'il étoit alors vieux, *obiit senex*; mais ils se trompent. *Jean Gunther* en parle plus justement, lorsqu'il dit qu'il étoit encore dans la force de son âge, *ubi necdum justam excessisset ut atatem. Jove* dit de

même *obiit nondum senex* En effet il
ne devoit avoir gueres que 20 ans,
lorsqu'il fut fait Maître-ès-Arts en
1509. Ainsi il ne passoit pas de beaucoup sa cinquantiéme année, lorsqu'il mourut.

Je ne sçai pourquoi *Valere André*
met sa mort le 26. Decembre; c'est
sûrement une faute d'inadvertance,
car tous ceux qui parlent de lui la
placent au 29. de ce mois.

Il pensa perir par un accident qui
lui arriva à *Boulogne* en 1530. lorsque
Charles-Quint y passa après son Couronnement. Une partie d'un pont de
bois, sur lequel il passoit avec une
grande foule de peuple, étant tombé dans l'eau, il y tomba avec les
autres; mais il n'en eut point de
mal.

Il avoit beaucoup de lecture &
d'érudition, mais il n'avoit pas le
discernement juste. Il étoit assez har-
di dans les questions qui ne regar-
doient point les interêts de la Cour
de *Rome*. Mais dans celles ci il étoit
entierement prévenu pour les sentimens les plus insoutenables, & de
tous les Auteurs, qui ont écrit sur

A PGHIUS.

ces matieres, il n'y en a point qui ait poussé les choses si loin & qui ait plus donné au Pape que lui. Il soutient que les Empereurs & les Rois dependent du Pape pour le temporel, que c'est de lui qu'ils tiennent leur autorité, & qu'il les en peut priver. Il prétend que les Conciles n'ont d'autre pouvoir que celui de consulter & d'exécuter, & que c'est au Pape à décider souverainement & infailliblement; que les Conciles generaux, qu'il veut être de l'invention de l'Empereur *Constantin*, doivent toute leur autorité à celle du Pape, & dependent entierement de lui dans leurs décisions; que le Pape ne peut être déposé par l'Eglise pour quelque cause que ce soit, quand même il seroit incorrigible & scandaliseroit l'Eglise, qu'il ne peut même jamais devenir heretique, & qu'il n'y a aucun cas où l'on puisse assembler de Concile general sans son consentement.

Ses sentimens sur la predestination & la grace sont fort opposés à ceux de S. Augustin & de *S. Thomas*. Il s'est aussi éloigné du sentiment com-

mun des Théologiens , en niant que
les hommes ſoient juſtifiés par une
grace habituelle , & il s'exprime d'u-
ne maniere extraordinaire en diſant
que notre juſtification a deux cauſes ,
la juſtice inherante , & la juſtice de
Jeſus-Chriſt imputée. Enfin ce qu'il
avance auſſi bien que *Catharin* , que
le péché originel dans les enfans n'eſt
rien autre choſe que le péché actuel
d'*Adam* , qui leur eſt imputé , & qu'il
n'y a point en eux , à proprement
parler , de tache de péché qui ſoit
inherante , n'eſt pas moins oppoſé
à la doctrine commune des Théologiens.

Au reſte ſon ſtile n'eſt pas à beaucoup près ſi pur ni ſi élegant que
celui de *Sadolet* , & des autres Cice-
roniens de ſon temps , mais il n'eſt
pas auſſi barbare que celui des Scho-
laſtiques & des Controverſiſtes.
C'eſt le jugement que *Du Pin* porte
de cet Auteur.

Catalogue de ſes Ouvrages.

1. *Alberti Pighii , Campenſis , Philoſophi , Mathematici ac Theologiæ
Baccalaurei formati , adverſus Prognoſ-
ca to rum vulgus , qui annuas prædictiones*

A. PIGHIUS.

edunt & se Astrologos mentiuntur, Astrologiæ defensio. Paris. Henric. Stephanus 1518. *in-*4o.

2. *De Æquinoxiorum Solstitiorumque inventione, nec non de ratione Paschalis celebrationis & de restitutione Ecclesiastici Kalendarii. Paris. in-fol.* L'Epître dédicatoire au Pape *Leon X.* est datée de l'an 1520. On y apprend, que ce Pape avoit chargé quatre ans auparavant l'Université de *Louvain* d'examiner ce que l'on pourroit faire pour corriger le Calendrier, & qu'étudiant alors en Théologie dans cette ville, il en avoit pris occasion d'écrire sur cette matiere.

3. *Adversus novam Marci Beneventani Astronomiam, quæ positionem Alphonsinam ac recentiorum omnium de motu octavi Orbis depravavit, Apologia, in qua Alphonsina positio demonstratur. Paris. Simon Colinæus* 1522. *in-*4o.

4. *Apologia indicti à Paulo III. Concilii adversus Lutheranæ Confederationis rationes. Paris.* 1538. *in-*8o.

5. *Controversarum præcipuarum in Comitiis Ratisponensibus tractatarum, & quibus nunc potissimum exagitatur*

*Chriſti fides & Religio, diligens & lucu-
lenta explicatio. Pariſ.* 1542. *in-8o.*
Feuill. 292. L'Epître eſt datée de *Cologne* le 5. Janvier de cette année. *It. Coloniæ* 1542. *in-fol.* It. ſous cet autre titre : *Explicationes Catholicæ præcipuarum controverſiarum, quibus nuncpotiſſi-
mum Chriſtiana fides & Religio exa-
gitantur. Acceſſit Apologia adverſus
M. Buceri calumnias. Pariſ.* 1586.
in-8o.

6. *Apologia Alberti Pighii adverſus
Martini Buceri calumnias, quas & ſo-
lidis argumentis & clariſſimis rationi-
bus confutat. Moguntiæ* 1543. *in-40.*
It. *Pariſ.* 1543. *in-8o.* Feuill. 75.
On trouve à la tête la vie de *Pighius*
par *Jean Gunther.* It. Avec l'ouvrage précedent. *Pariſ.* 1586. *in-8o.*

7. *De libero hominis Arbitrio & divina Gratia libri X. adverſus Luthe-
rum, Calvinum & alios. Coloniæ* 1542.
in-fol.

8. *Ratio componendorum diſſidiorum
& ſarciendæ in Religione concordiæ.
Coloniæ* 1542. *in-40.*

9. *Hierarchiæ Eccleſiaſticæ Aſſertio.
Coloniæ* 1544. *in-fol.* C'eſt ſon plus
conſiderable ouvrage, qui eſt dédié

A.
PIGHIUS.

au Pape *Paul III.* & partagé en six livres. It. *Ibid.* 1572. *in-fol.*

10. On a trois lettres de lui dans les *Epistolæ Clarorum virorum* données par *Abbes Gabbema. Harlingæ* 1669. *in-*8°. pp. 31. 33. 177. Les deux premieres sont de l'an 1540. & la troisiéme de 1542. Elles sont toutes datées d'*Utrecht* & roulent sur l'impression de ses ouvrages.

V. *Pauli Jovii Elogia n°.* 105. *Auberti Miræi Bibliotheca Ecclesiastica. Ejusdem Elogia Belgica. Francisci Svveertii Athenæ Belgicæ. Valerii Andreæ Bibliotheca Belgica. Vita Alb. Pighii per Joannem Guntherum. A la tête de son Apologie contre Burcer. Bayle, Dictionnaire. Bullart, Academie des Sciences. tom.* 2. *p.* 13.

LANCELOT DU VOESIN
DE LA POPELINIERE.

L. V. DE
LA POPE-
LINIERE.

LAncelot du Voesin, ou *du Voisin,* sieur de la *Popeliniere* ne nous est gueres connu que par ses ouvrages. Il étoit né apparemment à *la Popeliniere,* quoique *la Croix du Mai-*

ne nous dise seulement qu'il étoit né L V. DE
dans la *Guyenne.* LA POPE-
LINIERE.

Il fut d'abord destiné aux Lettres ,
mais ayant perdu son pere , & peu
après le seul frere qu'il eut , il prit
à son exemple le parti des Armes.

Il les porta long-temps dans les
Guerres civiles pour le parti des Huguenots dont il suivoit la créance; &
l'histoire marque qu'en 1574. il s'em-
para de *Tonnay-Boutonne* , petite ville de Xaintonge.

Le service ne l'empêcha pas de
cultiver les Lettres , & de composer
divers ouvrages. L'histoire eut principalement un charme particulier
pour lui , & tout ce que nous avons
de lui se rapporte là. Mais en voulant s'y ménager entre les Catholiques & les Huguenots, il mécontenta
les uns & les autres ; & il pensa lui
en couter la vie , ayant reçu à *la Rochelle* un coup d'épée au travers du
corps pour quelques verités qui lui
étoient échapées en faveur des Catholiques.

Il embrassa la Religion catholique
sur la fin de sa vie & mourut à *Paris*
en 1608. de necessité & de misers ,

L. V. DE
LA POPE-
LINIERE.

comme nous l'apprenons des Memoi-res de M. *de l'Etoille.*

Il avoit épousé *Marie Bobineau*, veuve de *Martin Prevost*, Ecuyer, qui lui avoit laissé une rente, pour laquelle il eut un procès, c'est ce que j'ai appris d'un Factum composé en faveur de cette Femme.

Catalogue de ses Ouvrages.

1 *Les entreprises & ruses de guerre, & des fautes qui par fois surviennent ès progrès & exécution d'icelles, ou le vrai portrait d'un parfait General d'Armée, le tout divisé en cinq livres, avec les sommaires sur chacune entre-prise traduit de l'Italien de Bernardin Roque de Plaisance. Paris, Nicolas Chesneau* 1571. *in-4°.*

2. *La vraye & entiere histoire des troubles & choses mémorables, avenues tant en France qu'en Flandres & Pays circonvoisins depuis l'an* 1562. *comprise en* 14 *livres, les trois premiers & der-niers desquels sont nouveaux, les autres revûs, enrichis & augmentés de plu-sieurs choses notables, avec les conside-rations sur les Guerres civiles des Fran-çois. Cologne* 1571. *in-8°.* It. *Basle* 1572. *in-8°.* Feuill. 481. sans une

longue table. Cette histoire finit en L. V. DE 1570. *Jean le Frere de Laval* l'a LA POPE- depuis corrigée & augmentée, & a LINIERE publié le tout sous son nom, avec un titre presque tout semblable, à *Paris* l'an 1584. en 2. vol. *in-*8o. C'est dequoi *la Popeliniere* s'est plaint vivement dans la Preface de son *Histoire de France.*

3. *L'histoire de France enrichie des plus notables occurrences survenues ès Provinces de l'Europe & pays voisins, soit en paix, soit en guerre, tant pour le fait séculier qu'Ecclesiastique, depuis l'an 1550. jusques à ces temps. De l'Imprimerie d'Abraham H.* 1581. *in fol.* deux vol. It. *Paris* 1582. *in-*8o quatre volumes. Cette histoire a été d'abord imprimée à *la Rochelle* par *François Haultin.* Elle est divisée en 45. livres & ne contient que l'histoire de 27 années. *La Popeliniere* n'y a pas mis son nom, non plus qu'à l'ouvrage précedent, qui se trouve inseré ici.

„ J'ai été tout-à-fait surpris, dit *Varillas* dans l'avertissement du tome 5e. de son *Histoire des Revolutions,* „ de voir que *la Popeliniere* avoit in-

L. V. DE „ feré presque toutes entieres les
LA POPE- „ Histoires du Président *de la Pla-*
LINIERE. „ *ce* , & du sieur *de la Planche* dans
„ la sienne , sans avoir fait aucune
„ mention de ces deux Calvinistes
„ en qualité d'Auteurs ; & mon éton-
„ nement s'est augmenté , lorsque
„ j'ai trouvé que *la Popeliniere* parle
„ avantageusement en plus d'un lieu
„ du Président *de la Place,* sans ajoû-
„ ter , qu'il lui étoit redevable de
„ ce qu'il y a de plus curieux dans
„ le commencement de son Histoire.

Le P. *Daniel* au tome 3e. de son
Histoire de France, col. 1104. après
avoir parlé de la prise de *Tonnay-*
Boutonne par *la Popeliniere* , ajoûte :
„ c'est ce Gentilhomme dont nous
„ avons une ample histoire de ce
„ temps-là , fort mal écrite pour le
„ stile, mais remplie d'un grand nom-
„ bre d'excellens Mémoires, où il par-
„ le en homme d'Etat & en homme
„ de Guerre, & comme ayant eu bon-
„ ne part aux négociations & à l'e-
„ xécution. La modération & le dé-
„ tail avec lequel il écrit, le fait regar-
„ der comme l'Historien le plus di-
„ gne de foi de tous ceux du parti Hu-
guenot

guenot, qui nous ont rendu compte
de ces Guerres civiles.

4. *Les Trois Mondes. Paris. Pierre*
l'Huillier 1582. *in*-40. On trouve ici
diverses choses sur l'Europe, l'Asie
& l'Afrique.

5. *L'Amiral de France, & par oc-*
casion de celui des autres nations, tant
vieilles que nouvelles. Paris 1584. *in-*
40. Feuill. 92.

6. *L'Histoire des Histoires avec l'i-*
dée de l'histoire accomplie. Plus le des-
sein de l'Histoire nouvelle des François.
& pour Avant-jeu, la refutation de la
descente des fugitifs de Troyes aux
Palus Meotides, Italie, Germanie, Gau-
les & autres pays, pour y dresser les plus
beaux Etats qui soient en l'Europe, &
entr'autres le Royaume des François.
Paris 1599. *in-*8º. pp. 495. pour
l'*Histoire des Histoires*, qui est divisée
en neuf livres, & pp. 456. pour
l'*Idée de l'Histoire accomplie* en trois
livres, & le *dessein de l'Histoire nou-*
velle des François en deux.

7. *Histoire de la conquête des Pays*
de Bresse & de Savoye par le Roy très-
Chrétien. Paris. 1601. *in-*80 Feuill. 67.
It. *Lyon* 1601. *in-*80. Feuill. 75.

Tome XXXIX. K k

L. V. DE
LA POPE-
LINIERE.

V. *La Preface de son Histoire de*
France. Les Bibliotheques Françoises
de la Croix du Maine & de du Ver-
dier. Les Mémoires de l'Estoile sur l'an
1608.

JEAN LYSERUS.

J. LYSE-
RUS

JEan Lyerus naquit en Saxe, de
la celebre famille des *Lyserus*,
qui s'est distingué particulierement
parmi les Lutheriens, & il parut d'a-
bord marcher sur les traces de ceux
de son nom, jusques-là même qu'il
fut honoré dans sa jeunesse d'un emploi Ecclesiastique considérable dans
son pays.

Mais s'étant coëffé, je ne sçai comment de cette opinion, *que non-seu-*
lement la Polygamie est permise, mais
aussi qu'elle est commandée en certain
cas, il quitta son poste, & se mit à la
suite d'un Comte Suedois, qui lui
avoit inspiré, à ce que l'on dit, les
premieres semences de cette doctrine.
Quoiqu'il en soit, une pension que
ce Comte lui donna, l'anima à la bien
défendre.

Après la mort de cet homme, il se
mit à voyager en Allemagne, en Da-

nemarc, en Suede, en Angleterre, J. Lyse-
en France & en Italie, avec aſſez d'in- rus
commodités, trouvant néanmoins
des Patrons & des penſions ſecretes
en certains lieux.

Etant en 1677. à *Guſtrovv* dans le
Duché de Mexelbourg, & y ayant
répandu, comme il faiſoit par-tout,
ſes erreurs ſur la Polygamie, il fut
obligé de paroître devant le Magiſ-
trat, qui après des réprimandes, lui
ordonna de ſortir de cette ville; ce
qu'il fit au milieu des huées de la po-
pulace, qui le reconduiſit à coups de
pierres.

Il paſſa de là dans le Duché de *Bre-
me*, & s'arrêta à *Staden*, où il fut maltraité par les femmes, à qui ſes ſentimens le rendoient odieux, & où
il entra en diſpute avec *Jean Diecmann*, Recteur de l'Ecole de cette
ville, qui refuta ſes erreurs.

Continuant ſes voyages il ſe rendit
en Danemarc, où il ſervit quelque
temps en qualité de Miniſtre d'Armée. Mais il trouva à *Copenhague*, en
la perſonne de *Gautier Sluter*, un ad-
verſaire, qui le combattit vigoureuſ-
ement: ſon livre de la Polygamie fut

K k ij

condamné par un Arrêt de *Christien
V.* Roy de Danemarc, & il fut lui
même banni de tous les Etats de ce
Prince.

On fit plus à *Stockolm* où il alla ensuite ; car il y fut accusé en justice,
& puni d'une maniere ignominieuse.

Après avoir visité l'Italie il vint en
1682. à *Paris*, où il alla trouver M.
Masius, Ministre de l'Envoyé de la
Cour de Danemarc à la Cour de France, se plaignant de sa misere, & lui
demandant quelque assistance, sans
lui parler de sa condition ni de son
nom.

Etant tombé malade quelques mois
après, il le fit prier de l'aller voir
promptement. M. *Masius* y alla, &
le trouva malade également de corps
& d'esprit. Il paroissoit plus inquiet
pour son ame que pour sa vie ; car il
souhaita confesser ses péchés & com-
munier; cependant il remit l'affaire au
jour suivant. Le Ministre ne voulut
rien faire, qu'il ne sçût auparavant qui
il étoit. *Lyserus* après bien des raisons
qui l'engageoient à ne se pas faire
connoître, dit enfin qu'il étoit un Ecclesiastique du Pays de Saxe, qui avoit

eu le malheur d'en être éxilé , & se
donna un faux nom.

Etant un peu guéri il s'en alla à pied
à *Versailles* , pour y voir quelques Patrons qu'il avoit eu autrefois à la
Cour , esperant obtenir par leur
moyen dequoi vivre. Du moins il es-
peroit gagner quelque chose par le
jeu des Echecs, qu'il entendoit, à ce
qu'on dit, mieux qu'homme du monde & d'une maniere étonnante. Il se
trompa , ses anciens amis l'abandon-
nerent , & se moquerent de lui.

Se trouvant malade & dépourvû de
toutes choses, il voulut regagner *Paris* à pied , mais les forces lui man-
querent en chemin,& son mal s'augmenta de telle sorte qu'il ne put achever son voyage. On le porta dans une
maison voisine,où il rendit l'ame peu
de temps après en 1684.

C'étoit dit M. *Masius*,dans une Lettre du 31. Octobre de cette année,
qui se trouve dans les *Nouvelles de
la Republique des Lettres* du mois
d'Avril 1685. un petit homme un
peu bossu , mais plus par habitude
& par maladie , que par défaut naturel. Il étoit aussi beaucoup plus

K x iij

J. LYSE-
RUS.

caſſé à cauſe des fatigues de ſes voyages & de ſes maladies, que de vieil-
leſſe. Il étoit tout-à-fait menu & mai-
gre, fort abattu, preſque toujours
rêveur, inquiet & inconſtant dans ſes
diſcours ; en un mot il étoit bâti de
telle ſorte, qu'il ne paroiſſoit pas un
ſujet dont on pût faire le mari d'une
ſeule femme, tant s'en faut qu'il lui
en fallût pluſieurs. Il n'a même jamais été marié.

Le ſeul ouvrage qu'on ait de lui
roule ſur ſon ſiſtême de la Polygamie.
*Polygamia Triomphatrix, id eſt, diſ-
curſus Politicus de Polygamia. Autore
Theophilo Alethæo. Friburgi apud Henr.
Cunrath.* 1674. in-12. pp. 96. Cette
édition s'eſt faite à *Amſterdam.* It.
*Cum notis Athanaſii Vincentii. Lon-
dini Scanorum,* 1682. in-4o. pp. 565. ſans
une addition *Athanaſius Vincentius*
n'eſt autre que *Lyſerus,* qui s'étoit
d'abord caché ſous le nom de *Theophi-
lus Alethæus.* Les notes ſurpaſſent de
beaucoup le texte, qui avoit été d'a-
bord imprimé ſeul. L'Auteur avoit
auparavant donné quelques eſſais ſur
cette matiere en Allemand.

Differens Auteurs ſe ſont propoſés

de refuter l'ouvrage de *Lyserus* ; tels
font les suivans.

Jean Musæus , dans ses *Theses Theologicæ de conjugio. Jenæ* 1675. *in*-4°.

Jean Diecmann , dans un livre intitulé : *Vindiciæ Legis Monogamicæ contra Lyserum de Polygamia. Stadæ* 1678. *in*-4°.

Gerard Feltmann , dans un *Entretien sur la Polygamie. Leipsic* 1677. *in* 8°. écrit en Allemand.

Frederic Gesenius , qui s'est caché sous le nom de *Vigil. Christiani Vigilis* , *Germani* , *ad sincerum Wahren-bergium Suecum Epistola* , *seu dissertatio super Polygamia simultanea. Germanopoli* 1677. *in*-4°. Cet ouvrage est adressé à *Lyserus* même qui avoit publié un dialogue Allemand sur la Polygamie , sous le nom de *Sincerus Wahrenbergius.*

Jean Brusomann , dans sa *Monogamia Victrix & Polygamia triumphata. Francofurti* 1579. *in*-8°. Ouvrage composé de 28 dissertations.

Balthazar Mentzer dans un livre Allemand , qui a pour titre : *Courtes reflexions sur un Dialogue de la Polyga-*

K k iiij

J. LYSE-
RUS.

me publié par un *Auteur qui se donne*
le nom de *Sincerus Wahrenbergius.*
Francfort 1672. *in-4o.*

Severin Gauthier Sluter, dans ses *Pen-*
sées T héologiques sur la Polygamie con-
tre Lyserus. Rostoch 1677. *in-8o.* en
Allemand.

Melchior Zeidler dans une dissertation intitulée : *De Polygamia ut &*
de Matrimonio cum defuncta uxoris
sorore disquisitio. Helmstad. 1698. *in* 40.

V. *La Lettre de M. Masius dans*
les nouvelles de la Republique des Let-
tres d'Avril 1685. *Friderici Thomæ*
Analecta Gustroviana. Gustroviæ 1706.
in-8o. p. 206. *Bayle* , *Dictionnaire.*

JEAN TAISNIER

J. TAIS-
NIER.

JEan *Taisnier* naquit à *Ath* , ville
du Hainaut l'an 1509. Cette date se tire de l'inscription de son portrait fait en 1562. où il est marqué
qu'il avoit alors 58 ans.

Il s'appliqua à l'étude de la Philosophie , des Mathematiques , & du
Droit , & se fit recevoir Docteur en
cette derniere science. Il cultiva aussi
la Poësie , puisqu'il prend la qualité
de Poëte Couronné ; cependant nous

n'avons rien de lui en ce genre. Il
se rendit sur-tout habile dans la Mu
sique, & se mit en état d'en faire des
leçons aux autres. N'oublions pas
qu'il étoit Prêtre, comme il le marque à la fin de l'Epître dédicatoire
de son Traité sur l'Aimant.

Il fut d'abord Précepteur des Pages
de l'Empereur Charles-Quint, & il
suivit ce Prince en 1535. dans l'ex-
pedition de *Tunis.* Il passa depuis avec
lui en Italie, & fut pendant près de
20 ans à voyager en divers endroits
de l'Europe & même en Asie, comme il le témoigne dans l'Epître de
son Livre de l'usage de la Sphere, où
il nous apprend encore qu'il avoit
enseigné & fait des leçons tant en public qu'en particulier en differentes
Academies à *Rome,* à *Ferrare,* à *Boulogne,* à *Padoue,* & à *Palerme.* Il
étoit dans cette derniere ville en 1550
& y publia alors son ouvrage *de usu
Annuli Sphærici.*

Las enfin de tant de courses, il se
retira à *Cologne,* pour y passer le reste
de ses jours, & y fut Maître de la
musique de la Chappelle de l'Ar-
chevêque de cette ville.

On ignore le temps de sa mort.

J. TAIS-
NIER.

Bullart l'a mise vers la fin du 16e. siécle ; mais il y a apparence qu'il s'est trompé en cela comme en plusieurs autres choses. Je crois que *Taisnier* n'a pas été beaucoup au-delà de l'an 1562. Ce qui me le fait croire, c'est qu'ayant commencé alors à donner plusieurs ouvrages au Public, il en promettoit d'autres, surtout sur la Musique, qui n'ont point paru; & qu'on n'entend plus parler de lui depuis cette année.

Il s'amusa à la Chiromancie, en laquelle il se prétendoit très habile ; en effet il acquit tant de crédit sur les esprits credules de son temps, qu'il se trouvoit des gens assez simples, pour lui envoyer la figure des traits de leurs mains, pour apprendre de lui leur destinée.

Catalogue de ses Ouvrages.

1. *Joannis Taisnier, Hannonii, de usu annuli Sphærici libri tres; in quibus quidquid ad Geometriæ perfectionem requiritur continetur. Panhormi, Petrus à Spina* 1550 *in-*40. Feuill. 29. It. sous ce titre : *De Annulli Sphærici fabrica & usu libri tres Geometrici. Antuerpiæ, Joan. Richardus* 1560. *in-*40. Feuill. 30.

2. *De ufu Spheræ materialis , hacte-* J. Tais-
nus ab omnibus Philofophis & Mathe- nier.
*maticis magno ftudioforum incommodo
neglecto, nunc vero in lucem tradito. Coloniæ* 1559. *in-*40. Feuill. 46.

3. *Ifagogica Aftrologiæ judiciariæ &
artis divinatricis. Coloniæ* 1559. *in* 8°.

4. *Opufculum perpetua memoria dig-
niffimum de natura magnetis & ejus
effectibus. Item de motu continuo ; de-
monftratio proportionum motuum loca-
lium contra Ariftotelem & alios Phi-
lofophos; de motu alio celerrimo hactenus
incognito. Auctore Joanne Taifnierio ,
Hannonio, utriufque Juris Doctore, Poëta Laureato , Mufico & Rectore Sa-
celli Mufices Rev. Coloniensis Archiepiscopi. Coloniæ , Joan. Birckmann.*
1562. *in* 4°. Feuill. 80. Avec le portrait de l'Auteur. *Taifnier* n'a point
eu honte de piller les ouvrages d'au-
trui , comme il paroît par celui-ci.
Jean-Baptifte Benedicti le lui a re-
proché vivement dans la Preface de
fon livre *De Gnomonum umbrarum-
que folarium ufu. Taurini* 1574. *in fol.*
Il y affure que *Taifnier* a copié mot
pour mot fon ouvrage intitulé *De-
monftratio proportionum motuum loca-
lium contra Ariftotelem & alios Phi-*

J. TAIS-
NIER.

losophos, qu'il avoit fait imprimer
pour la seconde fois à *Venise* en 1554.
sans y faire autre chose que d'y supprimer son nom, apprehendant sans
doute qu'en y changeant quelque
chose, il ne fît connoître son ignorance dans les Mathématiques. Il se
raille sur ce qu'il dit dans la Préface
de cet ouvrage volé, que lorsqu'il
professoit à *Ferrare* & ailleurs, il avoit
plus de trois cens Auditeurs, quoique
le plus fameux Mathématicien de
l'Italie n'en ait jamais vû la sixiéme
partie à ses leçons, & ajoûte en badinant qu'il a apparemment bien connu qu'il n'étoit pas véritablement
Mathematicien, puisqu'au lieu d'en
prendre la qualité, comme il le devoit, à la tête d'un ouvrage, qui y
avoit rapport, il se contente de celles de Poëte & de Musicien. Son traité de l'Aimant est aussi pris de *Petri
Peregrini Epistola de Magnete, seu
rota perpetui motus. Augusta* 1558.
in-4°. comme *Naudé* nous l'apprend
dans sa *Bibliographia Politica.*

5. *Opus Mathematiouum octo libros
complectens, innumeris propemodum figuris idealibus manuum & Physiognomiæ aliisque adornatum, quorum sex*

*priores libri absolutissimæ Cheiromantiæ
Theoricam, praxim, doctrinam, ar-
tem & experientiam verissimam conti-
nent; septimus Physiognomiæ dispositio-
nem hominumque omnium qualitates &
complexiones; Octavus Periaxiomata de
faciebus signorum,& quid sol in unaqua
que domo existens natis polliceatur; remedia quoque omnium ægritudinum com-
plectitur, & naturalem Astrologiam atque effectus Lunæ quoad diversas ægritu-
dines; idem Isagogen Astrologiæ Judiciariæ & totius divinatricis artis En-
comia. Coloniæ, Joan. Birckman. 1562.
in-fol. pp. 624. It. Ibid. 1583. in-fol.*
Cette nouvelle édition prétendue
n'est autre que la précédente, dont
on a rafraîchi la date. *Taisnier* a encore pillé dans cet Ouvrage celui
que *Barthelemi Cocles*, Medecin de
Boulogne, avoit publié long-temps
auparavant sous le titre d'*Anastasis
Chiromantiæ & Physiognomiæ ex pluribus & pene infinitis Autoribus. Bononiæ 1504. in-4°.* Au reste on y voit
sa prévention pour cette prétendue
science de la Chiromantie, & les
soins qu'il y prit pour en instruire les
autres, ne servirent qu'à les dégoû-
ter par la multitude des maximes

J. TAIS-dont il remplit son livre.

NIER.   V. *Jacobi Philippi Tomasini Illus-*
trium virorum Elogia. tom. I. p. 161.
Francisci Svveertii Athenæ Belgicæ.
Valerii Andreæ Bibliotheca Belgica.
L'*Academie de Bullart.* tom. 2. p. 287.
Bayle, Dictionnaire. On en apprend
encore davantage par les Prefaces de
ses livres.

MICHEL MARULLE.

M. MA-   Ichel *Marulle Tarchaniote,* na-
RULLE.   quit à *Constantinople,* de *Manil-*
le Marulle, & d'*Euphrosygne Tarcha-*
niote, dont il prit le nom avec celui
de son pere, tous deux de familles
illustres. *Jacques Salomoni* a prétendu dans les *Inscriptiones Patavinæ*
qu'il étoit natif de *Candie,* s'ap-
puyant sur l'autorité de quelques Mémoires, qu'on lui avoit fournis, mais
il est sûr qu'il se trompe, *Volaterran*
& d'autres qui l'avoient connu, le disent positivement natif de *Constanti-*
nople. Marulle lui-même, qui dans
quelques unes de ses Poësies fait mention de la ruine de sa patrie, qui l'a
obligé d'aller chercher une retraite

ailleurs , donne à connoître dans une M. MA-
piece du troisiéme livre de ses Epi- RULLE.
grammes , qu'il a intitulée *de exilio
suo* , que cette patrie n'est autre que
Constantinople , lorsqu'attribuant la
perte de cetteVille aux troupes étrangeres qu'on y avoit introduites pour
la défendre , il dit :

Quis furor est patriam vallatam hos-
*   tilibus armis*
*   Nutantem externis credere velle*
*   viris ,*
Ignotaque manu confundere civica
*   signa*
*   Et sua non Græcis tela putare satis ?*
Ille , ille hostis erat , ille expugnabat
*   Achivs*
*   Miles , & eversas diripiebat opes ,*
Ille Deos & fana malis dabat ignibus ,
*   ille*
*   Romanum in Turcas transtulit impe-*
*   rium.*
Nec nobis tam fata Deum , quàm culpa
*   luenda est ,*
*   Mensque parum prudens , consilium-*
*   que Ducis.*
Hanc igitur miseri luimus , lonùgmque
*   luemus.*

M. MA-
RULLE.

Il dit encore la même chose en d'autres endroits.

La ville de *Constantinople* ayant été prise par les Turcs en 1453. le jeune Marulle fut emmené en Italie par ses parens.

Il alla d'abord à *Venise*, où il s'appliqua aux Langues Latine & Grecque. *Comnene Papadoli* lui donne pour Maître en cette ville *Sabellicus*, mais il n'a pas fait attention que ce Sçavant ne passa à *Venise* pour y enseigner qu'en 1484. c'est-à-dire trente ans après l'arrivée de *Marulle* en Italie.

Marulle alla ensuite étudier en Philosophie à *Padoue*, où l'on trouve son nom inscrit sur le Registre des Ecoliers de cette Université de l'an 1469. & des deux suivantes.

Il prit depuis le parti des Armes, & servit en Italie dans la Cavalerie sous *Nicolas Ralla* natif de *Lacedemone*. Ce métier qu'il avoit embrassé pour se mettre en état de subsister, ne l'empêcha pas de cultiver toujours les Belles-Lettres, & de composer de temps en temps des piéces de Poësie Latine.

Son mérite & sa capacité lui procurerent

curerent un mariage fort avantageux
à *Florence*, où il épouſa *Alexandra
Scala*, qui s'eſt renduë celebre par ſon
érudition & par ſon habileté dans les
Langues Grecque & Latine, & qui
étoit fille de *Barthelemi Scala*, dont
j'ai parlé dans le 9e. tome de ces Mémoires p. 165.

Comme ſon beau-pere avoit paſſé
par les premieres Charges de la Republique de *Florence*, il auroit pû par
ſon moyen parvenir à quelque choſe,
s'il avoit pû ſe fixer. Mais c'étoit un
eſprit inquiet, qui ne ſuivoit que ſa
fantaiſie, laquelle le portoit ſans ceſſe
de côté & d'autre.

Après avoir long-temps cultivé la
Poëſie, il ſongeoit à travailler à quelque choſe de plus ſolide, lorſqu'il pé-
rit par un triſte accident.

Il ſortoit de *Volterre*, où il avoit
logé chez *Raphaël Volaterran*, lorſque paſſant devant la riviere de *Ceci-
na*, & y ayant fait entrer ſon cheval, ſoit pour le faire boire, ſoit pour
la paſſer à gué, il s'apperçut que ſon
cheval enfonçoit tellement par les
pieds de devant dans les ſables mou-
vans de cette riviere, qu'il ne pou-

M. MA-
RULLE.

voit plus se dégager. Lui ayant alors donné de l'éperon, le cheval qui voulut faire un effort, tomba dans l'eau, & l'y jetta en même temps. Comme sa jambe se trouva engagée sous le ventre de l'animal, il ne put se tirer de là, & il ne fallut qu'un peu d'eau pour le suffoquer. C'est ainsi que *Pierius Valerianus* raconte cet accident. *Paul Jove* en marque le temps, lorsqu'il dit qu'il arriva le même jour que *Louis Sforce* Duc de *Milan*, fut arrêté pour être conduit en France, c'est-à-dire le 11. Avril 1500.

Les jugemens sont partagés sur ses Poësies, qui sont les seuls ouvrages qui nous restent de sa façon. Quelques Critiques, comme les deux *Scaliger* en ont dit beaucoup de mal; d'autres au contraire les ont loué avec excès. Ce qu'il y a de sûr, c'est qu'il a parfaitement réussi dans plusieurs piéces, soit pour l'expression, soit pour la pensée.

La liberté avec laquelle il censura les anciens Poëtes Latins, pour élever les Grecs au-dessus d'eux, lui attira sur les bras quelques adversaires, entre autres *Floridus Sabinus* qui prit leur défense & le traita durement, & *An-*

ge *Politien* qui le déchire dans ſes M. MA-
poëſies ſous le nom de *Mabilius*, com- RULLE.
me un homme *malæ bilis*, en quoi
Marulle lui rendit bien le change
dans quelques piéces de vers, où il
le nomma *Ecnomus*, c'eſt-à-dire, ir-
regulier ou mechant.

On l'a accuſé d'irréligion; en effet
ſes Poëſies ne ſentent que le Paganiſme, on y trouve même des blaſphê-
mes contre la divinité à l'occaſion de
la ruine de ſa patrie, & *Valerianus*
nous apprend qu'il mourut en blaſ-
phemant contre le ciel.

Catalogue de ſes Ouvrages.

1. *Epigrammata & Hymni. Florentiæ*
1497. *in*-4o. It. *Pariſ.* 1539. *in*-8o.
It. *Ibid.* 1561. *in*-16. It. Avec les Poëſies de *Jerome Angerianus* & de *Jean
Second. Ibid.* 1582. *in*-16. Les poëſies
de *Marulle* conſiſtent en quatre livres d'Epigrammes, & quatre livres
d'Hymnes adreſſés à differentes di-
vinités du Paganiſme, outre un Poëme *de principum inſtitutione.* Ce Poëme qui n'eſt point achevé, a été imprimé à part avec *Manuelis Palæolo-
gi præcepta edncationis Regiæ,* & quelques autres piéces ſemblables. *Baſſ-
leæ* 1578. *in* 80. L l ij

M. MA-
RULLE.

2. *M. Marulli Nænia Fani* 1515. *in-*80. C'est une édition très-rare de quatre ou cinq cens vers de *Marulle*, qui ont été séparés des autres, comme n'étant pas dignes de l'impression, & que *Marc-Antoine Flaminius* prit cependant le soin de donner au Public.

3. *Pierre Candido* donna en 1512. à *Florence* une édition in-80. de *Lucrece*, où il suivit les corrections de *Marulle*, que *Pierre Vettori* a trouvé trop hardies, & dont *Joseph Scaliger* a fort mal parlé dans ses notes sur *Catulle.*

V. *P. Jovii Elogia* no. 66. *Joannis Pieri Valeriani de Litteratorum infelicitate liber* 2. *Bayle. Dictonnaire, Comneni Papadoli Gymnasium Patavinum.* Il y a quelques fautes dans l'Article que cet Auteur en a donné. *M. de la Monnoye*, notes sur les *Jugemens des Sçavans de Baillet.*

NICOLAS DATI.

N.
DATI.

Nicolas Dati, naquit à *Sienne*, l'an 1457. d'*Augustin Dati*, dont je parlerai dans le volume suivant,

& de *Marguerite Petroni.*

Son pere, qui l'aimoit beaucoup, prit un foin particulier de fon éducation ; & dès l'âge de dix ans, il lui faifoit reciter de petits difcours latins, qu'il lui avoit faits, avant fes leçons, lorfqu'il commençoit à expliquer quelque Auteur. Un difcours qu'il fit à cet âge à *Alphonfe* d'Arragon, Prince de Calabre, lui plut tellement, qu'il l'honora le lendemain de la qualité de Comte Palatin, & qu'il lui auroit donné, fi fon âge l'avoit permis, celle d'Ecuyer, qu'il eut cependant dans la fuite.

Après avoir fait fa Philofophie à *Sienne*, il alla étudier en Medecine à *Boulogne.* Il paffa depuis quelque temps à *Rome*, mais on ne fçait point le motif de fon féjour en cette ville, ni ce qu'il y fit.

De retour à *Sienne*, il y pratiqua la Medecine, & fut même quelque tems Secretaire de cette Republique.

Il mourut l'an 1498. âgé de 41 ans, & fut enterré dans l'Eglife de S. *Auguftin de Sienne*, où eft la fepulture des *Dati.* Sa mere lui fit trois ans après dreffer cette Epitaphe.

N
DATI.

D. O. M.

Nicolao Dato, Equiti Comitique cla-
rissimo, qui paterni eloquii hæres, inter
primarios suæ ætatis Philosophos medi-
cosque floruit, Margarita mater Piiss.
filio P. B. M.

Vixit annos. 41.

1501.

Catalogue de ses Ouvrages.

1. *De laudibus Eloquentiæ & Au-
gustini Dathi.* A la tête des Ouvrages
de son pere. Ce discours ne donne
pas une grande idée de son éloquence,
& de sa Latinité.

2. *Quid Reipublicæ Scribam, quidve
ejus Amanuenses deceat; Nicolai Dathi
Carmen.* Avec les Ouvrages de son
pere. Ce Poëme, qui est d'environ
deux cens vers, est peu de chose.

3. Il a pris soin de rassembler les
Ouvrages de son pere, & a mis à la
tête du Recueil une Epigramme de
sa façon & une Epître dédicatoire au
Cardinal de *Sienne*.

V. *La vie d'Augustin Dati par Jean
Nicolas Bandiera*.

Fin du trente-neuviéme Volume.